智能交通研究与开发丛书

交通强国建设研究文库

# 元宇宙交通

赵光辉　何元凯　著

机 械 工 业 出 版 社

随着高精尖交通产品的研制和交通制造业的逐步发展，生产生活中诞生了“交通数字孪生”的雏形，比如车辆的仿真制造、搭建的交通出行三维场景、呈现的海量动态性实时交通信息、模拟的道路运输模型等。随着“交通数字孪生”的出现和逐步发展，“元宇宙”与交通运输紧密联系起来。“元宇宙”的交通运输不仅作用于“物流全景”的虚拟搭建，更多的是直接作用于“人流三维活动”；不仅是复杂的交通技术体系，更搭建了一个复杂的社会交通体系。元宇宙的时空拓展性、人机融生性、经济增值性已经融入了交通场景生产、交通服务体验、虚拟交通管理等，将彰显出巨大的社会、经济价值。

交通，作为虚拟世界和现实世界里的大动脉，如何在元宇宙到来的时候，更充分地发挥其作用、更快更好地把我国建成交通强国？且看本书娓娓道来。

**图书在版编目（CIP）数据**

元宇宙交通／赵光辉，何元凯著. —北京：机械工业出版社，2023.2
（智能交通研究与开发丛书）
ISBN 978－7－111－72611－1

Ⅰ.①元… Ⅱ.①赵… ②何… Ⅲ.①虚拟现实-应用-交通工程-研究 Ⅳ.①U41-39

中国国家版本馆 CIP 数据核字（2023）第 027512 号

机械工业出版社（北京市百万庄大街 22 号 邮政编码 100037）
策划编辑：李 军　　责任编辑：李 军 徐 霆
责任校对：张爱妮 陈 越　　责任印制：单爱军
北京虎彩文化传播有限公司印刷

2023 年 5 月第 1 版第 1 次印刷
169mm×239mm · 15.5 印张 · 2 插页 · 244 千字
标准书号：ISBN 978－7－111－72611－1
定价：99.00 元

电话服务
客服电话：010－88361066
010－88379833
010－68326294

网络服务
机 工 官 网：www.cmpbook.com
机 工 官 博：weibo.com/cmp1952
金 书 网：www.golden-book.com
机工教育服务网：www.cmpedu.com

**要大力发展智慧交通和智慧物流，推动大数据、互联网、人工智能、区块链等新技术与交通行业深度融合，使人享其行、物畅其流。**

——习近平主席在第二届联合国全球可持续交通大会开幕式上的主旨讲话，2021 年 10 月 14 日

# 作者简介

赵光辉博士，广西钦州市社科联常委，北部湾大学经济管理学院研究员，陆海新通道北部湾研究院专家委员会委员，北部湾大学钦州发展研究院研究员，武汉大学中国产学研问题研究中心研究员、博导，贵州财经大学贵州交通经济技术研究院院长、教授、博导，北京交干智库信息科技研究院院长、研究员，交通运输部青年科技英才，国家综合立体交通网规划编制组成员，曾任交通运输部管理干部学院现代交通运输发展研究中心主任兼国际合作交流研究所所长。美国密歇根大学访问学者，在密歇根大学工程学院吴贤铭制造中心从事世界制造产业及人才战略研究。主持国家社科基金、中国博士后科研基金特别资助项目以及交通运输部、商务部、地方交通运输主管部门科研项目50多项，出版《互联网+助推交通强国战略研究》《大数据助推交通强国战略研究》《区块链交通：开创未来交通新格局》、*Big Data Transportation Systems* 等专著10部，在《管理世界》《中国软科学》《中国行政管理》《中国科技论坛》《中国管理科学》等期刊发表学术论文100多篇，被《新华文摘》《高等学校文科学报文摘》《中国人民大学复印报刊资料》等转载10余篇。主要研究方向为大数据交通治理及公共政策。

何元凯（1996.8—），广西民族大学民族学与社会学学院研究生。

# 专家推荐语

本书阐述了元宇宙交通的诞生缘由、技术基础、产业布局、经济运行规律、伦理道德法律、人才战略，也对元宇宙交通的未来进行了科学的预测。本书内容前沿、观点深刻、生动形象，是交通运输研究者的集体智慧结晶。

**——龚才春，中关村数字媒体产业联盟常务副秘书长，教授，博士生导师**

本书不仅关注了元宇宙交通技术的最新进展，同时也敏锐地觉察到元宇宙交通对中国产业升级的影响，并提出未来元宇宙交通的经济运行可能出现的危机，要重视元宇宙交通在伦理、道德、法律等方面的变革，并积极探索元宇宙交通的社会治理问题。

**——陈晓红，中国工程院院士**

元宇宙在较长一段时间内将成为下一代互联网发展的目标。元宇宙交通作为一种新兴事物，目前还在不断发展、不断演变之中，不同参与者以自己的方式不断丰富着元宇宙交通的含义。我们应当以开放的心态，理性地看待元宇宙带来的新一轮技术革命以及这场技术革命对社会交通运输带来的深刻影响，努力推进它的发展。

**——马建章，中国工程院院士**

元宇宙的出现，为我国交通运输带来了另一次难得的发展机遇。元宇宙是数字技术发展的新阶段，是数字经济的高级形态。经过多年的互联网技术快速追赶，我们正站在元宇宙这个赛道的世界前列，可以预见，我国元宇宙交通运输发展的潜力十分巨大，前景广阔。

**——邓延洁，交通运输部水运科学研究院物流工程技术研究中心主任，研究员**

# 前言 PREFACE

“元宇宙”，是虚拟世界与现实世界叠加、并生、共存的新世界。“元宇宙”依托数字技术构建现实世界的孪生体——数字孪生世界，这个数字孪生世界与现实世界通过虚拟现实、增强现实、扩展现实等技术叠加在一起，形成虚实映射、实时连接、动态交互的世界。

尽管元宇宙的学术概念早已出现并付诸研究，但社会层面的“元宇宙元年”始于2021年，这已成为全世界的共识。随着5G、物联网、区块链、人工智能等基础设施的不断完善，以及虚拟现实、云计算和数字孪生等技术的不断发展，人类信息技术革命的下一个“奇点”正不断迫近。人们对元宇宙将如何改变生产、生活、学习、社交和娱乐，投去希冀的目光。由此，元宇宙对交通的影响方式和效果，也在逐步揭开了神秘的面纱。

**什么是元宇宙交通**

交通运输业与“元宇宙”可谓联系紧密，随着复杂交通产品研制工业化的逐步发展，诞生了“交通数字孪生”的雏形，比如车辆的仿真制造、搭建的交通出行三维场景、呈现的海量动态性的实时交通信息、模拟的道路运输模型等。随着“数字孪生”和游戏娱乐产业的快速发展，“元宇宙”与交通运输紧密联系起来，“元宇宙”的交通运输不仅作用于“物”的虚拟搭建，更多的是直接作用于人的活动；不仅是复杂的技术体系，更搭建了一个复杂的社会交通体系。元宇宙的时空拓展性、人机融生性、经济增值性已经融入了交通场景生产、交通服务体验、虚拟交通管理等。

按照“元宇宙”的定义和内涵，“元宇宙＋交通运输”可以划分为现实交通和虚拟交通两个层面。这时候，“元宇宙＋交通运输”是一种交通发展的新模式、一个转型的新路径、一股推动交通运输行业深刻变革的新动力。因此，“元宇宙 + 交通运输”将是我国新型交通运输业发展的必经之路和未来选择。

事实上，互联网对交通行业的推动态势早已开始。目前，业内普遍共识是互联网的发展历史呈现至少三个时代的划分，其中 PC 互联网时代是第一个时代，移动互联网是第二个时代，而元宇宙将会构成第三个互联网时代。从近年来世界交通行业的发展情况来看，也完美对应了互联网的发展节奏。

PC 互联网时代，数字交通出现。从欧美、日本发端的这一新型交通运行和管理方式，初步促进了交通与互联网的深入融合，推动交通向智能化发展，也促成了我国的交通设施建设和管理体系的革新。

移动互联网时代，智慧交通成形。我国各大城市陆续开始应用移动互联网、云计算、大数据、物联网等先进技术和理念，对传统交通运输行业加以全面改进，促使线上线下资源的合理分配和运用，进一步实现了交通路况信息的高效共享和服务。

未来，元宇宙交通将催生出更为立体、先进、人性化的交通业态。

从元宇宙本身特点来看，其分为实体和虚拟两部分。其中，实体物理交通包括交通运行的实际体系、道路、车辆、用户和管理部门；虚拟交通则是现实交通在数字世界中的扩展。

相比过去的数字交通、智能交通，元宇宙的虚拟交通将拥有高度数字化、智慧化的基础设施，这些设施包括新型的运输工具、道路基础设施、信息传递设备和管理设备，能充分对接起实际物理世界和虚拟信息世界的两大空间。这样，就能构建出与历史上任何时期都完全不同的社会交通形态。

伴随着新技术在交通应用中的快速发展，“元宇宙 + 交通”发展的条件已然满足。住房和城乡建设部已将我国新型城市基础设施建设试点扩容，其中重点任务就包括了打造智慧出行平台“车城网”；工业和信息化部“十四五”期间数字化工作的三个文件中，提出的重点任务之一就是“数字孪生”，包括数字技术发展与应用；各地的“十四五”规划中，都将实景三维、智慧高速、车联网等智慧数字空间建设放在重要位置。从某种意义来说，我们现在就生活在“元宇宙交通”的雏形当中，它让人们在数字交通中有更加全息、原生的体验，而不仅是物理空间部分体验的复制。“元宇宙 + 交通运输”将是交通运输顺应时代发展、快速调整自我和发展自我的关键时刻，深远影响到运输系统、运输基础设施系统、综合运输组织协调管理。

## 元宇宙交通的创新之处

在即将到来的元宇宙交通中，人类不仅能体验到物理空间交通的便利性，同时也能在数字虚拟空间中获得原生、全息的出行体验。重要的是，后者并非前者体验的简单复制，而会深刻影响到人类个体的生活。这种影响主要呈现为如下的具体改变。

从出行运输方式看，元宇宙交通将通过数字虚拟空间，改变人们在物理空间中的交通方式。例如，元宇宙交通会诞生更有效的数字虚拟出行工具，取代目前必须完成的实体位移过程。例如，通过 VR、可穿戴设备，能打造出沉浸式的虚拟现实场景，人们可以足不出户就走进公司工作、步入会议室开会，而不需要乘坐汽车、地铁、飞机完成会面。这种建立在虚拟空间内的“出行”，会打破人们已有的交通习惯。通过类似虚拟交通体系的建设，全社会的用于出行运输的资源投入将会减少，而这意味着会节约出更多的物理世界资源量。

从出行运输的管理看，元宇宙交通能利用大数据计算、自动感知、数字孪生推演、多端系统等技术，对交通工具和基础设施产生的海量数据进行融合应用，并以此构建成为能实时体现交通运输情况的平台。通过这一平台，身处不同物理地点的个人和机构，可以根据权限，有效获得交通信息并进行联动。驾驶人可以获得个性化的智能出行建议，获得最科学的路线，管理者则能形成最佳的交通管控方案。

从交通基础设施的建设和维护来看，元宇宙交通能利用数字孪生等典型技术，在虚拟空间中搭建完整的交通系统，包括“人—车—方式—环境”组成的各大交通场景，均能在这一虚拟系统中清晰展示以资研究。同时，这一虚拟系统还能为无人驾驶、交通基础建设提供规划设计的全流程、全平台支持，以此提高交通基础设施的生产维护效率。

从交通体系管协调角度来看，元宇宙交通会推进交通设施与其他基础设施、相关行业之间的数字联系。具体而言，即在虚拟平台中构建出数字形式的道路交通网、智能车联网、智能管网、智能电网等，以此延伸数字管理的手段。元宇宙交通监管体系中，通过人工智能方式，生成自动化的交通监管手段，以此开展以机器为主的执法监管、道路养护、公共设备联网等活动，实现人类在机器人辅助下开展工作，提高交通管理资源的使用效率。

正因为元宇宙交通是即将到来的新型数字交通形态，与国计民生有着无所不在的联系。因此，从各级政府到行业相关的研发机构，都应充分重视元宇宙相关技术为交通运输行业带来变化的机会，迎接机会，直面挑战。尤其政府应牵头引领，找准数字交通发展的革新点，积极出台相关政策，既要引导各大研究机构、龙头企业，投入对相关重要系统的实验探索，也要扶持那些中小企业，加快对元宇宙技术的创新应用尝试，从而提前完成对先进技术加以应用的创新布局。此外，还应广泛宣传，充分动员社会力量，开展与建设数字空间有关的基础设施建设，完善实景三维、智慧高速、智慧车联网等系统建设，加快元宇宙交通创新试点平台建设，确保新型交通设施能和大数据、区块链、物联网、新能源等有关产业充分协调发展。

### 元宇宙交通面临的风险与挑战

当然，我们也应看到，元宇宙交通发展面临的压力是多方面的。

从交通信息化向交通智慧化迭代，智慧交通延伸到元宇宙交通，一系列挑战让我们来到了数字化交通的十字路口。“元宇宙＋交通运输”面临的真实挑战，不仅停留在技术与解决方案阶段，同时包含发展思路、发展模式、配套设施、产业生态等一系列问题的发现与解决。我国元宇宙交通成就尽管举世瞩目，但也要看到，我国交通基础设施网络发展不平衡、不充分，综合交通网络数字化水平不高，重点城市群、都市圈的城际和市域（郊）智慧化发展不够均衡，定制化、个性化、专业化运输服务数字化产品供给与快速增长的需求不匹配，交通信息化技术应用深度和广度有待拓展，部分关键核心产品和技术自主创新能力不强。

从经济风险上看，既要警惕行业经济失衡的风险，也要防止谨慎悲观的倾向。比尔·盖茨说过一句很经典的话：“所有新技术，其短期影响力都会被高估，长期影响力都会被低估。”目前，元宇宙交通尚且停留在萌芽阶段，由于元宇宙的概念过于模糊，虽然在交通行业中不乏具备元宇宙下的经济体系及高沉浸式特性的产品，但元宇宙的交通应用场景还无法实现无缝对接基础设施全生命周期，包括勘察设计、施工建设、运维养护、运营服务等不同流程阶段。同时，共享应用交通数据资源有限，无法将铁路、公路、水路、民航等不同运输方式管理部门联动。这样的“模糊地带”容易被投资者套上概念，成为投资资本浑水摸鱼的工具，结果难免会导致交通行业对“元宇宙”出现较大的质疑。再加上技术较为落后，不少人抱有悲观态度，这对从业者而言更是不小的心态挑战，很有可能会让交通行业错失引领创新的重大机遇。

从企业风险上看，前期依赖资本救济，缺乏自我造血能力；对于企业而言，由于元宇宙市场规模有限，存在不确定的商业变现模式，在交通运输领域的落地产品只能处于探索阶段。行业中的企业更愿意进行资本炒作，或者选择观望，而不愿意沉淀数十年创新去推动交通应用场景开发和商业模式研究，着眼于交通基础设施、现代物流、出行服务、高质量发展、整体智治等方向的意愿不强，运用人工智能、区块链、第三代半导体、量子信息、空天一体化、交通新型装备制造等元宇宙技术手段和市场化力量去推动“元宇宙交通”落实落地的方式有限。

从技术风险上看，存在新技术短板，应防止关键技术被“卡脖子”。如前所述，元宇宙交通运输的搭建还受技术、基础设施等落后的影响，目前只能做“轻型元宇宙”。VR、AR 等虚拟增强现实技术在交通行业应用尚未成熟，数字交通基础设施还未普及，交通网络连接的范围广泛，对连接能力、算力、带宽等条件都是深层考验，难以达到元宇宙的理想高度，还处于发展初期。当然，元宇宙是新型数字基础设施，一旦核心技术受制于人，这个浪潮就将加剧我们交通产业甚至日常生活被卡脖子的风险。所以，“元宇宙交通”发展有一个重要前提：关键技术不能受制于人。

从政策法律风险上看，亟待政策规范指引，安全问题不容忽视。虽然各地在信息产业、文旅行业、智慧城市等方向已经有了元宇宙应用和规划的影子，但元宇宙作为交通领域的前沿新兴领域，尚未纳入行业蓝图的发展重点，也未开展相关试点工作。各部门、各行业将数字化、智能化的触角延伸到元宇宙，但不能连接起来发挥综合效应，缺乏完整、科学、统一的信息化标准体系。元宇宙这种资本主导形成的产物，对自身的规范化有着极高的要求。元宇宙交通强调用户参与和体验交互，参与的过程必须经过监管和审查，还存在一定的法律政策风险。另外，在元宇宙交通时代，交通安全是整个数字化的基座，除了交通数据的安全、基础设施的安全、技术应用的安全等，还要考虑社交和支付的安全，必须要上升到顶层设计高度。

## 元宇宙交通的赛道布局

“元宇宙+交通运输”是新型数字交通发展模式。因此，交通行业一定要有“争先”的魄力，积极关注和培育元宇宙相关技术在交通领域的发展。

第一，要积极把握“元宇宙”发展红利期，加快新型交通基础设施建设。

我们应高度重视“元宇宙”给交通运输业带来的机遇和挑战。交通运输行业要把握元宇宙空间性、人机性、经济增值性的特点，鼓励地方找准交通数字空间的切入点进行交通领域试点，加大力度支持科研机构和龙头企业加强关键核心技术的研发突破、前沿技术的创新探索，超前布局，积极扶持中小微科技企业加快“元宇宙”在交通相关场景的创新和应用实践，抢占先机。

我们还应加快新型基础设施建设，推动既有交通设施数字化改造升级。在建设设施运行状态感知系统、设施设备信息交互网络，整合优化综合交通运输信息平台的基础上，鼓励交通企业开展实景三维、智慧高速、车联网等智慧数字空间相关领域的底层平台建设，推进新型交通基础设施与信息数字、工业制造、运输服务、能源等数字产业的融合发展，在元宇宙交通领域开展应用场景和产业生态试点示范，整体提升技术支持和数据安全保障能力。

第二，加强关键核心技术攻关，推动交通重点领域协同化创新。

我们应聚焦前沿领域，前瞻布局关键技术研发，加强底层核心技术基础能力的前瞻研发，加快满足元宇宙要求的区块链技术、交互技术、网络及运算技术、物联网技术、人工智能技术在交通领域的应用攻关，与北斗系统、先进适用运输装备的深入应用融合。应用数字孪生技术、工业物联网构建的交通元宇宙，代表着“微小中的伟大”，它让未来的交通制造型企业成为数字公司，通过运用元宇宙技术在数字规划设计领域的优势，要加快研发轴承、线控底盘、基础技术平台及软硬件系统等关键部件，推动实现自主可控，加强智能网联汽车、自动驾驶、车路协同、船舶自主航行、船岸协同等领域技术研发。

我们应加快交通运输领域协同化创新。首先是强化与上下游协作，推进基础工艺与材料研发攻关。以交通装备产品升级为导向，集中力量攻克一批基础材料领域短板弱项，加强长三角、环渤海、珠三角、成渝城市圈交通制造业企业与材料企业的上下游联动支撑，运用元宇宙技术，加快基础专用材料研发，强化复杂环境条件下线路、大跨度桥梁、超长隧道等建造技术研发以及高性能工程材料研发。其次是推进交通基础元器件技术攻关与相关产业链协同。以突破技术、培育企业为重点，组织交通核心基础器件产品关键共性技术研究攻关，加快高端芯片、电子元器件、智能传感器等基础产品攻关和批量生产，推动新能源与智能网联汽车感知与控制等核心部件的持续攻关突破。促进基础元器件在车联网、轨道交通和航空通信、汽车电子、北斗芯片制造等领域的产业链协同创新和示范应用。再次探索交叉领域的终端设备和服务场景应用。加快交通与相关领域感知交互的新型终端研制，丰富系统化的虚拟场景建设，在打造数字化出行、物流全程数字化、行业治理现代化等方面探索行业应用场景，提升智能化交通管理、交通运行监测、出行即服务、仿真评价服务等方面应用水平。

第三，要布局“元宇宙 + 交通运输”特色化产业，加快创新平台建设。

我们应打造未来产业创新的策源地。首先是提前布局特色产业区。依托国家数字经济研发力量，结合未来交通运输区域发展和空间分布特点，重点强化京津冀、长三角、粤港澳大湾区和成渝地区双城经济四极元宇宙交通产业的推广和应用。开展区域性元宇宙交通综合试点，加快元宇宙龙头企业集聚和在交通领域的创新，大力发展以车联网、自动驾驶、车路协同、出行即服务等为特色的元宇宙交通产业，构建原创技术策源、产学研深度转化的元宇宙生态产业发展高地。其次是强化元宇宙交通的创新孵化。大力集聚知识产权服务、信息交流服务、科技研发、智库咨询等要素，鼓励高端交通科创载体和发展国际化生产服务功能，推动具有决策、研发等高端职能的总部机构落地，建成若干区域辐射的元宇宙交通创新中心。再次是打造元宇宙交通先进制造产业基地。对接国内外“元技术”交通科研资源和科技成果，推动虚拟现实整机设备、感知交互设备、内容采集制作设备等制造项目落地，大力发展关键系统、总装集成、成套设备等制造业环节，探索建设虚拟现实产业发展基地。

我们应加快未来交通元宇宙创新平台建设。首先是坚持试点先行，带动全面发展。推进地方交通实验室建设试点，前瞻打造一批未来技术学院、未来产业技术研究院，加快新型实验室体系和技术（制造业/产业）创新中心建设，构建基础研究、产品开发、商业应用、产业化、效益化全流程闭环的创新体系。其次是建立以企业为主体、产学研用深度融合的技术创新机制。注重用“产、学、研、创、孵、投”的方式打造元宇宙交通科研组织，引导行业骨干企业牵头联合高等院校、科研院所等搭建未来产业创新联合体，鼓励交通行业各类创新主体建立创新联盟，建立关键核心技术攻关机制。建设一批具有国际影响力的实验室、试验基地、技术创新中心等创新平台，加大资源开放共享力度，优化科研资金投入机制。构建适应交通高质量发展的标准体系，加强重点领域标准有效供给。

第四，出台相关扶持政策，激励创新加快转化。

首先是深化科研管理和科技投资体制机制改革。建立对“元宇宙+交通运输”产业的早期投资、长期投资、分阶段连续投资和产业链组合投资机制，建立操作性强、可落实的人工智能科研投资激励机制，激发研发人员的研发创新活力，为科研人员多出成果、快出成果营造良好的科研条件。

其次是实施科技攻关计划。完善颠覆性和非共识性研究的遴选和支持机制，实现更多原创性突破。加强前沿性技术多路径探索、交叉融合和颠覆性技术供给，制定行业标准和安全标准，力争取得一批填补空白，引领未来的重大成果。

最后是设立交通领域对应专业的元宇宙重大专项。出台政策扶持和创新激励政策，保障“元宇宙+交通运输”关键技术都能有相应的研发投入，通过专项研究，全面实现新技术、新产品、新工艺研发，形成新产业及新业态，实现产业变革。

本书以简明平实的语言，介绍了元宇宙交通的来龙去脉，重点介绍了元宇宙下的数字基建、车联网、出行场景和数字资产的生成与搭建，阐述了未来产业布局的走势，预测了风险与挑战的出现形态和应对方式，揭示了元宇宙交通的未来。其中既有相关领域前沿技术的介绍，也有已为学术界和产业界认可并应用的实际案例，堪称一本涵盖了元宇宙发展缘起、现状和走向的重要工具书。本书值得所有关心我国元宇宙行业与交通行业发展或投身其中的人士常备案头，学习研究。

# 目录 CONTENTS

## 第七章 挑战与风险，元宇宙交通下的出行安全



## 第八章 高维度强融合，元宇宙交通的未来发展

# 第一章

# 数字重构，元宇宙的缘起与现状

什么是元宇宙？想要全面认知元宇宙交通，必须要从了解这个名词开始。在科技历史上，元宇宙概念并非是什么新鲜事物，相关的技术研发已历经数十年。但从产业角度而言，元宇宙又处处带有崭新的活力，众多行业盼望着与之结合，从而焕然一新。想要获得数字重构的魔力，不妨从元宇宙的缘起和现状开始了解。

## 一 元宇宙的前世今生——元宇宙的定义及特征

2021 年，可谓是“元宇宙”爆发的元年。舆论场上，普通人眼中的新名词不断出现，资本市场，相关的概念股赚足了眼球和资金……也许在后世看来，这一年必然会被记入人类互联网产业发展的历史。

究竟什么是元宇宙呢？

现实生活中，人类的活动受到物理规律的影响、法律的规制和道德的约束。是否存在着一个世界，让人类可以随心所欲地做自己想做的事，比如，前一秒还在雪山上滑雪，下一秒却在进行星际旅行？2018 年，电影《头号玩家》中描述了这个场景，可以把这部电影视为有关元宇宙的极具想象力的假设。

《头号玩家》的背景设定在 2045 年，那是处于混乱和崩溃边缘的近未来世界。人们对现实世界失望透顶，将救赎的希望寄托于虚拟游戏宇宙“绿洲”中。当时的人们通过 VR（虚拟现实）头盔进入这个“绿洲”的虚拟世界。在

"绿洲"里，只有你想不到的，没有它实现不了的，人们可以将一切疯狂的想法变为现实。

"元宇宙"（Metaverse），意味着对现有宇宙的超越，对另一个宇宙的创始。在《易传·象传》的上篇中，对《易经》第一卦"元亨利贞"中的"元"做出解释，即"大哉乾元，万物资始"，意思就是"元"为万物创始化生的动力之源。

这个崭新的宇宙，是一个与现实世界映射与交互的数字虚拟世界，它具有新的生产和学习运行方式，也能开创新型的组织体系，甚至能让人们生活其中。元宇宙并非无中生有，也并非一蹴而就突然迸发，它从无到有，从幼稚到成熟，从默默无闻到被世界所熟知，经历了无数人孜孜不倦的努力。

元宇宙并非只存在于想象中的虚幻世界。尽管之前它并不为普通人所知，但同样在深刻地影响着现实世界，其中最经典的应用就是智慧交通。曾几何时，新型智慧交通体系是在数字孪生技术支持下，改变人类交通领域现状的先进技术体系。面向未来，智慧交通又能构成"元宇宙"中的平行交通体系，通过对虚拟交通世界的管控，帮助人们更好地对现实交通加以认知，并能提供更为准确的预测，以构建出真正意义上的交通人工智能。

### 1. 元宇宙概念的溯源

电影毕竟是电影，如果将元宇宙简单等同于网络游戏，那是对元宇宙概念的莫大误解。但是，我们不得不承认当下科学界提出的元宇宙概念，其很多特征理念，确实来源于游戏。自从人类世界诞生了互联网，网络游戏在打造出新世界这个方向上的努力，始终没有停歇。

以时间为脉络，我们可以大致梳理一下在网络游戏出现之前，元宇宙的发展历程。

早在 1927 年，发明家 Edwin A. Link 从风筝中寻找到了灵感，发明了一款简单的机械飞行模拟器，使人们产生和乘坐真飞机一样的体验。随着计算机技术的发展，大屏幕显示器和全景式情景产生器被应用到这项发明中。

1956 年，一款多通道仿真体验系统"Sensorama"被天才发明家 Morton

Heilig 开发出来，这是人类历史上第一台 VR。这款系统致力于打造观影时的沉浸式体验，但没有在商业化的道路上取得成功。

沉寂了几年之后，VR 技术逐渐引起人们的重视，在理论上和技术上得以突破。在这里，不得不提到被誉为“计算机图形学之父”和“虚拟现实之父”的 Ivan Sutherland，他在 1965 年发表的论文《终极的显示》中，提出把计算机屏幕作为观察虚拟世界窗口的设想，诞生了感觉真实、交互真实的人机协作新理论。到 1968 年，Ivan Sutherland 开发出了第一套虚拟现实系统，奠定了三维立体显示技术的基础。

时间终于来到了网络游戏登场的一刻。1979 年，人类历史上第一个文字交互游戏出现了，众多不同用户之间可以通过联网实现交互，形成实时、开放、合作的社交体系，此后社交性成为大型网络游戏成功的密码。1986 年，首个 2D 图形界面的多人在线游戏诞生。此后，各种大型多人在线 3D 游戏不断出现，人类在游戏世界互动、交流成为可能。

真正让元宇宙概念开始风靡全球的，是 20 世纪 80 年代后数字技术的突飞猛进，很多科幻小说受到启发，开始大胆地预测未来虚拟世界的发展。1981 年，弗诺·文奇教授在他的科幻小说《真名实姓》中向人们展示了一个从未有过的新世界：人们可以通过头脑连接系统从而连接一个虚拟世界，在这个虚拟世界里面按照自己的喜好幻化成不同的形象，并且感受到真实的感官体验。到 1989 年，VPL 公司提出了“Virtual Reality（VR）”概念。1992 年，科幻小说家尼尔·斯蒂芬森在其作品《雪崩》中提出了“元宇宙”的概念，天才地描绘了一个超现实主义的数字空间，人们可以不顾地理空间的阻隔在数字空间中相互交往，甚至支配自己的收入。

现实中，这些“超现实”的想法并未被完全实现，反倒是游戏承载了元宇宙如此庞大的想象。2003 年，世界上首个模拟现实游戏“第二人生”（Second Life）引起了现象级的关注。“第二人生”的玩家们可以在游戏世界中自由建造、购物、经商、交流，并有自己特定的货币“林登币”（Linden Dollar），这种虚拟货币通过一定的汇率可以转化为现实货币。

如图 1－1 所示为元宇宙发展大事记。

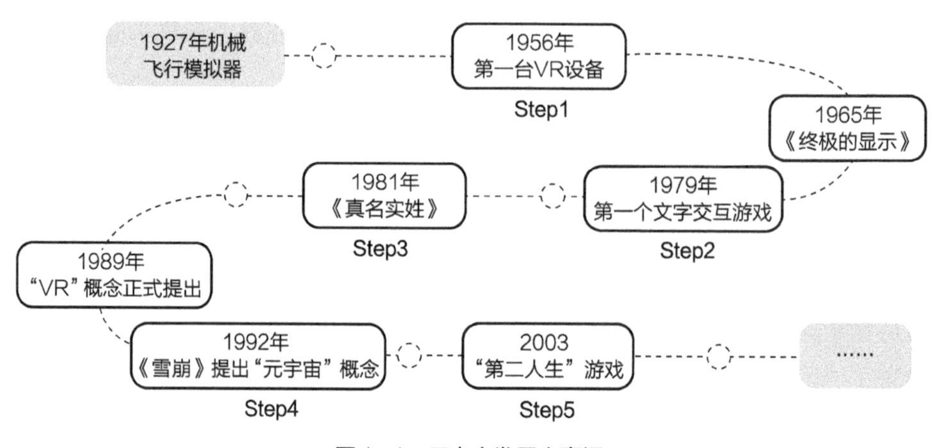


图 1-1　元宇宙发展大事记

元宇宙的快速发展，让虚拟与现实的界限被模糊，虚拟与现实共存、数字与物理共融的庞大世界正向人们缓缓敞开大门。

## 2. 元宇宙的基本属性

2021 年 3 月，沙盒游戏平台 Roblox 作为“元宇宙”概念第一股在纽交所成功上市，上市首日市值便突破 400 亿美元，引爆了科技界、产业界和投资界。

Roblox 在其招股书中赋予了“元宇宙”8 个基本特征——身份性、社交性、沉浸感、低延迟、多样性、开放性、经济性和文明性。图 1-2 所示为元宇宙的“八重门”。

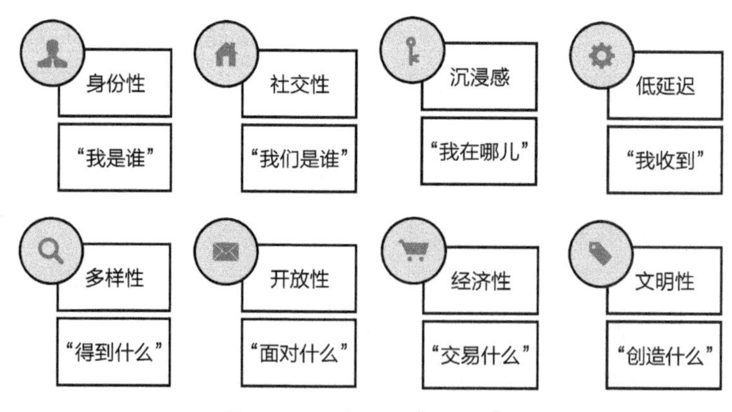


图 1-2　元宇宙的“八重门”

1）身份性。每个人在元宇宙中都有一个或数个数字身份，并且这种身份也是独一无二的，正如“阿凡达”（Avatar）就代表着“化身”的意思。

2）社交性。每个数字身份之间都可以实现无障碍地沟通交流，就如同在现实社会中的社交体验感一样。

3）沉浸感。从感官上，人们能在元宇宙中得到非常拟真的体验，这种体验并非事先被代码所决定，而是随着个人对虚拟身份的认同逐渐加深；换言之，沉浸感将由体验者自我创造。

4）低延迟。在元宇宙中，所有发生的现象都是基于时间线同步发生的，基本上实现同频刷新，消弭因为延迟而带来的不愉快体验感。

5）多样性。首先，元宇宙的内容是多元的、自由的，所有的参与者都能在其中进行创造，并且其内部有纷纭复杂的互动联通关系；其次，元宇宙同真实世界的交互也是全方位的、无时无刻不在的。

6）开放性。任何人在任何时间、任何地点，可不受额外约束地通过终端设备进入元宇宙，其开放性超过人们的想象，变成人与生俱来的权利。

7）经济性。元宇宙拥有自己独立健康运作的经济系统，这种系统不仅是虚拟货币那么简单，还能与现实经济系统实现交互转换。

8）文明性。元宇宙不代表弱肉强食的“丛林法则”，元宇宙要演化出必要而充分的文明规则，同时也不悖于现实世界中的法律与道德底线。

### 3. 元宇宙的特征

通过对元宇宙属性的了解，可以概括出元宇宙的以下几个特征。

(1) 元宇宙是有限与无限的融合

与真实世界相比，元宇宙由于其数字化特点，将不再被资源的稀缺性所束缚。个人在现实世界中由于缺乏资金、经济代价高而无法获得的体验，可以在元宇宙中轻松创造和获得。但对于元宇宙来说，个人的认知与创造能力、时间和精力就成了稀缺的资源。人们在现实世界中需要付出时间和精力来开发元宇宙中的虚拟设施，虚拟世界的实现也需要投入终端硬件、服务器等真实世界的资源。由此可以看出，元宇宙与现实世界相互融合，双方都将自己的有限资源变为对方的无限可能。

(2) 元宇宙是中心化与去中心化的融合

现实世界为了维护社会功能的实现，必然需要政府、企业和家庭这类的中心化组织。在现实世界中个人不存在绝对的自由，个体的自由都是在保障他人自由的前提下实现，这就必然需要中心化组织来设定规则，协调人与人之间的关系。当然，现实生活中也存在市场经济这样的非中心化运行规则，而且在社会生活中还占据着至关重要的位置。

而元宇宙则不同，由于元宇宙的发展具有无限可能性，所以元宇宙的发展更像是“中心化个人或组织，进行去中心化运行”的发展。

例如，2022 年 5 月 27 日，由包括了 4 位院士、70 多位专家在内的上百位编者共同编著的《中国元宇宙白皮书》正式发布，这是我国第一部元宇宙白皮书，书中详细讲解了元宇宙的特点与价值、我国元宇宙发展的真实情况，以及元宇宙相关产业的落地方法。

书中在讲解元宇宙打造的虚拟身份技术发展时，明确指出对现实自然人对应的元宇宙虚拟人有多重身份类型，其中就包括“中心化身份”。所谓“中心化身份”是指用户身份控制权由特定的权威机构所掌握。就像身份证是由政府这样一个特定的权威机构，为我们每个人确定的身份编号，同时关联我们的姓名、生日、性别等，这种个人的身份属性信息就是中心化身份。

而随后书中又详细讲解了元宇宙虚拟人身份“去中心化的信任模型”。对此书中详细解释：除了依赖特定的中心实体构建信任关系以外，实体之间还能够自发和对等地产生信任关系。信任的传递由实体间的相互认证实现。一个实体被数量越多的实体认证，其可信度就越高；被可信度越高的实体认证的实体，亦将获得更高的可信度。去中心化的信任模型是一种支持多个信任源、多种信任维度的多元化信任，具有极高的灵活度。在不同的场景下可以根据不同的信任评估方法评估实体的信任度，这种高度的灵活性使其在现实生活中具有广泛的用途。

从《中国元宇宙白皮书》的讲述中可以看出，在建设发展初期的元宇宙更像是中心化与去中心化的有效融合。在去中心化实质上就是以个体为中心，但也需要能为集体所共同遵守的协议来协调个人之间的利益冲突。在元宇宙中，如果执行绝对的去中心化，那就意味着任何参与者都能修改规则，就会导致虚拟世界秩序的崩塌。另外，元宇宙参与者的隐私保护、数据产权保护、知识产权保护等仍然需要一个中心化组织来保障。加之元宇宙的经济化属性，其更需要强有力的规则约束。

另外，中心化也不等于唯一中心。元宇宙资源的相对无限性决定了其可以实现多中心化与去中心化的对立统一。

(3) 元宇宙是抽象与形象的融合

传统的认知和改造世界的途径是形象—抽象—具象的周而复始的过程。譬如，计算机系统的使用过程就是先对现实世界进行形象观察，然后再进行抽象、形式化，最后通过人工智能的处理作用于现实世界。而元宇宙可以将人类的抽象思维具象化，人类通过贡献创意就可以在元宇宙中实现众多的形象化活动。

(4) 元宇宙是自由与规范的融合

虚拟世界与现实世界提供的精神服务具有相通性但也不能完全替代。在虚拟世界中，人类可以改变自己的性别，但不可能带着虚拟世界的性别特征回到现实社会。人类可以在元宇宙找到虚拟伴侣，但也不能以此冲击现实社会。所以，人类在元宇宙可以充分实现个人的自由，但也必须受到虚拟世界和现实世界规范的约束，因为在元宇宙中虚拟与现实本就不是泾渭分明的。

#### 4. 元宇宙与数字孪生

数字孪生（Digital Twin）也被称为数字映射、数字镜像，目前其被广泛接受的定义为“充分利用物理模型、传感器更新、运行历史等数据，集成多学科、多物理量、多尺度、多概率的仿真过程，在虚拟空间中完成映射，从而反映相对应的实体装备的全生命周期过程”。简而言之，就是在设备和技术的基础上复制一个数字版的“克隆体”。

元宇宙是一个比单纯的数字孪生要更为复杂和庞大的体系，两者有着不同的演化路径，数字孪生起源于复杂产品研制的工业化，而元宇宙源于构建任何人之间关系的社交模型。虽然两者都关注现实世界与虚拟世界之间的连接与交互，但两者的出发点不同，元宇宙是直接面向个人的，而数字孪生首先面向物，这是其本质区别。

以交通系统为例，元宇宙交通一定是数字孪生的，数字孪生交通通过数据的全面标识、实时分析，准确感知运行状态，借助模型实现精准判断和执行，有效覆盖交通系统的全系统、全过程，全面提高交通配置效率和安全运行状态。当然，元宇宙交通除了数字孪生的特点，还会表现出其他方面的复杂内容特征。

##  元宇宙的价值

现在的元宇宙，就如同1993年在风口上的互联网，到处充满了未知的机会，充满了无限的想象空间，无数的全新行业和职业将会诞生，无数巨无霸级别的企业将会出现。在元宇宙到来的征途上，人类的财富将会被重新分配，人类生活的格局将会被重塑。

### 1. 华为云的应用实例

2022年6月，华为公司召开了以“因聚而生，为你所能”为主题的“华为伙伴暨开发者大会2022”。本次大会以线上直播+线下90多个分会场联动的形式举办，会上，华为连续公布了多项元宇宙创新产品。

首先，华为公司对外公布了四条数字生产线。其中数字内容生产线MetaStudio、软件开发生产线DevCloud和AI开发生产线ModelArts是华为公司2021年已经对外展示过的数字生产线，数据治理生产线DataArts则是华为公司2022年推出的全新数字生产线。在这四条数字生产线支撑下，华为公司为大众生活带来了更多可能。

（1）为“定制数字人”开启自由时代

虚拟数字人是人类进入元宇宙的重要身份，通过元宇宙平台账号注册，我们可以根据平台提供的定制规则轻松获取元宇宙世界的数字人。不过，这类数字人大多具有趋同性，且与现实自然人之间没有明确的形象关联。如果我们想要定制与自己形象相符的数字人，一般需要几万到几十万甚至上百万元的费用。

如今，华为公司四条数字生产线开启了“定制数字人”的全民时代，通过数字内容生产线MetaStudio，华为云全面更新了MetaStudio的数字人服务，大大降低了“定制数字人”的开发难度与适用门槛，如图1-3所示。

图1-3　华为数字内容生产线 MetaStudio 的数字人生成服务

根据华为数字人“云笙”在大会现场的介绍，华为数字内容生产线 MetaStudio 的数字人生成服务仅需要用户的一张照片，便可以自动生成用户专属的3D卡通数字人，数字人与本人相似度 MSO 评分可大于4.0分。最重要的是，华为云自动生成的数字人可以进行直播活动，且不需要专业的动作捕捉设备，只需要单个摄像头，便能将用户表情、动作直接投影到直播间当中，这极大节省了直播数字人的开发成本，如图1-4所示。

图1-4　华为云自动生成的数字人依靠单摄像头进行的动作模仿

在视频制作方面，华为云自动生成的数字人同样表现出超高的智能性，用户只需要将讲解内容进行文字输入，华为云便可以通过 AI 驱动制作出数字人讲解视频，并根据不同场景的设定让数字人表现出不同情绪。这一功能可以运用到客服、课程讲解、新闻主持等多种商业场景当中。

(2) 利用 AR 眼镜的智能创新，将草图自动生成应用

华为云的 AI 开发生产线 ModelArts 在大会上带来一款全新的 AI 应用开发框架——ModelBox。这一框架可以通过 AR 眼镜轻松将 AI 应用的草图自动生成应用。

以往开发一款 AI 应用大多需要花费半年以上的时间，AI 开发的主要工作是将 AI 应用框架适配云边端不同设备的芯片和系统。华为云的 ModelBox 具有屏蔽底层软硬件差异功能，实现了 AI 应用的一次性开发、全场景部署。

例如，华为云将 ModelBox 运用到了 AR 企业亮亮视野的油气田巡检场景中，亮亮视野利用 ModelBox 完成了 AI 应用在 AR 眼镜、手机、机房服务器等多种设备的一键部署，从而让 3D 重建和定位识别等高性能 AI 应用与 AR 眼镜充分结合，亮亮视野 AI 应用的客户可以通过 AR 眼镜更加流畅地进行油气田巡检，如图 1-5 所示。

图 1-5 ModelBox 在油气田 AR 巡检场景中的应用

另外，ModelBox 还能帮助亮亮视野解决 AI 应用开发中需要兼顾适配不同芯片、系统、推理框架的难题，从而亮亮视野在缩短管线巡检、设备故障识别等方面的 AI 应用开发周期。

对此，华为云 CEO 张平安先生表示，ModelBox 能将 AI 应用的跨平台开发适配周期缩短 80%，将推理性能提升 2～10 倍。

值得我们关注的是华为云 AI 开发生产线 ModelArts 除了带来了 ModelBox

之外，还推出了一款智能化应用构建平台。这一平台基于盘古驱动的代码大模型能力，能够重新定义应用构建流程，彻底打通了智能应用从需求到设计再到开发的全链路，即用户可以通过 AR 眼镜中搭载的智能化应用构建平台，实现 App 设计与开发草图到应用的自动生成，如图 1-6 所示。

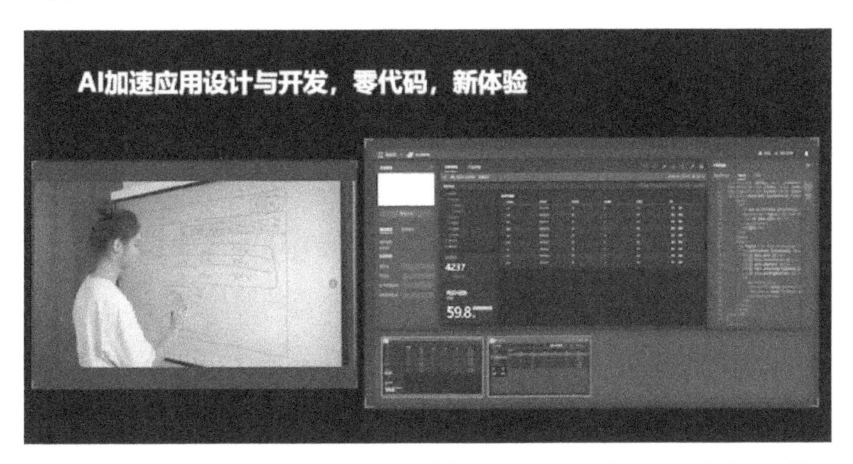


图 1-6　华为云通过智能化应用构建平台将 App 设计与开发草图直接生成应用

（3）开启随时随地在线编程时代

华为云的软件开发生产线 DevCloud 在大会上推出了一款升级服务——桌面 IDE CodeArts。CodeArts 是一个智能化桌面集成开发平台，用户通过 CodeArts 不仅能够快速连接到 220 多个华为云服务和 4500 多个华为云 API，还能够随时随地进行在线编程。另外，CodeArts 还具有智能代码搜索、全量代码补全功能，并配备了开放的插件标准和插件市场，这极大增强了应用开发的开放属性，提高了开发速度。

（4）打造工业机器的“数字医生”

华为云在会上推出的第四条数字生产线——数据治理生产线 DataArts，是一个从数据入湖、数据准备、数据质量到全面应用的全流程数据治理平台，这一平台能一站式提升数据处理效率。

DataArts 能够让开发者简单快速地完成数据清晰、查重、汇聚等工作，数据开发效率可以提升数十倍。DataArts 目前的主要应用是工业机器的“数字医生”，比如在采用华为云 DataArts 的信义玻璃项目中，基于深度集成线华为云

DataArts 的帆软 BI，已经能够为信义玻璃进行经营数据的可视化、可分析、可预测以及风险可预警等多项检测，应用效果十分突出，每年可以为信义玻璃节省上千万元的经营成本。

从华为云推出的四大数字生产线中可以看出，元宇宙领域已经成为华为发展的重要方向。这一点也得到了华为云 CTO 张宇昕先生的印证，他表示，华为云认可元宇宙的大致发展方向，但不会进行元宇宙概念炒作，而是聚焦这一时代热点发展的本质，从数字内容生产、开发领域，以及数字内容与物理世界交互领域进行更多探索。

华为云的这四大数字生产线可以视为华为在元宇宙领域的重要资产，华为云通过这四大生产线能够为各行各业，乃至社会发展带来巨大推动效果。在未来元宇宙发展当中，必然有华为云各类创新产品的身影。

### 2. 元宇宙的价值体现

从华为云四大生产线对各行各业带来的改变，以及元宇宙的发展现状中可以看出，元宇宙的价值可以体现在以下几个方面。

(1) 改变人类的认知

元宇宙并非无源之水，也非虚无缥缈的事物，从古至今它都是人类梦想构建的“第三世界”。在构建的过程中，人类不断将虚拟和现实打通，将技术和人性融合。从原始人的石洞壁画到现代人的文学艺术，人类用丰富的想象力缔造着人类的价值观。可以说，元宇宙之梦，不断引领着人类从更高层次去看待时空和自我。

真正的元宇宙，是一个全人类都能无差别参与的平台，每个人都能在这个虚拟世界里自由创造、重塑自我。元宇宙这个广袤的虚拟世界，为人类创造出了另一种既交融又平行的世界，人们在这个世界里利用数字身份广泛地参与新世界的建设，为人类的认知打开了新的大门。

在过去，人类的物质世界、感官世界和内心世界是相互分离的，现实社会和互联网之间只是技术上的利用，并未形成真正的独立空间。尽管“元宇宙”拓展、融合“三个世界”的作用现在看起来可能还不明显，但随着元宇宙理论和技术的发展，它必将深刻地改变人类的现有认知。

(2) 打破生物与数学的界限

作为一个自然的生物体，人在感知和行动等方面必然受到生理界限的限制。但随着元宇宙的发展，人类在与以数字媒体为特征的元宇宙融合交互中，将能突破原有物理界限。在未来世界中，不论是线上还是线下，自然人和虚拟人、实体人和虚拟数字程序将会共存。机械拓展了人在物理世界的能力，而元宇宙也将拓展自然人在数字世界的能力。

这些美好的愿望并不是一夕之间就能达成的，可喜的是，数字技术的不断发展为这一美好愿景的实现奠定了基础。人们利用人机适应等数字技术，不断模仿人类身体在与环境的互动中的认知过程，打破生物与数字之间的鸿沟，最终形成能够互补和共融共生的一体。

当前，自然交互方式为元宇宙的进一步融入现实生活提供了更多可能和便利。所谓自然交互，是指人类不再借助传统的鼠标和键盘，而是通过动作、语音、表情等人类更为自然的方式来获得感官信息的交互。技术的进步超过想象，甚至思维也能够成为自然交互的方式，比如脑机接口技术。

（3）拓展新的生存空间

首先，元宇宙改变了物理宇宙中的时间一维性。在物理空间里，时间具有单一维度，它永远是线性向前而不可逆的，人永远不可能跨越“现时”而到达“他时”。

而在元宇宙里，时间有了新的概念。元宇宙利用数字孪生技术形成镜像世界，利用区块链技术搭建经济体系，利用数字技术形成虚拟数字身份，并综合为参与者提供交互、社交、金融等融合服务，更重要的是元宇宙允许个人在符合规则的前提下对自己的虚拟身份和环境进行编辑更改。

在元宇宙中，参与者不受日夜更替、四季轮回的约束，可以自由地设定自己所处的时间。参与者也不用遵循一天 24 小时、一年 365 天的规律，如果他想，他可以跟《三体》中描述的一样，穿越上下五千年。参与者可以上溯历史也可以穿越未来。他可以到过去与历史人物互动，亲身感知“改写”历史的沉浸式体验；他也可以看到未来，参与未来的星际航行。不同的参与者之间构成了既彼此独立又相互联系的虚拟世界，而所有的参与者能在这些空间中来回穿梭，感受不一样的体验。

元宇宙同样改变和拓展了人类的生存空间。移动互联网技术发展到今天，特别是社交媒体的兴起，将所有的用户编织到一张数字网里。通过一个智能终端，每个人都可以将自己的想法和体验通过数字形式加以表达，而互联网上的其他用户都能在最短时间内分享到这些内容，正所谓“一分钟上网，三分钟全球知晓”。如此惊人的传播速度让个人之间的距离感消失了，每个人都处在这张网中，每个人都是传播的中心，个人受到所处空间的约束正越来越小。

在物理世界中，空间作为人的活动场所，为人的活动提供了物理支撑，但也限制了人的活动范围。当数字场景应用到现实空间后，产生了物理空间与虚拟空间叠加的效应，无限扩大了物理空间的可能性。人们对于自己所喜欢的场景，如夕阳西下、长河落日、大漠孤烟、小桥流水等，都可以被储存、编辑和分享，乃至进行无限拓展，而且技术的进步，让虚拟现实中的空间体验感也更为逼真。

元宇宙的创新意义在于它打破了时空的约束，更在于它让用户有了更多的时空体验。这种体验，让人们从被束缚的现实社会中解放出来，在另一个空间更自由地释放和展现自己，这一自由的价值始终是人类孜孜以求的目标。

(4) 丰富人类精神世界

上达苍穹下达海底，大到宇宙小到夸克，人类对宏观世界和微观世界的探索从未停止过。然而，除了物质世界，人类的精神世界更需要被丰富。精神世界虽然不像客观实际那样看得见摸得着，但它却是人类不可或缺的部分。实际上，人类所追求的幸福，最终都指向精神层面，只有精神上的富足才能给人带来安全感和获得感。

对于普通民众来说，娱乐是让精神愉悦的一个重要方法，这是人类的天性使然。在人类的进化史中，每一次技术革命和认知革命所带来的伴随产物中必然有娱乐业。从祭祀、戏曲、沙龙，到网吧、KTV，再到现在的 AR、VR 游戏室等，这一切并不是为了衣食冷暖，而是为了精神世界的追求。而元宇宙创造的沉浸感，正是这种追求的表现之一。

游戏运用了元宇宙的概念，但游戏并不是元宇宙的全部。元宇宙从功能上承载大量的虚拟活动，现实社会的社交、购物、创造、教育、交易等社会性活动，都在元宇宙中实现，尤其是“沉浸感”这一重要特征让参与者有了更多更真切的精神获得感。

尽管精神宇宙伴随着人类的产生而产生，但没有人敢说人类的精神世界已经被完全满足。现代区块链技术、数字技术诞生时间不长，这些技术的成熟和综合运用下才产生了元宇宙，进而开发人类的精神家园。

可以将元宇宙看作人类文明在虚拟时空的重建，同时也是人类精神文明在虚拟空间的重建。这种重建比以往任何时期的深度和广度都要深刻，参与的主体更广泛，参与的途径也更多更便捷。这种史无前例的互动，让每一个参与者都获得了一种“我参与故我在”的精神满足。

如图 1－7 所示为元宇宙的四大价值。

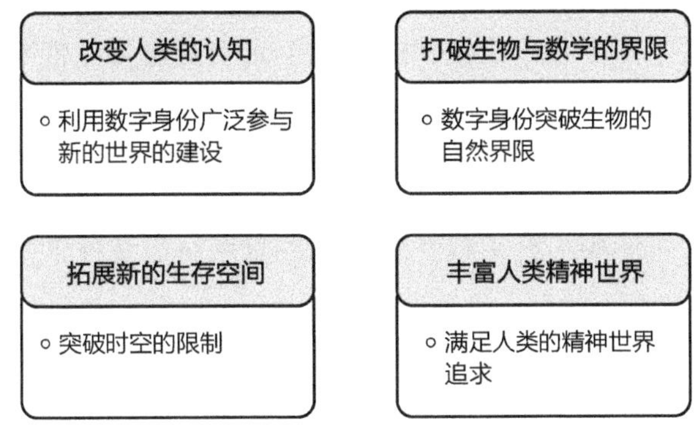


图 1－7 元宇宙的四大价值

人对物质也许有满足的时候，但对精神世界的追求永不满足。通过元宇宙的虚拟数字身份，人类产生了超越环境、超越自我的创造力，这种巨大创造力的迸发，让精神世界的开发得到了更快的加速度。人的肉体有毁灭的时候，但人的精神却可以保存下来流传后世，元宇宙巨大的包容性，让一些在现在眼光看来不可接受的观点和思想，在另一个时空得以实现。马斯洛在需求层次理论中提到，自我超越将是人格最高追求。元宇宙平台提供的和参与者创造的数字化精神产品，将实现人类的自我超越追求。

## 三 元宇宙发展的趋势与阻碍

元宇宙依赖于互联网，可以说它是未来的互联网世界，是全人类范围内的、崭新的互联网世界。这个世界与现实世界相互连接、共存、融合，它既是现实世界的镜像反映，也是现实世界的孪生兄弟。

元宇宙是不断发展和前进的历史事物，因为人类从没停止过对“平行世界”的探索。元宇宙也是不断变化的新生事物，因为它是人类技术发展到未来特定阶段后才能成形的产物。未来的元宇宙将发展向何方？会带来什么样的变革？又会遇到什么样的阻碍？这些问题是人们在努力的道路上所必须面对和加以解决的。

### 1. 元宇宙发展的趋势

元宇宙的飞快发展，让全新的未来世界向我们扑面而来。元宇宙究竟是纸上谈兵，还是下一个技术革命，这取决于元宇宙是否能带来生产力的提升和生产方式的变革。

(1) 发展阶段

目前，元宇宙应用正处于萌芽时刻，我们可以对其即将展现出的发展阶段做出以下预判：

1）社交娱乐阶段。社交属性是元宇宙的基本属性之一，元宇宙在发展初期必然会和社交功能深度绑定。

在元宇宙发展的初期阶段中，受限于技术发展的瓶颈等因素，其主要扮演泛娱乐化应用角色，更多应用于多人游戏、沉浸式影院、演唱会等场景，其交互方式主要依赖于 VR 设备，进行视觉、听觉、触觉等感官层面的单向交互。

例如，美国知名歌手贾斯汀·比伯（Justin Bieber）于 2021 年 11 月 19 日，在虚拟音乐平台 Wave 举办了一场约 30 分钟的元宇宙演唱会，贾斯汀·比伯以虚拟数字人身份献唱了自己的最新专辑 *Justice*，如图 1－8 所示。

图 1－8　贾斯汀·比伯举办的元宇宙演唱会

深度沉浸式的体验，让虚拟与现实之间的界限开始变得模糊，元宇宙所代表的虚拟世界对现实世界带来的影响将不可忽视。社交是人类社会生活的基本需求之一，而元宇宙为社交带来了更丰富的选择和更深度的体验，人类社交不再受地域、环境、时间等因素的制约，虚拟社交成为流行趋势，越来越多的社交行为将会在元宇宙中展开。

除了社交功能，元宇宙还为人们带来了"第二人生"的体验。在元宇宙的"第二人生"世界中，有着不完全等同于现实世界的规则，并且为用户提供定制化的体验，人们可以是商业大亨，也可以是"蝙蝠侠"，还可以是政治精英。这种暂时摆脱现实世界困扰的沉浸式体验为元宇宙在游戏娱乐中的应用提供了广阔的市场。

2）数字孪生阶段。交互方式是元宇宙应用的重要方式，科技的发展为交互方式的增多带来了更多的可能性，元宇宙的应用边界也逐渐扩展，开始摆脱泛娱乐的限制。在引入了触觉、味觉等感官交互方式后，参与者在元宇宙场景中的体验更加接近现实，更具备沉浸式体验。比如，参与者在家足不出户就可以获得在森林中漫步的体验感。

强大的计算机算力为元宇宙现实模拟能力提供了技术支撑，使得元宇宙有能力模拟现实世界，并逐步实现数字孪生。此外，数字孪生阶段带来了生产力的提升和生产方式的改变，给实体经济带来更多的就业机会和岗位。

3）广泛应用阶段。以元宇宙交通系统为例说明，可以进一步了解元宇宙将如何广泛应用。

在未来，对虚拟世界的简单模拟并不是元宇宙的尽头，随着元宇宙的继续发展，其必将产生独立于虚拟场景模仿的独特应用，而且这些应用不再与现实世界简单映射。而且，元宇宙中的数字场景也会随着元宇宙的参与者带到现实社会，与现实世界进行交融。何为虚拟？何为真实？到时候双方之间并没有真实的界限，反而会互相转换。

元宇宙的诞生是基于现实社会，其产生与发展也必然深刻反映和作用于现实社会的方方面面，尤其是经济方面。在未来的元宇宙社会中，以数字为载体的产品将会层出不穷，数字经济不仅会影响现实社会中公众对虚拟资产的分配，也必然会促进传统经济的转型与变革，进而影响国家总体的经济格局。

例如，苹果公司于2022年5月向董事会成员演示测试了公司的新型数字产品——混合现实的MR头盔，同时苹果公司对外表示未来将加速对ROS（机器人操作系统）的研发。要知道这是苹果公司自2015年发布Apple Watch以来，第一次打造新产品线。这也代表继Meta（原Facebook公司）、微软、谷歌之后，苹果正式开启了元宇宙领域布局。

放眼全球，目前没有涉足元宇宙的科技巨头已寥寥无几，虽然元宇宙市场从2021年的井喷态势逐渐恢复冷静，走向格局清晰的成熟阶段，但这一领域的广阔发展空间依然有目共睹。可见元宇宙是科技时代发展的一个重要方向，它为世界高速发展带来了无限可能。

以苹果公司为例，从苹果公司当前发展状态分析，其已经从“成长舒适期”转入了“发展焦虑期”。近两年，苹果公司的主营产品iPhone手机的增长开始放缓，iPad增长甚至进入停滞阶段。最近苹果公司为客户带来的唯一惊喜是自研芯片M1的成功，虽然流媒体与金融服务也为苹果公司带来了可观的收入，但苹果公司的产品用户热度与忠诚度的下降却是不可否认的事实。因此，涉足元宇宙，创新涵盖VR、AR的MR技术，将成为苹果公司刺激用户内心、突破发展瓶颈的关键战略，对于市值高达2万亿元美元的苹果公司而言，这一决定既是破局之举，也是时代所趋。

当然，身为科技巨头的苹果公司不会把发展目标仅局限在元宇宙硬件设备的研发上，正如苹果公司最初的成功不仅仅是打造了iPhone手机，而是健全了“苹果生态”，所以苹果公司一定会努力在元宇宙搭建一个涵盖硬件、软件和服务的全新生态系统，再次复制自己的成功模式，借助元宇宙风口激活二次发展。

（2）发展路线

目前，当代科技巨头围绕元宇宙采取的发展路线主要有以下三种：

1）元宇宙货币。元宇宙货币是当代商业巨头入驻元宇宙领域后较为关心的商业元素，主要以非同质化通证（NFT）和区块链技术为基础，属于数字科技的前沿创新。元宇宙货币发展前景良好，也是当代商业巨头在元宇宙领域商业运作的主要工具。

2）元宇宙硬件设备。人类连接元宇宙需要关键硬件设备支撑，且硬件设备技术高度决定了人类在元宇宙的体验感，所以Meta、谷歌、苹果，以及我国的字节跳动等科技公司都在利用自身技术优势努力研发元宇宙硬件设备。这类公司对元宇宙的定义是“社交网络的虚实交互化”。

3）元宇宙软件。其实，元宇宙软件是最早期的元宇宙产品，这类产品主要以网络游戏为主。例如，Mojang Studios 打造的《我的世界》，暴雪公司打造的《魔兽世界》，以及我国游戏公司米哈游打造的《原神》《崩坏》，都是全球著名的元宇宙游戏。目前，这些游戏的用户都数以亿计，且遍布全球各地，随着大众对精神生活需求的加深，这一行业同样处于持续上涨趋势。

可以看出，苹果公司选择布局元宇宙领域的主要方式是第二种，但这仅仅是苹果公司入驻元宇宙的第一步，未来发展中苹果公司必然会扩展到元宇宙货币和元宇宙软件当中，并以此搭建自己的元宇宙生态。

从苹果公司的发展中可以看出，随着各大科技巨头的入驻，元宇宙领域必然诞生更多类似 MR、AR、可穿戴设备等硬件设施，且软件种类也会越发丰富，元宇宙行业蓬勃发展，对大众生活影响更加深入，市场经济发展、国家经济格局自然也会受到元宇宙的较大影响，这是当前科技发展的主要趋势。

再以全球知名的元宇宙软件公司 Epic Games 为例，2021 年 4 月，Epic Games 公司完成了新一轮高达 10 亿美元的融资，公司总估值达到了 287 亿元。Epic Games 这次融资的主要目的是“支持 Epic 对元宇宙的长期愿景”，这一目的体现在 Epic Games 公司主营的《堡垒之夜》《火箭联盟》《糖豆人》等游戏社交体验当中。

Epic Games 的《堡垒之夜》是当前全球知名的元宇宙游戏，2022 年 6 月 9 日，《堡垒之夜》还宣布将在游戏内举办星野源“声浪”虚拟演唱会，在这之前《堡垒之夜》已经在游戏中开展了多次虚拟演唱会，实现了上千万人在元宇宙的音乐狂欢，可以看出 Epic Games 在元宇宙软件的发展上非常成功。

总体而言，Epic Games 打造的《堡垒之夜》突出了娱乐体验模式。一是 PVE 游戏模式，这是当代网络游戏常见的故事模式，《堡垒之夜》玩家需要在游戏内搭建自己的堡垒、升级游戏角色来对抗游戏内出现的敌人，这种经典游戏模式能带给玩家基础的游戏体验。二是 PVP 对战模式，堡垒游戏的 PVP 对战模式主要借鉴了当红网络游戏《绝地求生》的玩法，由游戏内的 100 名玩家进行单人或者分组对抗，生存到最后的单人或小组为胜者。三是自由建造模式，这是《堡垒之夜》中最贴近元宇宙自由属性的游戏模式，《堡垒之夜》玩家可以尽情按照自己的创意进行内部地图开发，并邀请游戏好友参观，这种模式增强了《堡垒之夜》的假设特点。

由于内部游戏体验模式丰富，所以《堡垒之夜》是一个全年龄覆盖的网络游戏，这款游戏推出一年多的时间里，注册用户便达到1亿多人，截至2019年年底，《堡垒之夜》为Epic Games带来超90亿美元营业收入。值得我们关注的是，《堡垒之夜》不仅体现在自身经济价值之上，这款游戏获得了大量娱乐界与社交界知名人士的青睐，在这些名人的推荐引导下，《堡垒之夜》已经形成元宇宙全程，社会影响不断加深。Epic Games公司的Epic游戏平台创始人Tim Sweeney在接受《华盛顿邮报》采访时说："元宇宙就像一个在线游乐场，用户可以一会儿跟朋友们一起玩《堡垒之夜》这样的多人游戏，一会儿又通过奈飞观看一部电影，然后又邀请朋友们试驾一辆新车或体验在虚拟世界中的造车方法，这都将与在现实世界中别无二致。"另外Tim Sweeney还强调，"元宇宙绝不应该是精心修剪、随处插入广告的信息流平台。"

从《堡垒之夜》的发展中可以看出，元宇宙发展不仅是当代科技领域、商业领域的主要方向，也是大众精神需求改变的重点。可以说元宇宙是社会各界共同期待的时代革新，是人类生活质变的重要载体。

不过从Tim Sweeney的话语中也可以看出，当代科技巨头对元宇宙的发展秉持着不同的策略与态度，虽然元宇宙是大家公认的未来发展趋势，但元宇宙发展过程中会呈现多元方向，必然会有诸多的挑战与阻碍。

在元宇宙的广泛应用阶段，对传统行业的颠覆也是超过想象的。交通系统将进行彻底的改造，现有的地铁和轻轨等轴辐式交通系统初步实现了以较为准点的节奏将人们送往最为接近的目的地，但面临着资金的压力和效率提升的窘境。通过元宇宙概念中数字孪生交通——实时采集海量交通数据纳入到模型中，实现对交通状态的虚拟映射，通过人工智能AI、大数据分析、交通仿真技术等综合运用，形成对交通方案的充分优化能力，以此提高了交通系统的效率和经济性，并节约了对交通基础设施的建设和维护资源。类似这种复杂的管理新方法，将在元宇宙交通体系中得到自动化信息技术的帮助，其代码由人工智能不断编写、重写和运行，所有的交通设备、交通站点等都会形成一张自动化的实时应对的网络。

如图1-9所示为元宇宙发展的趋势示意图。

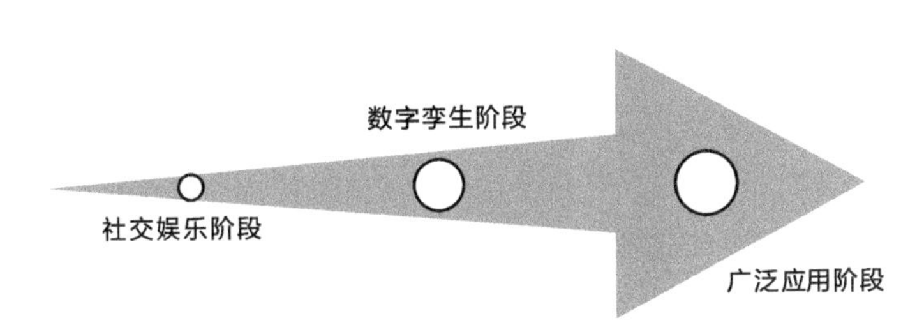


图1-9　元宇宙发展的趋势示意图

元宇宙将帮助创造人类高度网络化的未来，在这种未来中，会出现一种新的跨越交通网络的出行服务（元宇宙 MaaS）方式。

## 2. 元宇宙发展的阻碍

元宇宙或者说元宇宙产业，在近几年得到了公众的关注和资本的热捧，在资本的裹挟下，元宇宙生态系统泥沙俱下，很多伪概念、伪产品、伪应用打着元宇宙的幌子招摇过市，给元宇宙的发展带来巨大危害。具体来说，它面临以下 8 大危险：

1）资本裹挟。资本由于其逐利性，在看到元宇宙的巨大市场潜力后，一拥而上，肆意解读、肆意包装，将原本不属于元宇宙的产品包装后进行兜售，引起人们的反感，阻碍元宇宙健康发展。

2）伦理制约。元宇宙是个去中心化的世界，在去中心化的过程中需要从多视角的角度去构建元宇宙的伦理框架。元宇宙的高度开放、高度包容的特点决定了元宇宙是个类“乌托邦”的世界，包容不代表纵容，元宇宙世界伦理框架的构建仍是个长期的过程。

3）产业内卷。元宇宙概念的突破并未改变产业内卷的状况，元宇宙产业在当下更多是在游戏和社交场景中运用，而这个领域的产品模式已经进入瓶颈期，相关产业已经步入零和博弈的阶段。

4）算力压力。元宇宙的概念丰富，是大型多人在线游戏、开放式任务、可编辑世界、XR 入口、AI 内容生成、经济系统、社交系统、化身系统、去中心化认证系统、现实场景等多重要素的集合体。这也使得其本身运作对算法和算力有极高的要求。

5）经济风险。元宇宙有其自身的经济系统，而元宇宙与现实世界之间又是交互相融的，虚拟世界的经济体系不可避免地冲击到现实社会，对本就脆弱的现实经济体系造成不可预知的风险。而且，元宇宙隐蔽性的特点也为资本逃避监管提供了场所，所以金融监管必须从现实世界延伸到元宇宙。

6）沉迷风险。元宇宙由于交互性、沉浸体验的特点以及对现实的“补偿效应”而具备天然的“成瘾性”，有人称之为“精神鸦片”。元宇宙的初衷是让人们能够在虚拟与现实之间实现交互的自由，但这种沉迷的风险仍旧存在。虚拟世界由于价值理念、运行规则与现实世界之间存在分化、异化，甚至是激励对抗，使得沉浸在虚拟世界中的人把不满、仇恨等情绪带到现实世界。

7）隐私风险。元宇宙的运作需要海量的个人资源作为支持，在现有规则下，数据的收集、存储等尚存在管理漏洞，而元宇宙作为一个超越现实的虚拟空间，对于用户在空间内的身份属性、社会关系、财产信息等有着广泛的收集，在未来的场景中，甚至对于用户的情感状态、脑波模式等信息也要收集，如何保护这些至关重要的个人隐私，是元宇宙发展的桎梏。

8）知识产权。虽然区块链取证技术的应用为取证、定责提供了技术上的可能，但仍然没有改变数字空间中的知识产权保护难等“顽疾”。元宇宙是一个集体共享的空间，任何参与者都有权利在这个空间中进行创作，由此衍生了大量的个人和集体创造的数字产品，而这些协作带着一些随机性和不稳定的特点。元宇宙中的虚拟数字人、物品、场景等元素很可能是来自或者改编于现实世界对应实体，这种跨越虚实边界的改编应用很可能会引发知识产权纠纷，包括人物肖像权以及音乐、图片、著作版权等的纠纷。

## 四 什么是“元宇宙 + 交通”

元宇宙不仅颠覆了人类的认知，它更切实地颠覆了人类现有衣食住行的方方面面。未来，人们买衣服不需要再去商场试穿，只需要在元宇宙世界里通过数字体验找到适合自己的衣服，就能瞬间下单完成选购、支付、物流等所有行为。同样，人类生产生活离不开的交通系统，在元宇宙的赋能下，也将会产生全新的交通业态。

### 1. 元宇宙与交通运输的关系

基于元宇宙的内涵，“元宇宙 + 交通”分为虚拟交通和现实交通两个方面。虚拟交通并不是虚幻的、不存在的交通体系，元宇宙交通中的虚拟交通与现实交通是相互融合与支持的关系。元宇宙场景下的交通是一种新模式、新业态，是我国交通运输业发展的必经之路。

谈及元宇宙和交通运输，两者之间存在下列紧密联系：

1）从交通运输工具运用方面来看。元宇宙打破了时空的限制，而现有的交通工具利用效率受制于时空的限制，远远没有处在饱和最优配置的状态。元宇宙将各种交通工具的运行状况实时反映、实时分析，构建出完整的、动态的系统模型，随时随地向用户发送最佳的出行方式。

在元宇宙交通中，个人的出行将呈现出更加智慧的形态。个人无须思考切换多种交通工具达到出行目的，因为元宇宙交通是开放共享的生态系统，所有的用户都在其中找到符合自己需要的交通出行工具。

2）从交通基础设施的运行效率来看。元宇宙让无人驾驶、智能驾驶成为未来的发展趋势，通过大数据分析和人工智能，在数字空间站中搭建出仿真的交通系统，模拟各种流量场景下无人驾驶工具和人、路的关系，并为无人驾驶提供全程的数据和决策支持。元宇宙的虚拟交通场景最优化地按需设计交通基础设施的种类和布局，并通过对设施的数据化、信息化整合，在建设、使用、维护的周期内共享和传递这些信息，能够最大化地节约成本、提高效率。

3）从交通管理的精确性来看。交管措施是交通的智慧运行中核心一环。元宇宙交通将交通系统的全要素进行数字映射，通过传感、遥感、定位、物联网等沟通“人、车、地、物”之间的连接，对这些海量信息通过 AI 和人工智能进行精准分析，为公路养护、交通执法、紧急救援等提供“头脑风暴”支持，为全系统的高效和安全运转提供支持。

### 2. “元宇宙 +交通” 在我国的发展历程

如果将智能交通、智慧交通建设阶段都看作发展前期，那么“元宇宙 +交通”在我国的发展历程已经走过了萌芽、起步、加速建设和发展三个阶段。尤其是元宇宙中的数字孪生技术运用到交通系统中以后，进一步革新了交通发展的理念，给我国的交通系统建设带来了质的变化。

1）萌芽阶段。20 世纪 90 年代是我国元宇宙交通的萌芽阶段，通过大力引进国外的系统设备，我国开始了公路的信息化建设。智能交通系统的理念开始逐渐被接受和重视，相关的研究也开始陆续组织起来并走向公众的视野，但这个时候“元宇宙交通”的概念还未被提起，智能交通建设和理念也处于探索的状态。

2）起步阶段。21 世纪初的 10 年，智能交通建设才真正在我国全面铺开，政策的支持力度也空前加大。2002 年，科技部在北京、上海、天津等 10 座城市开展智能交通的应用示范。“国家综合智能交通技术集成应用示范”成为国家重大的科技攻关和支撑项目，在智能交通技术上取得了突破和创新。当“智慧城市”的概念被提起后，智慧交通被认为是支撑智慧城市的基础性工程。结合当时元宇宙产业的发展状况，此时的智慧交通已经可以初步纳入元宇宙的范畴，是元宇宙交通不可分割的发展基础阶段。

3）加速建设和发展阶段。2010 年至今，元宇宙交通在我国得到了加速建设和发展。首先，科技支持力度加强，众多的高校、科研机构、企业等主体完成了一大批具有核心竞争力的元宇宙交通创新项目；网约车、共享单车、共享汽车等新模式相继涌现，充实了元宇宙交通市场。尤其是数字孪生技术和理念的兴起，将新一代信息技术在交通领域的融合应用推向深入，元宇宙交通的数字化、网络化、智能化特点在我国交通系统得到重视和深度应用。

### 3. “元宇宙 +交通” 的价值

元宇宙交通对交通系统能实现全域覆盖并感知，通过收集海量数据全网分享并智能分析，从而反馈和控制交通运行状态。推广元宇宙交通，将有望实现交通系统的数字化、信息化、智能化。

1）推动数字化决策。元宇宙的数字孪生通过密集布置在交通系统上的各种感知交互设备，将有关交通的数据实时、全覆盖地收集，并建立虚拟世界模型。基于人工大脑的分析和编辑，所有的数据实时被呈现。数字孪生最具重要意义的部分在于对模型的推演方面，数字孪生通过交通模拟仿真，为交通政策的制定、交通运管的协同提供了广阔的模型推演空间，基本上试错成本为零，所得出的结果能够成为城市交通、环境保护、土地规划等方面的科学支撑。

2）保障应急救援。在拥堵的城市中，如何实现无障碍的快速应急救援始终是困扰城市管理者的难题。元宇宙交通基于大数据分析等技术，将车流、人流、道路设施的特征深度学习，精准预测道路的通行状态；然后联网分析，精准控制交通信号灯的使用，通过仿真模型，快速准确判断出最优的交通路线，让应急救援的“绿色通道”畅通无阻。

3）加快智能驾驶落地。提高车辆的自适应能力，有效应对复杂的环境变化是提高交通安全的一项有力措施。数字孪生数据可以作为高精度地图的基础环境数据支撑，加之高仿真的模型，能够实时模拟道路、地形、车流、人流、环境、天气等情景。利用真实的道路数据、交通场景数据和经分析得出的模拟场景数据，对智能驾驶车辆进行指导和控制，提升其执行力和安全性，真正让车“聪明”起来，让路“智慧”起来，让加速智能驾驶更加安全地落地推广和普及。

## 五 “元宇宙 + 交通”的形态与特征

现阶段“元宇宙 + 交通”的主要表现和技术支撑是数字孪生，通过“元宇宙 + 交通”的各大应用平台，可以将虚拟交通世界的智慧化管控应用到现实交通环境中。

### 1. “元宇宙+交通”的形态

“元宇宙 + 交通”在数字孪生技术的支持下，将能有效模拟真实交通场景既平行又融合的仿真交通世界，用以对现实交通环境的数据收集、分析决策等。

人类将具体通过以下 6 个平台来实现“元宇宙 + 交通”的功能：

1）智能交通管理。基于对“人、车、路”等关键要素的掌握，通过终端设备收集交通的参与全要素信息，后台人工智能自动识别、分析出交通管理的重点目标，主动智能分配红绿灯等交通管理要素，自动检出违法行为，有效提高交通设施的运行效率，优化出行秩序。

2）交通运行监测。主要功能是通过采集的海量交通数据，进行深度挖掘、智能分析和联网展示，实现对整体交通运行态势的即时监测，从而对区域范围内交通运行状态进行预测和预警。交通运行监测能够辅助交通系统管理决策，能够及时向公众发布交通运行状态信息，让出行者规划好出行计划。

该平台主要有“一个模型、一个中心、三个系统”：一个交通运行监测模型，一个交通运行安全监测数据中心，以及交通运行安全监测系统、交通数据分析系统、交通应急协同系统。

3）交通规划设计。对于通过数字孪生技术收集、融合的交通要素信息，如道路分布、交通站点分布、交叉路口的布置、交通标志与标线、交通信号灯分布、停车场位置、地形环境等情况，进行科学合理的规划，以达到交通运行系统运力最大、效率最高、故障最低的目标。

4）交通信息服务。一方面，元宇宙交通信息平台可以为交通参与者提供完备、准确、及时的交通信息服务，使其提前掌握相关信息，方便其选择效用最大的出发时间、出行方式和出行路径，尽可能降低出行费用。另一方面，也使得现有的交通网络资源得以充分利用，提高了运输效率，缓解拥堵及污染等社会问题。

交通信息服务的实质是行为的诱导性，即通过提供超前的交通信息来指导交通参与者的出行行为，使其选择与管理者预期一致的出行方式，从而实现交通运行系统的“提效降耗”。

5）车路协同服务。元宇宙技术将“人、车、路”看成一个协同影响的整体，依托信息技术、数字技术、区块链、物联网技术等，实现三者之间信息的实时联通交互，从而提高车辆的智能驾驶水平和安全性，尽可能避免安全事故，提高通行效率。此外，车路协同服务对于恶劣天气、突发重大交通事故情况下的道路情况实时分析研判，及时发出预警，也能避免更大灾难的发生。

6）出行即服务（Mobility as a Service，MaaS）。元宇宙平台将诸如航空、铁路、海运、公共交通、汽运、共享单车等交通方式的出行服务进行整合，进而满足不同交通参与者的各种需求。其主要是通过电子交互界面获取和管理相关交通服务，通过出行即服务平台，可充分了解整个城市交通所能提供的资源，以此实现无缝对接、安全、舒适、便捷的一站式出行服务。

### 2.“元宇宙+交通”的特征

“元宇宙+交通”是大数据、云计算、区块链、交互技术、物联网等技术在交通领域的深入应用，丰富了交通的内涵，改变了“从前书信很慢，车马很远”的传统交通理念，深刻改变了交通的业态，拓展了人类的活动空间。

“元宇宙 + 交通”主要有以下几个特征：

1）虚拟与现实的全面结合。元宇宙在交通系统打破了虚拟与现实的界限，产生了全新的“第三交通世界”。数字孪生映射出的现实交通环境，不只是简单的全息投影，更是对现实世界交通系统的动态感知与实时分析，并且感知与分析的结果反馈至现实世界，据此为交通系统提供决策支持。线上、线下不再有分明的界限，线下的需求能同步到线上，线上的应答与线下的应对同频。

2）交通全要素内在联系。这个概念包括但不限定于“人、车、路”等交通运输的主要因素。交通工具包括车辆、轮船、航空器等；交通基础设施包括道路、桥梁、铁路、航线等；交通参与的主体——人，客体——物，甚至于天气、周边环境等，都属于交通信息要素。在新的传感、物联网、AI 技术环境下，能够实现彼此间的信息互联互通和共享，并以此为基础实时监测、分析、预测。

3）提供全面适应性服务。“元宇宙 + 交通”最终指向和服务的是人，满足人们的需求才是“元宇宙 + 交通”存在于发展的不竭动力。在计算机算力不断提升、人工智能不断发展、交互技术不断进步的今天，“元宇宙 + 交通”场景下的交通参与者与系统平台之间的交互更加密切，这也要求交通运输系统更加“类人化”、更加智能化，必须能根据人的需求和实际情况的变化，为每一类、每一个客户提供多样化、个性化的服务。

4）提升综合运输效能。元宇宙交通的必然之义是交通运输设施、工具、服务、管理等的智慧化，交通运输的组织与管理者对各种要素的全面、准确、详细的掌握，能够更有效地控制和应对各种风险，并能通过智能技术使得运输生产的策略更加科学，使得运输生产组织和管理可靠性更高、效能更高。

# 第二章

# 数字基建，元宇宙交通的数字孪生

数字交通基建，需要不同层次的交通设备、数据、平台等，在数字空间深度融合并应用。元宇宙交通，则是这一融合应用的重要主题。

通过数字基建，推动大数据、物联网背景下的元宇宙交通数字孪生体的建设，能让车、人、路更为协调地共生于未来的交通系统中。

## 一 真实重现，数字孪生实现交通要素数字化

随着智能交通技术的不断发展，交通领域要素数字化的节奏不断加快，对各交通要素进行海量数据的挖掘、分析和应用，成为交通基础建设的重要方向。元宇宙交通的建设，意味着在虚拟世界中真实重现现实交通，二者离不开一系列工作内容。

如图 2 – 1 所示为交通要素数字化的工作内容。

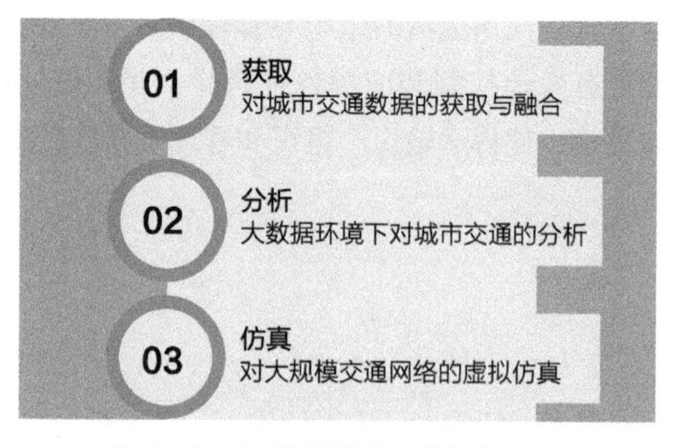


图 2–1　交通要素数字化的工作内容

#### 1. 交通要素数据的获取与融合

城市交通要素众多，其中大数据类型主要包括静态、动态和实时三类，其共同特征为体量巨大、形态多样、价值丰富、多元共存等。目前，由于交通大数据碎片化现象突出，共享渠道匮乏，其中蕴藏的价值并未被充分挖掘和利用，有必要通过各类方式进行获取。

1）通过城市交通网络数据构建。这需要利用城市街道地图交通网络数据为基础，依托成熟的地图服务商，提取地图数据中的节点数据进行清洗、整合，构建城市交通网络的基础数据库。

2）通过城市人口数据构建。元宇宙虚拟交通体系的建立，可以利用人口普查数据、手机信令数据、地理定位数据、土地利用数据等，推算不同交通地域、城市、小区的参与者数据，以高效构建交通人口数据库。

3）通过交通流量数据构建。其主要流量包括道路传感器、监控、射频识别（RFID）数据、卫星导航系统数据等。这些数据能提供路段实时流量和拥堵情况等数据，与交通属性数据之间存在密切的关联性。采集和分析这些数据，有助于实现对城市交通网络在宏观空间和微观层面的量化。

#### 2. 交通要素数据的分析

在当前的交通工程领域，城市交通管理方案的制订和修改依据，还是以传统的交通模型为基础，而这些交通模型则由不同交通要素数据分析结果组成。由于交通要素数据分析精度有限，交通模型所体现的参考价值也受到限制。

随着元宇宙技术的发展，新型互联网、大数据、人工智能、虚拟现实等技术为交通要素数据的分析带来新的可能。提升分析精度，必然会对交通模型架构产生重要影响。

元宇宙交通要素数据分析工作基于海量大数据展开，克服了传统交通数据来源于抽样调查的局限性。基于大数据分析，能有效体现新型城镇化趋势下不同类型城市交通要素正在发生怎样的变化，应该进行怎样的平衡。其中主要数据分析工作包括交通网络运行数据的分析、交通需求数据的分析、公共交通网络运行数据的分析、交通管理控制影响的分析、交通法律法规影响的分析等。

值得注意的是，我国长期以来对城市交通数据的分析都没有建立能跨越部门的协同发展机制，而任何单一部门，在业务能力和管理资源上都无法承担独立分析城市交通的能力。这也意味着，元宇宙交通对交通要素的数字化工作不可能由某一个部门独立完成。为了将城市交通的系统特征、城市交通各要素的特性充分结合，有必要让交通、交管、城建、公安、市场、发改等各部门协同提供数据，将各交通要素数据相互作用，以形成关系明确的分析模型。

### 3. 交通要素数据的仿真平台软件

在交通要素数据的采集和分析基础上，应进一步建立元宇宙级别的交通仿真平台软件。该平台应涵盖城市土地、交通设施、交通管控、公交运营、交通政策等不同要素的数据内容，逐步成为元宇宙交通系统建设和管理的重要性基础平台。

通过对相应数据内容的分析，平台应建立包含城市各级路段的仿真时空系统，并能支持对交通流量数据的实时呈现与深入评估。

交通要素数据的元宇宙仿真平台软件应具备如下功能：

1）基础数据管理功能。元宇宙交通要素仿真平台软件应能对海量的基础数据进行有效导入和分析，以迅速处理不同要素所提供的交通数据。其中既包括传统的数据来源，如调查数据、RFID 数据等，也包括不断发展壮大的物联网数据库。通过这些不同来源的数据库，平台可以扩大数据处理能力，保障对不同类型交通系统管理的应对能力，以适应不同情境下的分析需要。

2）交通需求分析功能。元宇宙交通要素仿真平台软件，应具备系统的交通需求分析功能，包括交通事件预测、交通分布、交通方式划分等分析能力，也包括对交通需求预测等基于大数据的仿真分析功能。

3）交通运行分析功能。平台软件应具备交通运行分析功能，通过土地规划、市政建设、公交运行、法规制定等措施对相关数据进行分析，深入了解这些交通要素所带来的影响，使之更好地服务于综合交通分析目标。

4）综合评价分析功能。科学的综合评价分析功能是仿真平台的又一重要功能，这一功能在元宇宙交通管理方案设计、建模、决策等过程中体现，能起到信息传输的作用。为此，有必要将不同交通要素分析模块的结果通过仿真、提炼、融合，形成经过综合评价后的交通系统运行指标，便于进行直观分析。

5）加载调整分析功能。通过仿真平台上的编辑功能，可以将新的交通要素数据加载到平台内，例如土地规划调整结果、交通基础设施新建、交通管控变化、交通政策改变等数据变化情况，都能真实迅速地加以反映。这一功能，能让元宇宙交通系统具备灵活分析、综合预判、整体评估的强大优势，真正完整重现城市内的各项交通要素。

## 二 精准映射，数字孪生推动交通虚拟化

数字孪生技术的本质在于将现实世界的人、事、物按照对应的比例复刻到计算机的虚拟世界中，并通过操作高度相似的数字孪生模型实现对现实世界的观察、研究、分析、推演和决策。数字孪生技术模型之所以可以实现以上功能，并在诸多领域发挥重要性作用，其原因能用学者的总结加以概括，即“数据是基础，模型是核心，算力是保障”。

交通行业可以依托数字孪生技术，在互联网时代庞大数据和计算机强大算力的支持下，结合增强现实、虚拟现实、人工智能和物联网等先进技术，建立高度仿真、全面感知、动态模拟和精准控制的虚拟交通平台。交通行业可以通过虚拟交通平台与现实交通的完美对接，对交通领域全过程进行数字化映射和智能化模拟。在此情境下，即使是专业技术水平较低的普通工作人员，也可以通过数字孪生模型的虚拟模拟做出科学、合理的决策分析。

基于数字孪生技术能为我国智慧交通建设提供强大的助力，因此，在虚拟交通平台的创建方面，有必要从以下几个方面认识和着手，以实现交通的虚实交互和模拟优化。

### 1. 我国交通行业发展现状

交通系统是随机的、多变的、不确定性强的综合性系统，且受人为因素和自然因素影响大，在讨论如何构建数字孪生交通平台之前，需要对我国交通行业发展现状有一定了解。

伴随科技发展，尽管人类交通出行方式得到进一步革新和完善，但整体

仍围绕水、陆、空三个方面展开，具体体现为水运交通、公路交通、铁路交通、城市轨道交通和航空交通。从与大众生活相关性出发，主要对我国陆路交通行业发展现状进行简单概括。

（1）公路交通行业发展现状

自改革开放以来，我国机动车数量得到爆发式增长。虽然近年来政府大力号召节能减排、绿色出行，但根据公安部统计，2021 年我国汽车保有量已经达到3.02 亿辆。在此情况下，人们应当如何在保障自身生命财产安全的前提下，妥善应对复杂多变的道路场景和驾驶场景，是未来交通发展必须要考虑的问题。

（2）铁路交通发展现状

铁路凭借其强大的运输能力和低廉的运输成本，为社会经济的发展提供了强大的助力。目前，我国铁路系统已经达到相当成熟的阶段，特别是以“九纵十横”为主体的铁路网络贯穿南北东西，实现了全国范围内的联通。

（3）城市轨道交通发展现状

城市轨道交通建设始于北京地铁，20 世纪 80 年代后，随着社会经济的发展和群众环境保护意识的增强，具有便捷、大运量和绿色节能特点的轨道交通逐渐成为新时代交通的宠儿，并在短时间内得到快速发展。其不仅类型多样，如存在地铁、轻轨、跨座式单轨、直线电机、磁悬浮等多种制式，并且运营里程得到持续增长，如到“十二五”结束，除原本正在建设的总长超过1500 多公里的轨道交通项目外，根据规划还将新增 2600 公里。除此之外，轨道交通建设成本的降低和建造技术的提高，也意味着未来轨道交通将覆盖更大的范围。

新中国成立以来短短几十年的时间内，我国交通行业不仅没有与世界强国拉开很大的差距，还走完了发达国家几百年的工业化、现代化历程。交通行业在快速发展、急速扩张的过程中，尽管国家把握住交通行业整体发展的大方向，但在局部范围内因技术局限仍然存在一些问题，需要借助数字孪生技术，对交通行业现有的问题进行深入研究，并从多个方面赋能智慧交通建设，建立科学、系统、有效的交通新体系。

### 2. 数字孪生，赋能虚拟交通全周期体验

目前，交通行业主要存在的问题是交通管理模式碎片化、公众出行多样化、道路场景复杂化，以及其他技术上的限制问题。想要解决以上问题，需要利用数字孪生技术构建仿真动态模型，在大数据和云计算的支持下对交通运行全周期进行虚拟化模拟，以此洞悉交通运行存在的一般和特殊规律，赋能开启全新智慧交通。

(1) 创建虚拟天气场景

一方面，可以从与交通安全密切相关的天气现象出发，利用数字孪生技术创建虚拟天气场景，如雨、雪、雾、冰雹、雷电、风等。基于数字孪生模型在视觉、听觉、触觉的高度仿真，通过在虚拟天气场景中不同天气现象的真实体验，有助于建立完善的天气应急预警机制。例如 2022 年北京冬奥会期间，中国气象局便利用数字孪生技术打造了“天气仿真实况沙盘”，并利用其为冬奥会气象保障工作保驾护航，如图 2-2 所示。

图 2-2 中国气象局打造的“天气仿真实况沙盘”

另一方面，可以根据气象资料预测虚拟交通平台管控范围内的天气状况，找出可能存在的规律，避免因恶劣天气引发的交通事故，降低经济损失和保护民众生命安全。

(2) 创建虚拟交通场景

当数字孪生同其他元宇宙技术，如人工智能、云计算、大数据、精密电子地图充分融合后，就能进一步拓展到对交通流、交通体系的仿真，有效帮助交通监管部门。同时，数字孪生技术支持下的自动驾驶等虚拟仿真技术，还能推动自动驾驶技术尽快落地。借助虚拟仿真，可以实现实际测试中无法达成的难度和体量，反复测试更为复杂的交通场景，实现对交通驾驶技术的研发、验证和升级。

(3) 创建虚拟交通应急场景

借助数字孪生体，模拟不同类型、体积的车辆，在不同的碰撞速度和角度下对车内人员可能造成的伤害，通过整合、分析模拟结果，制定几种及时、行之有效的急救方案，防止因现场混乱或救援动作浪费而延缓救援行动，保证救援有序进行。

(4) 创建虚拟交通培训场景

目前，交通相关部门对下属员工进行培训时其培训内容一般以图文形式进行灌输式培训，由于交通行业存在诸多不确定性因素，以及交通部门下属员工在时间、空间上的认知断层，致使其无法对培训内容实现全面理解和掌握。虚拟交通培训场景则可以通过真实交通状况的精准映射，使之有身临其境的体验，从而消除下属员工在时间和空间上的认知断层，有效解决培训过程中容易出现的问题。此外，借助虚拟交通培训场景进行“现场体验”，不仅能够获得更好的培训效果，也可以降低培训成本。

由此可见，交通体验虚拟化主要建立在数字孪生技术的基础上，数字孪生技术是推进交通行业实现交通路况实时掌控、全息感应、精准决策的关键。同时，数字孪生技术与交通行业的深度融合，能够促进数字孪生技术创新式发展。两者相辅相成，共同促进。

“十四五”规划纲要明确提出要打造“能感知、会思考、可进化、有温度”的数字孪生城市。在此号召下，数字孪生交通系统的建设也如火如荼进行，例如贵州省就先行试点数字孪生交通系统，致力于利用“传感器、视频监控、毫米波雷达、车辆、行人”等交通要素，在数字孪生技术的支持下构建现实交通的精准映射模型，取得了一定的成功。

数字孪生不仅能够促进交通体验虚拟化，其仿真模型提供的快速、超前、科学的分析、模拟和决策能力，为实现现实交通的同步可视、虚拟推演、综合分析和决策能力的提升提供了强大的助力，并决定着未来交通出行的新方向。

## 三 车路协同，大数据交通与智能路网强化出行体验

飞速发展进步的社会，激发着人们对高质量生活的追求，进一步对交通系统提出了更高要求。传统的交通管理和运行方式所带来的交通事故频发、环境污染严重等问题，已经不适应当前社会的发展要求。元宇宙交通基于信息技术、物联网、交互技术等现代数字技术的快速发展，将车路协同系统应用于交通系统领域，为改善交通安全、解决交通拥堵、提升出行体验带来了新的技术手段和管理思路。

### 1. 车路协同系统概述

车路协同系统是在传感和无线通信技术发展到一定程度的基础上，对车、路、人之间实时动态交互产生的海量交通信息进行采集并融合、分析、辅助决策的技术应用。该系统能有效保障车辆、驾驶人和其他交通参与主体的安全，提高路网运行效率。

车路协同系统主要由两个子系统组成：车载单元和路侧单元。所有的交通组成单元通过这两个系统，以有线或无线通信方式将相互之间的交通信息进行传输和共享。如图 2－3 所示为车路协同系统的子系统。

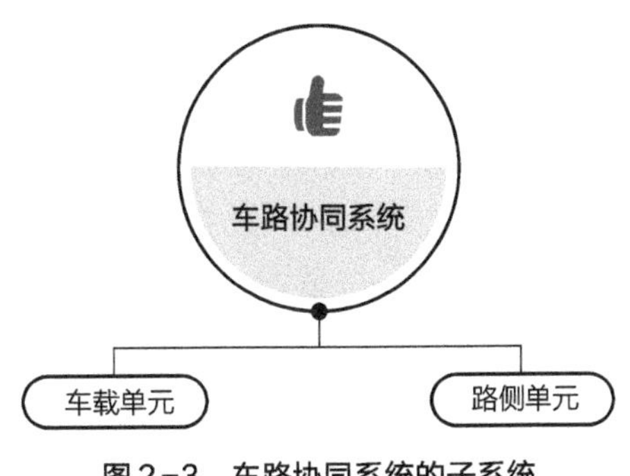


图2－3 车路协同系统的子系统

路侧单元的主要功能包括如下内容：

1）收集：通过设置在路边各个单元的传感器检测设备收集各种交通信息。

2）接收：接收来自车载单元或其他路侧单元的信息。

3）传输：将收集到的信息发送给车辆、其他路侧单元和管理中心。

车载单元的主要功能与路侧单元类似，也包括收集、接收和传输三个方面。

车载单元收集各类车载传感设备采集到的信息，接受其他车载单元和路侧单元的信息，融合处理后传输给其他单元和管理中心，再对接收到的综合信息分析判断后，将安全预警和控制决策指令，以合适的交互方式发送给车辆驾驶人。

车路协同主要应用于安全应用、交通管理与服务应用等方面的场景。其中安全应用基于车车交互和车路交互信息，典型应用场景包括避免车辆跟驰、交叉路口避免车辆相撞、车辆有序换道、非正常占道预警以及紧急电子制动预警。在不同的应用场景中，对车辆运动状态信息采集、预警与控制的模型不尽相同。

### 2. 车路协同，全面提升交通出行体验

车路协同系统相较于传统的路面交通管理系统，在安全性、舒适性和便捷性上的体验都有不可同日而语的提升。

（1）全面提升安全性体验

元宇宙交通的智慧车路协同系统由三个相互交融的主体构成，包括具备感知计算能力的智联网汽车、具有人机交互能力的智慧车载及路侧单元、具备超强算力和仿真能力的大数据分析平台。各组成部分之间依赖多模式互联通信技术，实现信息交互与协同工作，所有这些主体交融交互得到的信息都面向公共服务领域。

车路协同能为智能网联发展提供重要支撑，并且呈现融合发展的趋势。人、车、路、信息交互融合可以为自动驾驶提供超越感知视野的认知可能，避免汽车智能存在的感知局限，避免汽车智能因为没有互联互通而导致的车辆行为冲突，实现整体运行协同。智能网联不仅从安全的角度对汽车智能驾

驶进行赋能，其更重要的作用是从“云”的视角赋能范围内交通的超视距、高感知、低延时、更高效的协同能力。

(2) 全面提升舒适性体验

元宇宙交通正在朝着规模化应用的阶段发展，智慧交通产业、车路协同也正成为大家重视和追捧的朝阳产业。车路协同技术的发展给自动驾驶的应用提供了可能和更为广阔的空间，也为车辆驾驶舒适性体验提供了全新机会。车路协同的智能化发展趋势延展了车辆的定义，车辆由单纯的交通工具变成了个人生活的“第三空间”。车路协同自动驾驶解放了驾驶人的双手和大脑，让人从枯燥的驾驶过程中跳转到享受旅程的过程中。

车路协同自动驾驶系统，不仅仅是与交通行业，更是与智能制造、网络通信、人工智能等多个领域深度融合的新行业，对于交通、汽车行业跨界融合发展产生巨大的战略意义。反过来，跨领域合作将给车路协同自动驾驶行业创造更大发展优势，新的跨界行业不断涌现，不断提升的交通运输效率也将带动相关产业发展与变革，如公交、物流配送、汽车娱乐、医疗服务等汽车出行的关联产业。从这点看，车路协同系统不但提高了驾驶的舒适性体验，更是从社会生活的角度给人类生活带来了更多舒适性发展的可能。

(3) 全面提升便捷性体验

在城市交通系统中，公共交通体系占据着重要的位置，“公交优先”已成为城市发展普遍遵循的规律。在我国大中城市的发展中，公交也成为城市交通建设的重中之重，已经有数十个城市通过了“国家公交都市建设示范城市”的验收。在城市公交建设中，车路协同以智能化、便捷化等特征契合了未来的出行需求和发展趋势，可以极大改善人们的出行体验。车路协同的公交服务将是多元化、可选择的，以瞬间响应式的出行服务有效满足乘客的多元出行需求，增加了公交通达性。

传统公交系统以固定时间、固定地点、固定路线的形式给公众提供出行服务。车路协同运用新技术赋能传统出行，一站式响应乘客出行需求，根据用户出行需求，提供非固定路线的、能够实时拼单的公交系统，灵活调整运力，针对客流和虚拟站点实时计算最优路径，快速调配公交运力，有效弥补传统公交在特定区域、特定时段内运力和需求不匹配的问题，提升公交运行效率。

### 3. 车路协同的发展路径

车路协同发展方兴未艾，但也面临诸多挑战，比如法规体系、政策标准尚不健全、商业化普及成本高、交通公共安全挑战等。发展车路协同可以从车端、路端和云端发力。

如图 2－4 所示为车路协同系统发展路径。

图2-4　车路协同系统发展路径

(1) 车端

车端主要着力于车辆自动驾驶技术，不断提高车辆的自动化、智慧化水平。激光雷达、车载终端、无线通信、5G 等科技发展迅速，使车辆快速获取低时延信息成为可能。计算机算力的增强、人工智能技术的发展让信息处理以及做出决策、实施控制的能力逐渐增强，自动驾驶的高度可控成为现实。

在车端发展车路协同可能运用的技术包括：车辆智能感知、多源交通信息感知及融合、高精度定位等。

(2) 路端

路端主要是各种路侧信息感知和交互设备的信息化、智能化、智慧化升级及应用，提高路端交通信息收集能力的有效性，确保数据的全面性和准确性；保障路端信息交互能力的可靠性，确保各种信息能在路端平台上完成交换、共享。

车端与路端的发展并不是割裂开来的，车辆自动驾驶能力的提升，需要道路智慧化的支持，同时推进道路信息化、数字化建设；同样，交通基础设施系统的进步，亦是车辆自动驾驶的存在基础和应用平台。

（3）云端

云端就相当于车路协同系统的大脑。云平台的强大计算能力、数据实时更新能力和广泛的服务支持能力，能够为车路协同下的综合交通服务提供支撑。云平台根据道路的实际情况、影响道路状态的各种因素以及用户的需求，进行大范围的交通数据分析、计算与规划，实现区域内交通的组织与优化，并为终端提供更丰富、更准确的交通综合服务。

云端接入的来自路端和车端数据信息，通过云平台进行全局性的出行预判，再反馈至路端和车端，享受到来自云端全局视角下的信息和服务。

## 四 动态管控，交通拥堵治理与信息交互优化

城市人口的快速增加、车辆保有数量的大幅提升、交通管控措施的缺失，这些因素都给城市交通带来了巨大的压力，尤其是交通拥堵这一普遍存在于大中城市的“城市顽疾”得不到有效治理。元宇宙交通将人工智能等技术运用到交通管控中，通过后台云端控制的方式，对交通运行情况进行动态管控，通过对交通信号灯智能控制等方式，有效缓解城市交通拥堵难题。

### 1. 动态管控系统的作用

什么是交通的动态管控？不同于传统静态管控的事后管理模式，元宇宙交通中的动态管控系统将电子传感技术、信息技术、无线通信技术、云计算技术等加以有效运用，建立起一个大范围、全方位发挥作用的实时监管、预测、控制系统，不但能全面反映实时交通状态，而且能够通过数据分析，及时预判、提前预警，从而将交通运行效率发挥到最佳状态。

交通是在时间和空间两方面同时进行的运动，所以动态管控也是从这两方面着手。交通动态管控系统通过对信号灯的动态控制管理，可以有效合理规划车流量，加快通行效率；通过优化行车道与分流限号等措施，降低路网压力，避免产生高峰拥堵现象。另外，交通动态管控在防止突发交通事故和保障应急车辆优先通行等方面也有重要作用。总之，动态管控的目的在于“管”和“控”，在于减少交通压力，解决交通拥堵。

在当前各种技术条件的支持下，通过云端控制的方式建立动态的交通管

控系统，具有很强的自适应性，能够自动分析，自主根据道路交通流量的变化对信号灯进行动态调整，对路网通行压力较大的路段车流量变化进行调控，有效缓解交通的无序状态。

### 2. 动态管控系统的关键技术

交通动态管控系统就是要从保障交通畅通性和提供精细化管理、服务作为切入点，统筹交通运行的组织、管理、控制等各个方面。元宇宙交通的动态管控具有“智慧”的特点，在信息采集（静态信息和动态信息）、数据分析、终端控制等方面采用最前沿技术，从而支撑决策的快速响应和精确制导，打造安全、有序、畅通、高效的交通环境。

支撑动态管控系统的技术有很多，其中大数据分析技术是关键。动态管控系统的大数据分析应用，是将各种渠道采集的数据汇总融合，形成路网运行数据、路网气象数据、交通管制数据、车流人流总量数据等各种类型的数据资源池，利用云计算和人工智能进行数据挖掘，对多维数据进行分析，提供智慧化的管理辅助决策。

通过大数据分析，建设融合城市道路网与城市交通大数据的综合管理与服务体系，打破路网之间、路网与其他城市交通设施之间的信息壁垒，汇集全方位的路网交通信息，深入进行分析与挖掘，在区域范围内实现交通引导、协调调度，缓解交通拥堵等常态性疑难问题，为用户提供全面、精准、及时的交通综合信息服务。另外，大数据分析还可以根据动态模型的构建，对恶劣天气、突发交通事故及自然灾害事件下的交通运行状态进行预测分析，提前发出预警，合理进行交通分流限流措施。

### 3. 动态管控系统的控制策略构建

交通动态管控系统如何实现对交通运行状态的实时管控？其中一个很重要的策略就是信号控制策略。

对于不同交通流的负荷水平，从低到高采取三种不同的信号控制策略：对于交通负荷较低的区域和时段，可以采取感应控制的方式来降低交通压力；对于中等负荷的交通流量，信号灯的绿灯适当延长和加大频次，以便减少车辆的停车次数和时间；对于高交通流量负荷的，信号控制应该做到平均分配，有效缓解每个不同路网交通的压力。不同的信号控制要求都需要在元宇宙云端平台联网控制运行，对城市区域范围内信号控制实现统一管理，并建立一个面向公众需求的开放系统。

信号控制策略对于道路车流量动态控制无外乎分流、截流和降流三种。分流措施是在拥堵路口智能延长绿灯，加快车流的通行速度和车辆向其他路口分流，迅速缓解拥堵情况。截流措施是在路段通行能力不一样的情况下采取的，在一个路段上总会存在某个路口的通行能力最低，从而引起相对的拥堵现象，在动态控制无法卸载交通压力的情况，需要从上下游进行车流量的截流。降流措施是城市交通供需矛盾突出的情况下，动态控制应当在全域组网的基础上，合理控制每一个交通信号灯，分秒必争，减少交通拥堵压力。

## 五 智慧建设，交通路网的虚拟化建设

在元宇宙交通建设过程中，随着虚拟化技术的不断成熟，越来越多的交通管理部门开始尝试对交通路网进行虚拟化建设，完成信息虚拟化的部署，以实现交通资源的智能化存储、计算和预警。通过虚拟化技术推广，将不断提高数据资源利用率，提高交通路网管理的信息化水平。

交通路网的虚拟化建设，主要是利用映射、交互、智能操控等方式，结合人工智能、云计算、数字建模等技术，构建数字孪生的交通路网，以此为智慧交通运行、养护、指挥、服务等未来的元宇宙交通业务，提供数字孪生智慧路网框架体系。

### 1. 路网系统虚拟化的优势

通过将现实物理世界中复杂的路网系统进行数字化复制，构建能被互联网数据系统所理解的数字孪生路网，融合各类实时道路交通数据，可以产生充分的积极作用。

因此，在建设智慧交通路网的数字化基础设施过程中，政府和参与企业应充分考虑智慧路网感知层面的搭建，积极运用现代通信技术，强化数据融合与治理，以满足元宇宙交通管理平台的建设需求，并基于大数据提供路网应用和出行服务。在此基础上，积极梳理各类应用之间的关联，以形成智慧交通路网的管理框架，最终确立路网运营状况预警、精准气象预测、智能管

控、决策分析等应用功能。

在元宇宙时代，开展路网虚拟化建设，将能产生如下优势：

1）优化交通运行。通过虚拟化路网，强大算力能自动计算城市的道路密度、干线密度、人均道路面积、时空可达性等，并能预设标准，对路网的不同区间、不同路段，进行有效评价，以确定交通运行的优化方案。

2）确保交通安全。通过虚拟化路网管理，管理部门可以将路网管理的各类要素，如交通范围、交通流量、交通设备、管控设备等全部进行数字孪生制作，集中到同一个平台中，以此为交通安全管理提供更加高效便捷的管理手段，提高管理水平，确保路段交通安全。

3）催生无人驾驶安全落地。虚拟化的路网系统具备完整的高精度仿真效果，可以实现对道路、地形、天气、光照、交通流量、交通信号灯要素的高精度仿真。利用这一仿真系统，可以基于真实的路网数据，对无人驾驶车辆进行有效测试和训练，加快无人驾驶汽车的安全使用、推广和普及。

例如，2019 年西门子公司推出了汽车驾驶仿真软件产品 PreScan，这是一款基于 MATLAB 仿真平台，用于高级辅助驾驶和无人自动驾驶的仿真模拟软件。这款软件目前在我国应用十分广泛，有效推动了无人驾驶技术的发展，其界面如图 2－5 所示。

图 2－5　西门子公司汽车驾驶仿真软件产品 PreScan 的界面展示

事实上，今天已经有很多无人驾驶汽车研发机构自主研发设计了路网虚拟系统，选择一定范围的城区道路，增加光线、天气、交通流量的变化功能，尽可能逼真地重现真实路况。在这样的虚拟仿真平台上，机构能积极开展全场景的验证工作，从而加速自动驾驶的研发和应用。

### 2. 路网系统虚拟化的准备

搭建虚拟路网，需要加强以下层面的准备工作。

（1）建设静态路网模型

建设静态路网模型，需要通过建模方式，将物理路网渲染映射为数字模型。在建设过程中，既要注重保证路网建模的物理进度、还原现状公路的实际特性，也要保证模型精度和信息的完整度。现有的建模工具尚不足以完全达成上述目标，必须结合元宇宙技术的发展，选择更紧密的自动建模技术，通过对高精度电子地图的解读和映射，将真实路面数据转化为数字孪生路网。

在交通路网的数字建设时，应注意道路构造物的还原，其中包括桥梁、涵洞等主要构造物，也包括机电设施、交通安全数字设备等，尽可能对路网静态场景予以精细化还原。为此，需要利用高精度地图，遵循路网的真实道路元素，如直线、曲线、车道、上下坡、标志等，进行道路相关要素的自动三维化建模处理，以生成路网模型。

（2）交通资源数据关联

在完成路网模型建构后，还要进行交通资源的数据关联。为此，应以道路关系数据库作为基础，利用先进的计算技术，建立路网信息化管理类的综合数据库。其中，基础数据库包含基础地理信息、定位信息、模型单元信息等，能有效支持场景展示等功能；道路专题数据库包括道路的设计数据、建设数据、养护数据等。

通过上述数据库的建立和运行，可以对不同的专项数据进行关联，也可以根据数据修改虚拟化的交通路网模型。同时，也可以通过可视化系统，对道路交通资产数据进行查询、表达和利用。

### 3. 路网系统虚拟化的控制

在路网模型的建构和管理过程中，管理资源的映射和控制也非常关键，该部分工作涉及动态管控、信息发布、气象监测等路网设备的关联。

如图2-6所示为管理资源虚拟控制的主要方面。

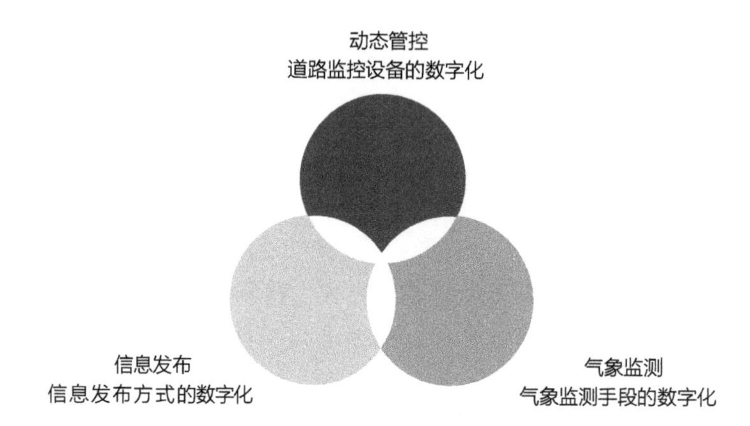


**图2-6 管理资源虚拟控制的主要方面**

（1）动态管控

路网虚拟化的管理平台应和硬件厂商积极合作，将道路管控的前端摄像头、传输管道和数据处理中心，集成到数字孪生模型中。在路网的数字孪生模型中，可直接调取、切换、操纵路网不同地段监控点的摄像设备，观察实时路况。

（2）信息发布

将信息发布控制系统的接口，集成到路网虚拟化平台上，即可直接发布信息。通过这一功能，能实现真实世界和数字虚拟世界上路网系统信息发布的同步变化。

（3）气象监测

路网虚拟化平台应将气象监测系统的硬件系统、数据存储系统、监测探头系统，以及气象监测数据库内容，接入平台内部数据库，以供路网模型制作和应用时的统计分析。通过该系统，路网数字孪生平台将能采取视觉化方式，发布道路未来的天气情况，也可以模拟雨、雪、雾霾等天气情形，便于用户了解和使用。

##  虚拟出行，元宇宙中的交通建设与出行

2022 年的春运，显得极不寻常。在杭州，整座城市既面临着人员流动带来的防疫风险，又频繁出现低温、雨雪和冰冻天气。在重重压力考验下，杭州东站依然拿出了令人满意的答卷。整个春运期间，杭州东站共经停列车 2.1 万班次，运载旅客 745.93 万人次，创设出令全社会满意的出行环境。

但人们不知道的是，在数字空间，也有一座安静的“杭州东站”为此贡献着力量。在这个数字虚拟的火车站中，总共集成了 30 个系统、2557 项数据、60000 多个设施设备，将物理现实世界中的杭州东站和互联网数字世界中的杭州东站精准联系、虚实对照。在管理部门看来，在这套数字孪生系统的积极运转下，群众的安全出行有了事前预先保障，而不必总是事后管理。同时，原有的引导和管理流程也得以实现优化再造，达到精密运行、有效产出。

在数字“杭州东站”里，系统里事先录入了防疫地图。地图里标注了全国中高风险城市，当所有经过这些城市的列车进站之前，都会通过系统发出预警。接到预警后，现实中的杭州东站得以迅速布设力量，精密核查。通过这样的虚实互动，管理人员对杭州东站出行全局情况一目了然，能在任何时间点查看车站内的任何点位情况，并运用三维可视化工具进行智慧化管理，以实现迅速响应。

除了防疫工作外，杭州东站出行系统复杂，每天人流量将近 20 万次，涵盖了高铁、地铁、公交、出租车、网约车等不同类型的交通方式。杭州东站采用数字孪生系统，能对站外一公里范围内的交通情况，实现线上线下的完全同步。在数字孪生系统中，既能纵观全局，也能精准聚焦每个路段、每个交叉口，确保管理手段能有的放矢。

正如以上案例所展示的那样，虚拟现实技术正在为交通建设与出行带来新的机遇。随着经济发展、科技升级，虚拟现实技术将越来越多地应用到元宇宙交通建设的规划决策、评价设计、训练体验、成果展示等多方面，成为助力我国交通行业发展的重要力量。

### 1. 虚拟交通出行应用的现状

多年来，传统数字交通的应用方式，减少了交通拥挤，改善了交通运输条件，提升了公众出行的服务质量。未来，通过虚拟现实技术的应用，将能进一步打破现有的空间和信息限制，让元宇宙交通获得更高效、更直观的展示和管理。

目前，国际上运用虚拟现实服务于交通运输的应用已经起步，交通仿真软件的开发和应用、交通数据的可视化展现、交通工具的模拟器研发等领域内，竞争都变得更加激烈。在国内，虚拟现实也随着技术发展，更多地运用于交通运输行业，尤其在交通管控、轨道交通等方面，体现出一定的领先优势。

未来时期，我国将重点在交通仿真、交通事故、自动驾驶、交通基础设备等方面重点引入虚拟现实技术，并对现有应用中的问题进行分析和改善。

### 2. 虚拟交通出行的应用空间

虚拟交通出行的发展质量，很大程度决定着我国元宇宙交通运输的进步速度。因此，我们必须认清其中能重点加以应用的空间。

(1) 虚拟交通场景

虚拟交通场景是指利用虚拟现实技术与设备，构建出可视化、可感知的交通场景。这些场景将能有效再现现实交通系统的特点，并分析交通系统内出行者的各种行为，以获得解决问题的最佳答案。

虚拟交通场景的创建过程主要包括宏观场景的建模、微观场景的仿真、动态场景的展现等。其中，微观场景和动态场景的展现，与交通出行者的体验密切相关。

根据对象不同，虚拟交通场景还包括机动车辆、非机动车辆、航空、航海、轨道、行人等交通仿真。这些仿真方式能直观评价交通场景中不同参与者的行为模式，弥补了传统分析方法的不足。

(2) 虚拟交通事故

虚拟交通事故是指利用先进信息技术，在虚拟环境中将交通事故加以再现，以还原其发生和发展的过程。对交通事故的虚拟，还包括在采集真实数据的基础上进行分析和推演，以判断交通事故背后的真实原因，确定事故责任，提出关键问题。对交通事故的虚拟，不仅能用于处理交通事故，也能用于避免交通事故，降低交通出行的风险。

目前，国内已有企业通过采集事故现场的真实全景图片和视频，做到在数字世界中利用虚拟模型来还原事故现场。在此基础上，还可以利用各类先进算法，验证模拟事故之后造成的痕迹，与实际痕迹进行比对，判断事故发生前后的速度成因，以找到事故和环境之间更深层次的关系。

在交通事故的虚拟化领域，国内已经有了一定程度的技术和解决方案，形成了相当规模的数据资源库。但目前还存在模型细节不足、结果可靠性不足、数据来源不够等问题，解决这些问题可以更好地推动相关模拟和分析技术的进一步应用。

（3）虚拟驾驶

虚拟驾驶是指利用先进的图像或视频渲染技术，与交通工具、人机互动等技术加以结合，让用户能处于虚拟驾驶环境中，感受真实的驾驶出行体验。

虚拟驾驶方式不仅能用于汽车驾驶培训，也包括火车、飞机、船舶、摩托车、自行车等交通工具的驾驶训练。这种方式能模拟出不同的交通状况下的驾驶方式，降低成本和风险，提高出行效率。

（4）交通设备的设计和维修

出行离不开交通设备，大部分设备研发周期长、成本高，维修过程复杂。通过虚拟方式进行设计和维修，能显著降低成本，减少风险，提高竞争力。

通过虚拟设计维修，研发和生产机构可以随时对交通设备进行检测、评估和优化，并以此为新的交通设备研发和生产创造手段，从而提升交通产品质量，降低试验成本。

同样，在交通出行领域，虚拟现实还能用于交通工程的施工、交通运行的数据分析，以及如前文案例所述的交通场景监控等。这些综合运用，能共同提升交通建设与出行的质量。

### 3. 虚拟交通出行的发展趋势

虚实融合已成为互联网发展的大趋势。未来，虚拟现实等元宇宙技术还将不断发展，结合这些技术的最新特点和交通业务的实际需求，有必要对虚拟交通出行的发展趋势加以展望。

(1) 交通枢纽的虚实化管理

通过增强现实、虚拟建模等技术，将原本分布在交通枢纽内部不同点位的摄像头视频进行整合，形成统一的虚拟场景，即可对各类重点交通场所进行连续观测，以解决传统监测不方便的问题。

(2) 对具体交通问题的解决

将虚拟现实用于交通出行，更多应着眼于解决现实问题。例如解决拥堵、规划公交、治理超载、保护环境等问题，都可以从以虚拟现实分析真实物理系统特性着手。通过对现有交通系统进行建模，分析目前系统运行中出现的问题从何而来，可以进一步寻求现实交通问题的最优解，并比较和评价不同规划、方案的效果，实现问题的有效解决。

(3) 研究微观交通仿真系统

针对我国交通现状特色，应利用虚拟现实技术，对大量微观交通行为进行仿真分析研究。诸如混合交通、电动车驾驶、停车占道等问题，都可以作为微观交通仿真系统的研究目标。

总之，虚拟现实在交通建设和出行领域内有着广泛的应用和发展前景。只有当虚拟现实更大范围地覆盖这一领域，解决实际问题，这一技术才能具有更强大的生命力，更好地推动元宇宙交通时代的到来。

# 第三章

# 协作互联，元宇宙交通下的车联网

车联网的诞生，意味着车与车之间的移动互联协作与连接。元宇宙交通下的车联网，将诞生海量的连接数据，并以充分可信的安全方式进行互动，确保车与车之间数据传送的稳定、迅速、高效。

通过元宇宙基础上的相关技术，基于人工智能和大数据系统，建立未来的车联网模型，将有利于解决现实中的多项交通问题。

## 一 交通体系，数字孪生车联网提升交通效率

在未来的元宇宙互联网时代内，数字孪生体系将成为必然趋势。数字孪生作为极具潜力的战略技术，能利用数字化方式，对现实世界中各类实体的运动状态和交互方式，进行多维度、多向量、多层面的时空投影和精准模拟，以实时化、智能化、数据化的形式，完成实时分析，进行智能决策。这些实体既可能是机器设备、工业生产流程，也可能是监控设备、系统传感器等。

同样，正是借助数字孪生体系的力量，整个元宇宙技术体系终将与车联网有效融合。

### 1. 数字孪生的组成要素

数字孪生（Digital Twin）是指在现实物理世界和数字虚拟空间中，建立虚实交融、智能交互的映射关系，以记录、模仿、预测特定对象完整的运动轨迹，通过数字虚拟系统内各类资源的调配，实现对现实世界各影响因素的最佳配置。

数字孪生技术诞生之初，主要用于对飞行器的活动进行仿真。随后，该技术又用于大型制造工业，完成对产品的设计、计划和生产制造执行。通过数字技术，将整个物理世界内的变化动态，通过传感器采集为数据，精准、整体、实时地反馈到虚拟现实中。

在数字孪生技术体系的运行底层逻辑内，存在三大重要因素，从简单到复杂，分别是数据、模型和软件。

数据，即交通运行过程中各类交通工具、设备、人员运动所产生的数字记录内容。通过对大量数据的鉴定，可以形成科学的车联网模型。模型建构主要有两种方式，其中，数学方式是以数学公式计算出模型结构，人工智能方式则是利用算法、软件等，对模型代码加以推导运算。而软件则通过进一步对物理空间的描述和定义，推进数字孪生体系的建立和完善。

### 2. 车联网的应用特点

车联网是在智慧交通基础上形成的全新交通信息系统。该系统使用了物联网、大数据和云计算等技术手段，能帮助交通参与者和管理者，积极搜集车辆出行信息，为车辆出行和交通管理提供建议，帮助提升交通体系的效率。

在元宇宙世界，建设智能车联网能发挥相比传统时代更有意义的作用。尤其是智能城市的形成和发展，离不开车联网的协调工作。车联网如同高效的疏通剂，对有可能堵塞城市交通的环节予以重点打通。

根据有关机构的调查和预测现实，车联网可以帮助交通管理者，对城市交通的堵塞问题加以改善和解决。其中，近距离运输的效率能提高50%左右，而道路硬件的运输承载能力则会提高1～2倍。从人员角度来看，无论是驾乘人员还是管理人员，其出行和工作体验都会得到充分提升，并解决整体交通环境的压力。

在元宇宙发展趋势中，应具体对智能城市建设中车联网发挥的应用价值进行探讨，从而在未来节奏更快的生活和工作下，建立稳定的交通秩序，提高交通整体运行的性价比。

为此，我们应具体了解车联网以下性质和价值。

（1）车联网的定义

车联网发源于物联网，其效能又高于物联网。车联网间大数据、云计算、物联网等现代技术手段加以集合，围绕每一辆汽车形成不同的信息节点，借助发达的互联网通信技术，形成交通系统内车辆和设备的整体联网。

(2) 车联网的功能、结构和运行方式

车联网最直接的功能，是在特定的交通范围内，实现对每辆车使用情况的实时监控。

车联网的结构大致能分为三部分，分别是硬件、软件和应用。其中，硬件层面包括信号收集、存储和转换层面，通过硬件设备，针对交通整体环境与每辆车具体信息进行采集与融合，以生成具有价值的数据。通过软件系统，驾乘人员和监管人员可以对车联网客户端和控制系统进行权限内的使用，以有效满足通信、引导的需求。应用系统则是车联网中最具实际使用价值的部分，能结合不同时空环境下不同的具体需求，提供不同类型的服务，以保障交通信息畅通和安全运行。

通过上述结构，车联网能呈现出如下运行方式：

1）安装在路侧基站、车辆内的硬件设备，会不断捕捉与车辆、路况相关的基本信息，例如车辆型号、车牌信息、车主信息、车辆行驶数据等。这些数据在传递到基站后进行记录，并与已有的道路信息、位置信息、天气信息等相结合，通过光纤等形式，传递到交通管理信息中心。

2）交通管理信息中心借助软件系统，将获得的实时交通运输数据进行整合，并与大地图数据对应，以明确一定范围内的实时交通运输情况。这些情况将被传递到应用层面，发挥不同的应用功能。此外，所有历史信息都会被存储在车联网大数据中，以作为参考依据，帮助驾乘人员和管理人员更好地规划交通出行决策。

(3) 车联网的应用内容

在智能城市和未来的元宇宙城市内，车联网将凭借其特有的功能、结构，展现充裕的应用空间。其主要应用内容如下：

1）实时连接车辆信息。当下车联网的应用优势，体现在对道路上行驶的车辆进行联系，将之从“数据孤岛”状态下的个体变成相互联系的数据链，打破信息沟通桎梏，跨越传统汽车原本的功能局限性，实现“由实向实”。

传统汽车无须更换原有的制动、转向等信号系统，而是将之作为硬件设备的一部分，为车联网内的信息交换提供基础保障。新研发的联网汽车应增加无线数据通信设备，由该设备向其所在区域内附近的联网汽车，传递和获取基本的交通状态信息。这些数字化的交通状态信息，应和传统汽车信号系统完全同步。同时，车辆的无线数据传输系统也能接收到从其他联网汽车中发出的数字信息，以了解自身周围车辆所组成的交通环境，并进行积极互动。

2）实时映射车辆信息。元宇宙下的车联网内，车辆不仅能做到“由实向实”的即时通信，以此相互了解运行状态，还能通过车载元宇宙系统，实现“由实向虚”，将自身和其他车的运行状况，映射到虚拟的环境空间中，形成更方便直接感知的虚拟图景。这样，驾乘人员就能有针对性地提前“预知”交通状况，并对出行路线加以规划。对个体而言，这将有效提高出行效率，对交通整体而言，这也能避免交通事故的发生。

3）对交通管控系统的决策支持。元宇宙时代，车联网的建立对推动城市智能交通运输的发展，形成了强大推动力量。此时，无论是城市车辆运行的实际状态，还是其中每辆车的基本信息，都能为数字孪生系统下的车联网获取，并由此确保车辆之间对信息的共享。车与车、车与人之间的关系变得更具秩序、更为智能。在车联网支持的交通管控系统运作下，大量交通信息得以被整合，以此为交通管理和规划提供充分的支持资源。

例如，利用 RFID 技术，获得公交车、出租车及各类私家车在交通路线上的运行分布状况后，就能为交通状况映射到元宇宙提供合理的指引，从而节约了通过数据传输软件完成虚拟真实交通所需的各类资源。

车联网结合数字孪生技术后，其所掌握的信息将具有更快频率的更新、更大程度的覆盖、更多种类的涉足等特点。尤其是运用元宇宙体系内相关的虚拟现实技术，可以对这些信息进行加工整合，并将之与实际发生的道路交通情况进行比对。根据比对结果，管理者能了解车联网所搜集数据的真实有效性，并明晰不同数据来源的价值序列，从而制定科学的数据应用系统，以形成持续有效的管理决策体系。

### (4) 车联网的网络优化

现有车联网网络属于数字孪生网络（DTN）种类，其运行既建立在卫星导航系统定位技术支持上，也需要不断获取车辆的交通状态信息，以建立与实际交通情况对应的网络运行环境，从而支持 DTN 协议运行。目前的研究成果显示，DTN 网络协议能在端口与端口未能连接的条件下，利用其自身内部的信息交换体系形成节点之间的联系。即便是信息在传递中产生了延迟现象，该网络协议也能对延迟信息进行存储，并及时重新传输。因此，DTN 协议相对传统的移动互联网协议而言，具有更好的信息数据传输成功率，可以有助于实现数字孪生技术的接入，从而准确协调车辆、道路、人之间的关系，避免由于网络延迟而造成的问题。

### 3. 数字孪生车联网的优势

通过数字孪生和车联网进行融合，能产生显著优势，如图 3－1 所示。

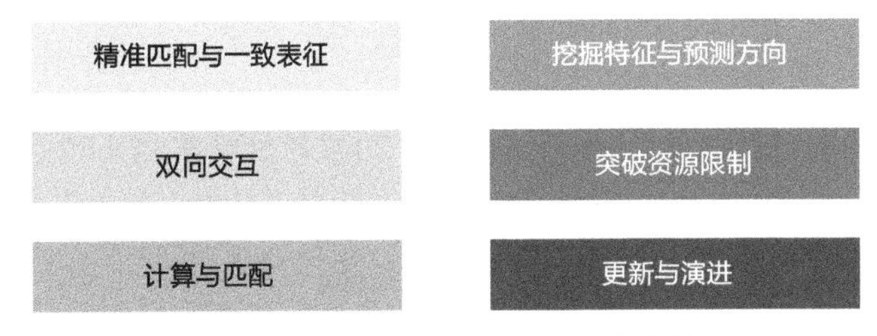


图 3－1　数字孪生和车联网融合的优势

数字孪生和车联网融合之后，能产生如下优势：

1）精准匹配与一致表征。例如，当车联网通过数字孪生技术，对某辆车、某段道路建立独特的数字模型后，这个模型就能和对应的实际车辆、道路形成精准匹配关系，并具有完全一致的表征特点，由此保证该数字模型可以准确应用到不同的车联网服务软件中。

2）挖掘特征与预测方向。数字孪生技术能帮助车联网主动研判分析，对已有交通行为的特征加以挖掘，对未发生交通行为的特点进行预测。由于预测行为是建立在挖掘基础上的，因此车联网对事故隐患的预测能力将大大提高。

3）双向交互。数字孪生技术接入车联网后，车联网不仅体现出数字技术特点，也会更多体现其物理特征，即通过数字与物理的融合，使得虚实交通体系双向积极交互。

4）突破资源限制。当数字孪生技术与物理联网充分连接后，原有的时空阻碍将在虚拟世界中不复存在。同时，现实世界中运行车联网所面对的阻碍，也将由于数字技术应用而消失。

5）计算与匹配。车联网的运行需要大量的数据计算与智能匹配工作，通过数字孪生技术对车辆边缘的计算和匹配，将有效提高车联网运行效率。

6）更新与演进。通过数字孪生技术的应用，车联网将能根据实际交通的变化需要，开展持续不断的更新与演进。

尽管数字孪生和车联网的融合能带来上述优势，但同时也面临着技术挑战和风险问题，包括效率性、精准性、容错能力、安全保障等。但无论存在哪些问题需要克服，数字孪生技术对车联网领域的改变都将是显而易见的。当数字孪生技术进入车联网领域后，车联网可基于现有网络特点，进一步构建车联网与交管网络所组成的统一管理网络，实现对车辆、道路、交通网的共同精准管理，并预防网络攻击和安全风险，确保各类交通数据的安全。

以停泊车辆数据为例，目前，全国有70%的机动车辆平均每天停泊时间超过20小时，由于停泊车辆的大规模、分散化，造成分布式计算、存储资源池规模的不断扩大，而数字孪生技术能根据这一情形，调动计算和存储资源，在获取和分析车联网数据的基础上，对区域内停泊车辆进行合理分析、总结和利用。

此外，如果数字孪生和区块链技术共同作用于车联网，还能有效创建车联网内的智能交易，形成有保障的车联网交易环境系统，从而助力包括交通碳排放在内的交易、分析和预测。

## 二 自动驾驶，虚拟交通与现实交通的双重体验

自动驾驶是人工智慧交通体系中的一颗璀璨明珠。一直以来，自动驾驶被各界寄予厚望，认定其最具资格带动人类出行方式的变革。当元宇宙时代徐徐开启，数字孪生、虚拟现实等技术不断走向新的高度，虚拟交通和现实交通也将为自动驾驶赋予新的定义，带给交通出行参与者新的体验。

### 1. 自动驾驶技术的发展现状和未来

从20世纪70年代开始，欧美主要发达国家开始投入研究自动驾驶汽车技术，并取得一定进展。我国也随之加大了研究力度，各家车企、互联网企

业都采取联合互补方式，力求在自动驾驶领域实现突破。

(1) *自动驾驶技术的发展现状*

自动驾驶技术（本书中特指机动车的自动驾驶技术），目前有两大国际分级标准，分别是美国高速公路安全管理局（NHTSA）和国际自动机工程师学会（SAE）提出。我国主要采用后一种标准。该标准根据自动驾驶的程度，将之分为5种级别，见表3－1。

**表3－1 自动驾驶的5种级别分类**

<table>
<tr><th>自动驾驶等级</th><th>名称</th><th>定义</th><th>操作</th><th>监控</th><th>接管</th><th>场景</th></tr>
<tr><td>L0</td><td>人工驾驶</td><td>驾驶人全部操作</td><td>人工操作</td><td rowspan="3">驾驶人</td><td rowspan="4">驾驶人</td><td>无</td></tr>
<tr><td>L1</td><td>辅助驾驶</td><td>系统对方向盘或加减速中的一项功能进行驾驶，驾驶人负责其他驾驶功能</td><td>驾驶人＋系统操作</td><td rowspan="4">有条件场景</td></tr>
<tr><td>L2</td><td>部分自动驾驶</td><td>系统对方向盘或加减速中的多项功能进行驾驶，驾驶人负责其他驾驶功能</td><td rowspan="4">系统操作</td></tr>
<tr><td>L3</td><td>条件自动驾驶</td><td>系统进行大部分驾驶操作，并根据系统需要请求驾驶人适时控制车辆</td><td rowspan="3">系统操作</td></tr>
<tr><td>L4</td><td>高度自动驾驶</td><td>系统负责所有驾驶操作，驾驶人可选择是否需要接管，或限制道路和环境条件</td><td rowspan="2">系统操作</td></tr>
<tr><td>L5</td><td>完全自动驾驶</td><td>系统完全驾驶，可以在所有道路和环境下进行</td><td>所有场景皆可</td></tr>
</table>

其中，L0属于非自动化的传统驾驶方式，驾驶人对车辆具有绝对的控制权。L1～L3属于自动化的演进阶段，自动驾驶系统介入控制的程度逐步提升。到L3级时，车辆的系统负责绝大多数驾驶操作，但驾驶人还是需要关注车辆运行状况，随时准备接受控制。到L4级时，车辆系统能够独立完成所有驾驶的操作，除去部分场景下，驾驶人无须关注车辆运行。在L5级时，车辆

系统将能完成所有对驾驶的控制，并不需要驾驶人的任何介入。

根据目前技术发展水平，自动驾驶想要达到 L5 尚需时日。但实现 L4 已经短期有望。做到 L4，意味着汽车智能系统要具备在环境感知、路径规划上的基础能力，并可以准确地自行控制车辆。当然，由于 L4 无法应对极端场景，目前还无法进行大规模商业应用。

从技术层面来看，自动驾驶目前包括三大技术层架构，分别是感知层、决策层和执行层。感知层使用技术包括高精传感器、激光雷达、毫米波雷达、摄像头、超声波雷达等；决策层使用技术包括导航定位、高精度地图、传感器、中央处理器、算法等；执行层使用技术包括电子驱动、电子制动、电子转向等。

从产业层面来看，2015 年开始，自动驾驶领域内出现了大量竞争者。参与自动驾驶技术研发和应用的，既有初创企业，也有传统企业。这些企业关注的领域从环境感知、计算平台、算法集成，到汽车通信、车辆控制等，围绕自动驾驶领域，形成了深度产业链。其中，最重要的技术包括传感器、大数据、车联网和深度学习等。

（2）自动驾驶技术的未来

随着自动驾驶技术的提升，汽车和通信的产业改革与融合成为必然，并会对交通行业的面貌予以革新。自动驾驶汽车发展空间不断增长，交通行业中的无人驾驶汽车数量会越来越多。尤其是自动驾驶技术会在元宇宙相关发展的趋势中，突破技术瓶颈后，将推动更多类型的自动驾驶应用出现。根据预测，在货场、港口，会率先实现无人化运输操作。随后，景区、校园等场景下的摆渡和代步车辆也将积极运用 L4 级别以上的自动驾驶技术，为使用者带来新颖体验。在城市公交建设过程中，自动驾驶技术主导的公交车、出租车会陆续出现，并和带有自动驾驶功能的私人汽车共同组成交通体系。发展至后期，将可能形成完全自动驾驶车辆的路权体系。

### 2. 自动驾驶与虚拟交通的融合

数字孪生技术打造的虚拟交通与自动驾驶技术的交汇，将进一步推动自动驾驶时代的全面到来。

应用虚拟现实技术，通过研发验证、落地升级等环节，能帮助解决自动驾驶技术应用过程中的诸多痛点，实现智能化、低成本、高效率，从而推动自动驾驶技术的应用。

（1）研发验证环节

当前，自动驾驶技术已在园区物流、港口、矿山、城市环卫等不同领域有所实现，自动驾驶这一技术正不断走向更深入的生活层面。

在自动驾驶汽车的测试过程中，算法模型和现实数据是最重要的两大领域，其中，关于现实数据，行业内始终存在“110 亿英里”这个标志性的认定共识。

所谓 110 亿英里，是在 2016 年由美国兰德智库提出，一家汽车企业在正式面向市场推出其自动驾驶车辆系统之前，需要测试运行 110 亿英里（约等于 180 亿公里），才能根据其运行结果确定是否比用户驾驶更安全，并确定达到量产条件。180 亿公里，意味着相当于环绕地球 44 万圈的长度，对于绝大多数企业而言，无论是从经济还是时间成本考虑，这样庞大的测试规模都是难以承受的。当下自动驾驶技术的主流基础设备是激光雷达，一台测试车辆又必须安装多个激光雷达。因此，想要通过增加测试车辆来完成测试，几无可能。

由于“110 亿英里”目标的庞大，会导致自动驾驶研发数据不全、耗费资源过高，始终让自动驾驶汽车的深度神经网络犹如折翼之鸟。即便算法处于不断改进中，却仍然无法满足模型需要。

如果想通过增加里程数来完成测试，又是否可行呢？这正是虚拟交通所能解决的问题。由于测试规模过大，无法在现实中完成，必须交给虚拟现实平台完成，这已经成为行业普遍选择。为此，全球各大互联网企业针对自动驾驶训练的需求，积极打造相关自动驾驶模拟仿真平台。这些平台主要利用数字孪生、人工智能等技术，实现预测和映射交通场景，以加快自动驾驶训练的进程。

2021 年 11 月 9 日，在全球技术大会（GTC）上，英伟达总裁黄仁勋在演讲中宣布推出 Omniverse Replicator。这一数据合成引擎能用于训练各类人工智能网络。尤其是基于该引擎打造的 DRIVE Sim 工具，能利用平台功能，构建出虚拟现实，用于进行自动驾驶汽车的训练，如图 3-2 所示。

图3-2 英伟达 Omniverse Replicator 在使用 DRIVE Sim 开发自动驾驶汽车时的展示界面

DRIVE Sim 能通过路径跟踪渲染的方式，生成体现交通过程中具备各类物理性质的数据。这些数据包含了现实交通中的各类因素，包括脏乱差的道路、老旧的汽车，路边走出穿越斑马线的行人、车后正在鸣笛的救护车等。此外，DRIVE Sim 还能以高保真水准，呈现清晨、夜间、雾霾、雨水等各类环境条件下的光照效果，例如动态模糊、滚动快门、多普勒效应、LED 闪烁等。开发者还能从这些因素中挑选出不同种类元素，如天气、光线、行人、道路等，进行有选择、有控制的分布，或指定特定的组合。

在我国，2018 年腾讯发布了自动驾驶虚拟交通系统 TAD Sim，并在 2020 年发布升级版。该系统是国内首个兼具游戏技术和真实数据的虚拟仿真平台，具备完整测试验证流程，使自动驾驶的测试学习更为节约成本。

通过采用类似的虚拟现实平台，对自动驾驶汽车进行深度神经的训练，将为自动驾驶汽车的研发机构提供更灵活的测试方式、更高的测试效率，从而便于尽快完成“110 亿英里”数据的收集，加快推出安全高效的自动驾驶汽车。例如，在虚拟交通环境中测试自动驾驶，汽车生产企业就可以购买虚拟的激光雷达等硬件，而不再需要通过昂贵的实体机器进行测试。正如同孩子们在玩赛车类游戏时，也并不需要真的购买一辆跑车。不仅如此，在虚拟交通环境中，在确定了测试精确性的基础上，汽车企业可以对所有的虚拟测试汽车加速，这样就能更快地发现可能存在的问题。

目前，中国汽车技术研究中心、国家汽车质量监督检验中心、公安部交通管理科学研究所、国家智能网联汽车长沙测试区、深圳5G+智能网联测试示范平台等不同机构，都采用了类似TAD Sim系统，并和国内外不同的汽车生产企业进行合作，打造出虚拟高速、开放城市道路等数字孪生场景，不断利用虚实结合的仿真，为自动驾驶测试服务。

（2）落地升级环节

自动驾驶产业发展至今，在落地升级环节面临着诸多痛点问题，有必要通过发展虚拟交通来促进真实交通内自动驾驶的发展。

目前，自动驾驶在基础设施建设和安全方面，暴露出一系列痛点问题，而这些正是虚拟交通可以解决的。

1）基础设施方面。从个体看，随着自动驾驶等级日益提高，机器和系统对驾驶过程控制的程度日益加深，高精地图所发挥的作用越来越突出。从宏观看，高精地图将是全社会实现自动驾驶所不可或缺的数字基础。目前，用于自动驾驶的高精地图还有诸多问题，例如测绘成本较高导致企业负担加重，而相同地域内的多次重复采集和测绘，又造成了整个行业内的资源浪费。从环境上看，想要推广自动驾驶，仅有先进的车辆还不够，智能化的人员、车辆、道路协同，才有助于发展整个产业。而目前的智能化道路基础设施，无论从设计规划上还是技术的集成融合上，都并未实现集成融合，无法与车辆系统形成合力。

2）安全方面。在自动驾驶技术的不断发展推动下，汽车内部控制系统的精密程度越来越高。这使车辆安全系统的设计、开发、构建面临着更多难题，例如，如何去识别和评估突发事件，如何去选择应急处置方案，如何对安全系统的作用加以验证等。此外，自动驾驶技术一旦展开大规模推广应用，传统互联网中曾经出现过的安全问题，也同样很可能成为自动驾驶功能联网的问题。由于这些风险会对人民群众的生命财产安全形成直接的破坏影响，因此必须加以重视。

在应对基础设施建设和安全风险的过程中，元宇宙的数字孪生技术完全能够进一步通过虚拟交通和现实交通的融合，从更高层面出发，解决上述痛点问题。

通过“自动驾驶”和“元宇宙”的融合，可以从整个社会层面调动研发、资本、技术、人力等资源，由政府引导牵头，统筹建设自动驾驶产业相关的各类基础设施。这些基础设施既包括硬件和软件、数据和技术，也包括政府监管部门所明确的法规、行业协会所主导的标准等，例如，更贴近现实交通情况的各类仿真虚拟模型，映射更广的自动驾驶场景，智能化程度更高的道路基础设施，更为精准的地图，虚实对照更加清晰的交通场景等。采用这些基础设施，就能很好地解决诸如高清地图采样、编制和应用过程中出现的重复投入等问题，减少不必要的成本投入，打造更为开放共享的合作生态。

### 3. 数字孪生构建虚拟交通场景

元宇宙内的数字孪生技术，能将现实的物理实体映射到数字空间中，其中也包括了构建虚拟交通场景的具体应用。

#### (1) 数字孪生构建虚拟交通场景的基本原理

数字孪生构建虚拟交通场景的原理是，首先通过卫星和雷达系统等高科技手段，对实际交通场景和环境的特征数据进行采集、存储，例如利用传感器或物联网设备，结合人工智能技术，对道路交通的实时数据进行采集、加工、理解、建模和应用；随后，针对道路交通环境的实际特点，完成数据模型搭建；最后，将虚拟交通的数字场景，同实际道路的交通场景进行对比结合，以达到辅助自动驾驶并帮助驾驶人优化管理的目的。

#### (2) 数字孪生构建交通场景的关键

交通场景与其他实体世界场景相比，较为复杂，主要包含人、车、道路和环境四大要素。在这些要素之间，还存在较强的相互影响关系。因此，在构建自动驾驶功能模块时，研发者除了要考虑不同单独场景要素之外，还需考虑要素之间的关系，并基于这些关系去确定现实和数字孪生交通场景的联系基础，从而准确地利用数字孪生去反映现实交通场景。

#### (3) 数字孪生构建交通场景的要点

在利用数字孪生构建交通场景的过程中，应把握如下要点：

1）交通路面问题建模。在我国很多地区，交通道路路面并非处于标准化的理想状态。由于这些地区的路面承担着较多的交通运输量，道路会出现或多或少被破坏的现象，包括开裂、坑缝、下沉乃至断位等问题。而在现有数字孪生技术构建交通场景时，又很少考虑类似问题。实际上，在对道路数据有效采集、特征分析的基础上，企业研发部门应进一步围绕这些道路路面问题进行数字化建模，从而提高自动驾驶系统对道路环境的分析准确率，以降低复杂的道路环境对自动驾驶系统运行产生的负面影响。例如，研发者可以根据不同时间序列，对路面采集问题表现的数据，并根据这些数据情况，建立变化参数的模型，以此形成路面问题变化的动态预测模型。通过有效预测，就能帮助车辆系统和驾驶人提前了解路面平整度问题，并做出相关决策。

2）交通混合行为建模。目前，不少虚拟交通仿真软件都从小轿车驾驶人的理论关注角度出发，将建模的重点放在其他车辆和行人角度，对存在大量自行车、电动车的混合交通情景考虑不够，仿真程度也不足。为此，自动驾驶的虚拟交通系统，应致力于对不同车道的固有属性和混合交通模式进行深入仿真，尤其在虚拟场景中构建现实交通流的镜像数字孪生体，基于现实交通流的特征（例如存在很高概率的电动车违章情形），模仿复杂交通情境下不同车辆的可能决策行为，对孪生体进行修改、调整和优化，以实现自动驾驶系统的落地。

通过对交通混合行为的数字孪生建模，研发者能针对复杂交通流内不同的车辆特征，优化自动驾驶系统，并将实际数据和测试数据进行复合对比，确保模型始终符合实际需要。

自动驾驶的虚拟交通场景，其核心在于利用元宇宙数字技术，将真实交通和虚拟交通结合，以后者体现前者的实时变化。通过种种关键节点的技术应用，虚拟交通和现实交通将能充分相连，并应用于自动驾驶的测试和运行。

## 三 出行护航，元宇宙下的交通安全管理

交通事故是当今世界各国社会面临的重要危害之一。在我国，交通事故出现频率也相对较高，造成人民群众生命财产的损失。交通事故大都发生在出行过程中的偶然性瞬间，导致交通事故发生前难以规避，而在发生后的测量、判断、处理，也很容易暴露出传统方法的缺陷。为此，运用元宇宙的实景数字孪生技术，能帮助人们更好地了解交通事故发生的原因，以明确责任并寻找方法加以规避。

### 1. 实景数字孪生技术

实景数字孪生技术是指在数字孪生所构建的虚拟世界框架中，进一步采用叠加方式，将通过视频技术采集的现实场景融入其中。这种虚实充分结合的空间形态被称为实景数字孪生技术，如图 3－3 所示。

图 3-3　简单三维建模画面和实景数字孪生画面对比

实景数字孪生技术并非简单地虚拟或模仿，而是将智能视频、虚拟现实、增强现实等技术结合在一起。相比之下，初期的数字孪生技术更多工作在于单纯映射，即从实到虚的仿真；而实景数字孪生更强调虚拟世界和现实世界之间的实时对应交互，通过这一技术与视频监控、大数据、物联网等技术的结合，更好地完成系统的运行、监控和预测。

传统的数字孪生技术，通常是以第一视角展现，以此构建参与者对虚拟现实的沉浸感，从而与虚拟环境进行交互。而实景数字孪生技术，通常更侧重以第三视角展现，在观察角度、操作方式上，便于外界更系统地了解事物发展运动的客观过程。

### 2. 实景数字交通安全系统的优势

数字交通安全系统是能精准映射实体交通运行安全状态的数字基础设施。通过在交通通道关键环节，如路口、站点、公交车站、地铁站出入口、隧道进出口部署精密感知设备，结合物联网、通信网和信息平台，将三维交通信息、车辆和人员信息、卫星定位信息等实体要素进行数字化，并对交通安全相关数据进行采集、传输、存储和处理，从而形成与实体交通安全控制系统相互“孪生”的数字交通安全系统。

传统交通安全控制系统围绕交通信号、交通监控网络为核心，采用自动化的管控方式，但面对日益增加的交通运行监测数据，难以形成直观的表达方式，更难以通过研判分析，为交通安全教育提供直接帮助。相比之下，实景数字交通安全系统具有以下优势：

1）全模型。实景数字交通安全系统具有三维可视化特征，能有效打破建筑、街道物理结构导致的观察障碍。实景建模技术能映射物理现实世界内的各类模型，逼真还原道路结构，还原交通事故发生时各类参与主体的状态，其中包括了所有的材料、外形、运动信息。

2）全周期。实景数字交通安全系统包括从交通日常运行、交通事故隐患、交通事故发生到结束的所有信息集合，确保了数据的一致性、完整性，能贯穿交通安全的所有管理环节。

3）全预测。实景数字孪生交通安全系统能在采集和分析现有数据基础上，对交通事故可能发生的时间、地点和性质进行预测分析，并发出警报，为交通管理的决策和分析提供重要支持。例如，可以利用物联网技术上的摄像头、传感器，分析交通流量的异常变化，或重点分析交通事故频发地段的交通行为特征，以形成预测基础。

### 3. 实景数字孪生交通安全系统的组成

实景数字孪生交通安全系统的核心部分是人工智能平台上的计算机仿真设备。其仿真能力不同于传统的虚拟现实、混合现实仿真，而是叠加性的仿真。这种仿真的内外交互性质，能让交通体系参与者和管理者的感知和行为也构成系统运行的重要组成部分。

例如，利用这种系统在对某道路路段进行交通安全评价时，可以采用比传统方法（例如绝对数法、事故率法）更先进的方法进行，同时也考虑到不同交通工具的特点、交通参与者的行为倾向。为此，在虚拟交通数字孪生世界中，可以选择不同的交通工具、设置不同的参与主体，分别以事故直接有关者和间接有关者的角度去对可能导致事故的原因进行分析实验，从而完成对特殊环境下某个交通区域安全特点的评价，并以此为依据改进当地的交通设施，调整交通管理措施，分配交通管理资源。

为此，实景数字孪生交通安全系统应有不同组成部分，如图 3－4 所示。

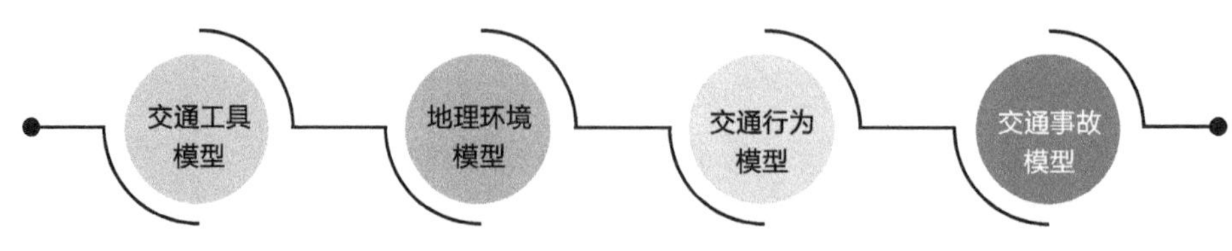


图 3-4　实景数字孪生交通安全系统的组成部分

1）交通工具模型：主要是指与交通事故有直接关系的车辆模型，其具体内容包括车辆外观、车辆动力、车辆制动、灯光、喇叭等模型。

2）地理环境模型：主要包括天气、道路、路面状况、隔离栏、交通设施等模型。

3）交通行为模型：包括交通参与者的知觉和行为模型，例如参与者的外观（不同的人物、服装、设备等）、参与者的行为（驾驶人的不同动作以及行人的站、走、跳、跑等）、参与者的知觉（如驾驶人和行人的视觉、听觉等）。

4）交通事故模型：该模型的建立，需要将不同交通事故纳入统一数据分析模型系统中，进行统一的分析计算，将其中有关的数据提炼，形成事故的数学和影像模型。通常而言，交通事故可以分为碰撞和无碰撞两大类型，因此模型的建立也应遵循这一分类原则。

### 4. 实景数字孪生交通安全管理平台

交通是一个复杂系统，其中包括人员、车辆、道路、环境等因素。绝大多数交通事故的发生原因，都来自多方因素的共同影响。因此，交通安全管理也需要采集、分析多方数据，并将这些数据集中到同一个智能化的平台上，经过综合分析计算，得出决策结果，并通过平台实时向外界传输。

实景数字孪生交通安全管理平台（以下简称平台），是在数据汇总、人工智能、机器学习等现有技术上，构建出具有现场感、实时互动能力的交通实景地图，并将之作为交通安全管控的基础信息平台。

通过该平台的运行，能实现交通风险预测、异常交通行为筛查、交通事故轨迹分析、事故关系拓展等分析工作，提高对交通安全事故的防范和处置能力。

（1）平台系统架构

系统架构是否清晰，决定着平台的工作效率是否能不断提高。图 3-5 所示为平台的系统架构。

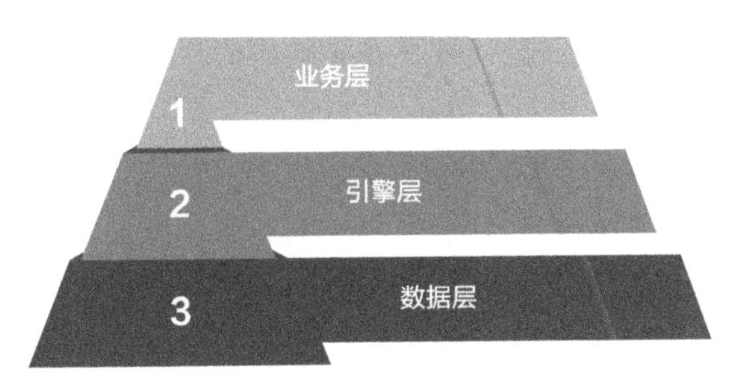


图3-5 平台的系统架构

在平台中，主要的系统架构层次包括数据层、引擎层和业务层。其中，数据层主要采用交通环境信息的实时感知技术，将三维空间信息、交通道路模型、监控视频数据、事故预警数据、事故处置数据等融合，实现数据可视化的虚实融合。引擎层则通过将电子地图、现实空间数据等，构建数字孪生交通环境信息应用引擎，将现实场景同虚拟场景相互匹配，以支撑业务层的具体应用。业务层采用实景数字孪生技术，将交通事故多发地区以实景立体地图方式呈现，以直观浏览事故发生时的三维场景、统计数据、管理设备分布图，为后续的交通安全管控和指挥提供参考。

（2）实景操作

实景数字孪生管控平台主要通过立体化的实景进行操作，实现交通信息基础数据的共享。通过对接交通监控系统和预警系统，能实现对特定地段的虚实融合应用和重点标注，确保在交通事故高发地段管理上既注重宏观，也注重细节。

由于平台的参与，一线交通安全管控人员就无须过度依赖交管监控点位，能提高日常引导、规避风险、指挥调度、现场处置和综合管控的工作效率。而对于后台信息管理人员，可以针对重点区域应用三维虚拟场景与现实融合的方式，颠覆传统交通安全管理平台的平面呈现模式，实时了解实景数字孪生情形，做到动态掌握目标地点的交通场景状态，以提升交通指挥平台的引导价值。

（3）沉浸操作

在特定交通枢纽，如机场、地铁站等环境中，平台将发挥更大的作用，其价值主要通过沉浸操作加以体现。通过平台，能有效解决交通枢纽传统监控视频的离散化问题，可以避免由于视频画面的分散和割裂而无法形成整体观察体验。

众所周知，在传统的交通安全监控过程中，监控人员面对的是大量摄像头传送而来的独立视频画面。由于人脑识别图像的机制限制，导致在面对这样的画面时，很难立即做出正确反应，也很难还原真实场景信息。

此外，越是重要的交通地点，面对复杂的交通情境往往摄像头越多，监控视频资源越繁杂。由此导致画面雷同度高、位置难以辨认等情形频繁出现，反而让交通管控后台指挥人员难以按实际需求来迅速浏览画面、了解情况、做出判断。

通过平台上实景和虚拟世界的融合，能有效解决上述问题，以整体场景呈现交通运行状况。尤其在重要的交通场景中，对车速、方向、车流密度等数据，通过传感器感知后，直接显示在三维信息场景中，将数据和空间定位统一，从而及时精准体现交通安全水平。

（4）综合管理体系

平台不仅能建立交通安全管理的可视化功能，还能打造集交管指挥、行业监管、交管预警、管理协同等多功能为一体的交通安全管理体系。

1）交管指挥。根据交通管理业务需要，平台可以在三维交通场景中充裕地进行可视化调度，以实现应急指挥预案的内容。平台指挥人员既可以选择第一视角，通过场景更迭方式实现观察位置移动，完成实景化的指挥调度，也可以选择第三视角，提前设置好巡航路线，对实景数字孪生世界中的交通事件进行浏览，以掌握区域内的交通形势，一旦发生交通安全问题后，可根据指挥方案，进行“现场”指挥，完成处置调度。

此外，在交通枢纽，如机场、火车站等场景中，还可以利用实景数字孪生技术，将交通管理人员和警务人员的部署情况显示在三维虚拟世界中。管理方可以结合具体的交通事故，拟定、修改和公布不同事故的处置流程，以满足处理不同事故的人力、物力资源调用需求。

2）行业监管。在交通体系中，机场、公交公司、地铁公司、出租车公司等均属于交通安全的责任主体，也是交通运营数据的形成和上传主体。交通管理部门与这些责任主体分属不同具体领域，担任不同职责，相互间存在着数据孤岛现象。交通管理部门不可能随时掌握这些交通责任主体内部的生产运营数据，因此对其具体的交通管理事项缺乏指导手段，这也使得企业内外难以生成交通安全管理的闭环，对交通运行状态的分析获知能力不足。

利用实景数字孪生交通安全管理平台，能通过接口，将不同的交通运营企业接入平台内，使各企业和政府监管部门能共享并利用数据，从而打通交通安全管理的行业壁垒。

3）交管预警。通过平台，可以在三维交通虚拟场景中，针对不同的交通事故监测需求，挖掘不同的交通数据，并赋以各类标签，实现三维虚拟空间的精准融合。这些数据包括车辆型号、车牌号、车流、行人、信号灯等。在平台的预警分析中，主要通过对过往交通事故发生的时间和空间规律、事件特征进行比对，获取其中规律。这样，安全管理部门就无须再到不同的数据系统中搜索和查看各类预警信息，因为相关的重要信息将能结合实时交通状况直接展示，并根据其中的情况决定是否发出警报，极大地提高了安全管理的效率。

4）管理协同。在很多城市，交通安全管理事务之间具有显著的关联性特点，例如，道路上某一点出事，会导致整条街瘫痪、整个区域交通受到影响。为此，需要积极推行管理协同。

利用平台，可以直接将各管理单位的权限体现到虚拟交通场景的浏览和调度上，确保交警能随时协同治安民警、特巡警、公路局、交通枢纽安保部门等，各自依据权限协同应对交通事故风险。

## 四 信息交互，元宇宙交通的动态协作与平行演进

改革开放之后，我国城市交通的发展经历了不同的阶段，包括大型化建设、现代化管理、机动化转型、智能化服务等。随着各阶段的深入发展，城市交通出行方式经历了从自行车主导到机动车和非机动车混行，再到机动车主导的变化。同时，不同交通系统之间的动态协作始终在有所发展。例如，私家机动车交通系统的发展初期，对自行车和公共交通系统产生了抑制效果，但由此引发的供需失衡、交通拥堵、安全事故、环境污染等一系列问题，促使从政府到全社会的反思和行动，重新促成了骑行交通的复兴。机动车和非机动车交通系统从原先的相互矛盾、零和博弈，走向了相互共存、动态协作。

通过这一变化，决策者、管理者和执行者更充分地认识到交通发展的规律，并着手推动不同交通体系之间的平行演进。

目前，我国城市交通正处于交通结构整体的转型期，城乡交通系统存在较大的供需矛盾。一方面，是城镇化、机动化、快速化的交通发展目标；另一方面，单靠道路建设范围的拓宽，又无法充分满足群众出行需求。在即将到来的元宇宙交通体系中，解决交通发展问题的总体思路，在于建设线上与线下、机动车与非机动充分协作、并行发展、共同提振的交通系统供需平衡体系。其中涉及具体的步骤过程，则需要交通规划、设计、组织和管控等不同措施的虚实融合，以实现交通系统资源从单纯的积累增量状态，到综合的发展存量状态，从简单维度的能力建设，到并行维度的赋能提升。

### 1. 满足新型车联网的协作需求

传统车联网由无线通信系统、车载联网系统、显示和声音系统共同组成，以实现汽车之间的联网。传统车联网将人员的需要作为主体，以实现对车辆的监控和服务。其主要作用包括车辆的调度引导、追踪监控、道路援助等，并通过车辆位置、轨迹、速度等信息的交互，减少道路交通安全事故问题。随着人工智能、物联网和大数据技术的发展，在未来元宇宙时代，通过传统车联网来交流、互动、协作已越来越难以满足现实物理世界的交通安全需要，通过虚实结合、平行演进的方式，进一步推动车联网发展，得到了业界的充分重视。

传统车联网可以结合实时状况，采用文字、声音等方式，将本车情况向周边车辆进行通报，并相互沟通。而新一代车联网，可以结合虚拟交通现实设备（如驾驶人头盔），在第一或第三视角的虚拟现实影像体系内，自动相互发送位置、速度、行驶时间、车辆状况等数据，并形成车辆个性标签。这样，车联网传递的信息更为全面、充分和及时，并能衍生出更多新的应用项目。

随着5G技术的发展，点对点连接为特征的网络得到充分发展，车辆之间进行直接通信已成为可能。在信息交互的基础上，车辆之间还能进一步形成同步跨越于虚实世界的协作能力。基于这一能力，道路交通过程中处于一定范围内的车辆，可以通过新一代车联网，直接建立和分享彼此在虚拟交通世界中的状态。

### 2. 满足交通系统发展的需求

元宇宙交通的发展并非无本之木，而应努力体现我国交通系统发展的未来方向，满足其历史趋势的需求。

（1）交通系统供需平衡的需求

目前，在我国大多数中小型城市内，交通系统的供需平衡矛盾依然突出。通过政府管理部门的决策、企业之间的协调，能进一步推进交通系统的智能化建设，以解决平衡问题。

借助元宇宙技术的发展，能利用大数据技术与人工智能的协同应用，进行专业仿真和分析，以破解当前城市交通系统建设的技术瓶颈。同时，元宇宙对海量数据的映射、模拟和处理、输出能力，能破解政府不同职能部门在涉及交通领域业务上的"孤岛效应"，避免这些部门的管理方案各行其是、各自为战。

为此，我国需要建立基于大数据、人工智能等先进技术的虚拟现实交通系统，将之与政府为交通发展提供的决策支持体系加以协调。通过在虚拟现实交通系统内对数据的汇总、融合、应用，构建并优化适合不同地域特点的交通模型，有效确保城市交通决策与管控的科学水平。通过在虚实交通体系中运用统一的数据、方法和软件，使元宇宙线上和线下合力形成共享、协同的交通运作和决策平台。

（2）交通规划与管理的需求

目前，城市交通系统面对着规划、建设、管理等方面的瓶颈，需要将交通大数据的价值真正发挥出来，用于提升相关能力。为此，必须基于元宇宙互联网的相关理论、平台、模型、软件等，突破现有"状态感知"层面的交通管理水平，达到"需求分析"层面，由此为交通规划与管理过程中的各类环节提供精准、科学、形象、灵活的决策支持。例如，包括交通土地利用、交通路线制定、交通设施规划、交通管理方案等，这些都能通过元宇宙建设出的虚拟交通体系，确保城市交通大脑的灵活思维能力。

通过建设元宇宙交通，新的交通规划和管理平台将能以更先进的技术，融合来源于大量部门、企业甚至个人用户所获得的交通数据。这些数据会被统一到交通数据库，运用先进强大的算法，形成能充分共享的虚拟现实平台，保证对交通规划和管理的结果能实时化、可视化、可操作化地显示。在具有这类特征的元宇宙虚拟交通系统中，能形成对应线下规划和管理决策方案论证环节的流程体系，保证线上和线下的规划管理同步进行。线上能随时根据线下要求待命并响应，线下则能有效接收来自线上的不同层面的决策反馈依据。

(3) 虚拟交通系统的本土化需求

绝大多数城市交通系统的主体，都包含了上百万甚至千万数量级别的人、车，覆盖其在大型交通网络中的一切出行行为。对这些复杂的交通参与内容，在数字空间进行虚拟映射，必须采用前所未有的大型平台。这样的大型平台既要有强大算力，也应能满足本土化的实际需求。

针对城市道路构建虚拟现实时，其仿真平台应能整合现有各类交通虚拟现实开发和研究的模型、算法，以此确保其广泛应用于对真实交通的仿真构建。整个构建过程，包括交通资源的供给、交通需求的发掘、资源和需求的匹配等环节，通过对这些环节的数字化映射，保证虚实交通系统的协同发展和平行演进。

更为重要的是，未来元宇宙交通的规划和构建必须适应真实而复杂的交通环境，能以灵活的计算能力、多样的显示功能，体现出我国各类模式混合的实际交通特征。相比之下，现有交通仿真软件尽管也具备一定的分析和显示能力，但却并不适应当下环境，导致更多侧重于城市和交通的规划过程，却并没有真正考虑实际交通运营中会出现的各种情境，也就难以综合体现交通网络运行的实时情况。

有鉴于此，元宇宙虚拟交通系统必然体现出符合国情、易于掌握和使用的特点，以服务于我国绝大多数城市的交通规划和管理。

### 3. 虚实交通系统的协作路径

在元宇宙的大环境下，虚拟交通系统的作用不仅是传统的软件控制，还需要从业者能深入了解不同分支交通系统对于虚拟需求的差异性。尤其在实际用于协作的应用开发过程中，更是需要开发者、管理者熟悉交通系统的运作环境以及相关的硬件设备性能。

随着各类信息通信技术的迅速发展，元宇宙交通将直接继承并推动现有智慧交通协作渠道的进一步升级，以更加翔实的仿真系统模拟现实交通系统的运行，并对其中每个应用场景的功能要素加以分析。如果将之进一步与个人移动智慧终端结合，就能拓展出移动形态的元宇宙互联网仿真平台，彼此之间采用 5G、WiFi 等方式进行连接，组成完整的虚实智慧交通系统协作路径。

在虚实智慧交通系统协作路径的运行基础上，可以通过物联网对交通数据进行实时获取和更新，再通过元宇宙交通数据网关，通过新型发送方式，将数据发送到元宇宙应用的开发平台加以显示。

为确保虚实智慧交通系统的协作通畅和平行演进，会用到不同的映射功能，如图 3－6 所示。

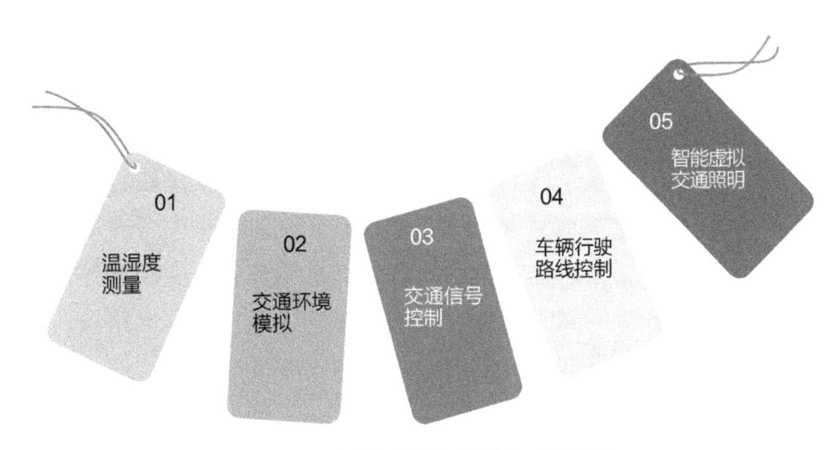


图 3－6　虚实智慧交通系统的映射功能

(1) 温湿度测量

温湿度是影响交通出行的重要天气因素，通过温湿度测量物联网设备，能对实际交通系统中的空气温度、湿度进行实时监测。采集到的相关数据，既能直接映射到虚拟交通系统中，改变显示环境，也能通过先进网络，将数据传递到元宇宙交通数据网关，供给监管方使用。这一功能还可以经过开发运用到现实中，及时生成虚拟交通环境，通过视觉信号，提醒人们出行时增减衣服、携带雨具等。

（2）交通环境模拟

环境因素在交通出行中发挥重要作用，通过交通环境模拟，可以实时体现光照强度、空气指数等数据，以帮助人们通过虚拟环境来了解实际情况。此外，通过将这些数据从现实向虚拟进行投射，管理者还能在元宇宙交通设置查询接口和自动化程序。例如，当雾霾数值超出一定标准时，会将模糊不清的虚拟道路图像传递到用户的虚拟现实眼镜等终端，从而让用户感受特定的驾驶环境并做出改变路线或停止出行的决定。

（3）交通信号控制

目前，交通信号控制主要是指当机动车、非机动车或行人在道路交通时，交通信号会根据系统要求，提醒参与者具体选择等待或前进的变化内容。在元宇宙交通系统中，交通信号灯的变化规律应和生活中的变化保持一致，从而实现线上线下平行的模式。

在设置元宇宙交通信号控制系统时，可以设置数组交通信号灯，确保同时运作并互不干扰。所有虚拟机动车必须按照这些交通信号灯指示，遵照交通规则行驶，例如，在双车道上，机动车必须按照右前方交通信号灯的要求执行操作。同时，在开发元宇宙交通信号控制系统时，也应考虑诸如十字路口左转、右转等情况，根据车流量、人流量、自然环境、高峰期等情况，对不同路口的交通信号灯间隔时间加以设定。对发生意外情况的路段，这一虚拟系统应能及时做出信号调整的反应，并围绕这些反应数据，形成应用和查询的接口。

（4）车辆行驶路线控制

在元宇宙虚拟交通系统中，对每一辆参与交通的车辆，系统都会选择不同行驶路线，并能为现实交通中的参与者提供其中一条路线作为参考。其中的选择因素包括经过的交通信号灯、行驶方向、是否经过重要交通枢纽等；针对公交车，则包括经停的公交车站、停留时间、交通信号灯个数、行驶方向等。

结合虚拟交通系统内设置的出行路线，驾驶人可以根据交通信号灯多少、距离长短来选择科学的交通出行路线，以尽量减少等待红灯时间，并避免引发交通拥堵。

(5) 智能虚拟交通照明

交通照明系统能让夜间行驶环境变得更为人性化，同时减少由于照明不足而带来的安全风险问题。通过元宇宙虚拟交通的设置，系统可体现虚拟照明智能调节的效果，并通过虚拟现实设备展现在交通基础建设设计规划者面前。例如，即便同样在晴朗天气光线好时，不同地区的自然光照条件也不一样，这需要因地制宜来设定智能照明系统的启动和关闭时间，并通过元宇宙方式进行线上体验，以确保对驾驶人体验的友好性。此外，管理者通过元宇宙虚拟系统，也可以选择人工手动控制照明系统，作为智能系统出现故障或遭遇特殊天气时避免影响交通的补救性措施。

## 五 节能减碳，元宇宙交通打造绿色可持续出行

元宇宙和减碳，是为历史发展而注定联系的关键词。

节能减碳是被纳入我国经济社会发展格局的大事。在我国，面对雾霾问题、温室效应问题等严重影响人类和动植物生态环境安全的风险因素，经济发展效率与生态环境保护的理念，早已被各地、各行业所接受，也同样成为交通发展的主旋律之一。2020 年 9 月 22 日，我国在第 75 届联合国大会上，首次提出了“碳达峰”和“碳中和”的宏伟目标。随后不久，元宇宙这个词也逐渐变得耳熟能详，并在 2021 年点燃舆论。经过全面审慎的思考，学术界和产业界将联系节能减碳和元宇宙技术的桥梁，设定在打造绿色可持续出行的新型交通体系上。

交通出行是人类基本的生活内容，既影响着全社会的发展，也构成人类消耗资源的重要途径。无论古今中外，任何交通出行都必然牵涉到能量的转换，尤其是近现代以来，越是追求能量转换的高效，就越需要耗费更大资源，形成长期的环保隐患。尤其是经济发展带来的交通规模化增长，让城市交通变得更为拥堵，交通不断低效化，也对环境保护工作产生了压力。随着民众思想意识的革新、生活追求的改变和交通质量的提升，环保需求成为交通需求框架内的重要环节，而受到充分重视。

作为我国经济社会发展的两大方向，节能减碳与元宇宙绿色交通出行存

在何种联系？元宇宙与节能减碳将如何融合发展，又会碰撞出怎样的火花？

### 1. 以智能汽车为起点

道路出行产业是人类交通运输业的重要组成部分，也是交通系统对环境影响的主要因素。根据《汽车蓝皮书：中国汽车产业发展报告（2020）》的数据显示，从2005年到2017年，我国交通行业的二氧化碳排放量逐年稳定增长，占我国总排放量的比例从8%增长到10%。尤其是道路出行方面，由于私家汽车保有量和使用量的增长，让相关碳排放的增长速度始终较高，约为整个交通行业的80%，其排放份额最大。随着私家车不断普及，道路交通碳排放量还可能进一步增长。

为破解道路出行碳排放量问题，我国的新能源汽车产业不断茁壮成长。截至2021年底，我国已保有新能源汽车超过780万辆，其数字为全球新能源汽车保有量的一半。新能源汽车带来每年减少1500万吨左右的碳排放量，一定程度上推动了出行产业碳排放量的减少。因此，2022年1月24日，国务院下发的《“十四五”节能减排综合工作方案》进一步提出，到2025年时要将新能源汽车的销售量提升到汽车新车销售量的20%。

然而，仅仅是能源层面的革命，还不足以改变道路出行碳排放量的原有问题。面对不断增长的出行规模、不断迭代的消费需求，汽车产业面临的问题不只是利用新能源就能解决，而是需要利用技术、产品和模式三大层面的综合创新，完成智能化、数据化、物联网化的元宇宙革命，推动能源消耗、出行效率、体验质量等多方面的自我革新，以创造更大的社会价值。

元宇宙代表着大数据、人工智能、区块链、云计算等各种新数字化技术的综合发展背景。正如同乔布斯推出的苹果智能手机为人类的移动互联网时代揭开帷幕一样，元宇宙绿色环保出行时代，也将会以一款具有历史时代意义的智能出行工具为标志。围绕这款工具，能源、计算、感知、通信、服务等交通系统构成因素会融合一体，形成生态。目前看来，这款智能出行工具将更接近为智能电动汽车的表现形态。

以未来的智能电动汽车作为载体，将各类先进技术综合运用，体现元宇宙绿色环保出行体系的低碳化特征。在此过程中，新型车辆的灵活性、高运算性、灵敏感知性、智慧性等优势，会被充分利用和凸显，形成构建智慧环保交通的关键因素。因此，智能电动汽车将是元宇宙绿色环保出行体系的不二之选。通过运用智能电动汽车，元宇宙交通行业的主要能源消耗形态会从现有的一次性石化能源消耗方式，转变为以光能、风能为主要构成的绿色电力能源消耗，从而有效实现出行减碳目标。

同时，在元宇宙网络时代，智能电动汽车市场不断扩张，使电池产业占有了规模优势，进一步降低了生产电池消耗的资源成本，市场需求的不断增加，也为电池大规模储备能源创造了更多的空间。通过类似交通工具所搭载的新型动力电池，在智能系统的管理下，智能电动汽车将能扮演移动虚拟能源供应单位的角色，作为特殊的能源供应者，参与到能源市场交易和运行中。当电力充沛饱和时，它们可以作为电力消耗方消耗系统电力；当电力不足时，又可以通过光能、风能的转换向系统供电，以产生削峰填谷的调节作用。

通过该系统，智能电动汽车能在大数据调配下，扮演移动能源单位的功能，对绿色电力能耗的消费进行智能化调节，以有效提高绿色电力的消费效率，确保新型能源网络保持稳定、可靠的运行状态。

### 2. 优化出行决策减少碳排放

元宇宙时代智慧交通的重要特点在于通过先进的计算能力，实现对不同交通信息的实时获取、分析和利用，以全面引导交通行为，提供个性化服务，提高交通运行效率，由此达成减少碳排放的环保效果。

利用对接了高运算能力的大数据平台，交通信息被统一处理，汇集不同交通工具、交通枢纽产生的即时信息，以供出行者和管理者使用。在这一方式中，交通信息服务能有效影响出行趋势和流量，将周边交通资源、通勤时间、路线规划等信息及时推送给出行者，以方便公众了解如何出行。其中既包括如何选择传统的公交站点、地铁站点，如何规划私家车出行，也包括如何选择网约车等共享出行方式，同样包括未来的人工智能个性化共享接送服务，甚至是虚拟出行以取代真实出行服务等。这样，就能让公众在出行前，有充分的机会去考虑时间成本、经济成本等多重因素，从中选择最适合自身、最节能低碳的出行方式和线路。

未来，如何加工和利用交通资源信息，将是开展低碳交通出行的关键。在元宇宙交通信息平台的建设中，有必要更准确地估算公共交通系统运行的时间点，更合理地规划公交换乘路线，类似的完善信息平台也能帮助所有公众按自身偏好和环境特征来进行决策，以实现环保需求和个人需求的平衡。

### 3. 元宇宙出行低碳化的挑战和应对

元宇宙出行的低碳减排任务，同样面临着发展环境的挑战，也需要积极推动应对方法。

(1) 元宇宙出行低碳化的挑战

为实现元宇宙出行的低碳减排，应进一步统一信息资源的体系标准。目前，交通资源信息开放程度较低，不同系统之间相互获取数据的难度较大，从部门到企业之间的沟通过程缓慢，信息传递存在屏障。政企之间的信息协作共享脱节，并未形成充分有效的资源整合体系进行推广和规范。不同地域、不同产业对智慧交通数据资源的具体内涵存在不同的理解，对于低碳减排应如何利用大数据平台、如何围绕低碳减排进行数据共享、如何具体应用数据技术的研究成果，并没有形成统一思路。为此，各地政府面对向元宇宙时代发展途中的海量信息，应进一步消除屏障，避免资源浪费，通过形成平台，整合各类信息要素。

一些城市成立了“一站式出行平台”，平台上包括当地公交、地铁系统、城市出租车、共享骑行等系统获取和生成的城市交通数据，并与网约车等企业生成的移动出行数据打通。这样的平台为政府、企业之间的合作，提供了完整的数据共享渠道。

此外，目前各类交通信息缺乏统一、科学、完善的标准，对有关行业的健康发展形成阻碍。但在元宇宙时代，致力于建设低碳的交通资源数据有广泛来源，其中包括道路基础建设中的智能探测传感器、智能车辆上的雷达或定位系统、虚拟现实采集系统、移动支付消费系统等，想要将所有这些信息加以利用，建设高效交通体系，实现低碳运行，就必须具有统一的采集和输入标准，为后端的分析加工提供必要便利。

同样，在元宇宙时代，新的交通出行服务产品会不断出现，这些都将重构群众出行形态，也会对碳排放内容带来影响。从智慧交通到元宇宙交通的整体变化，目前仍然有很大的不确定性，而现有研发、投资和应用中，对元宇宙交通将如何影响碳排放重视程度有所缺乏。例如，现有的新能源车电池能源供应以充电方式为主，这一方式能减少燃油车在交通工具类的比例，但由于现有电力能源实际上依然大量来源于煤炭燃烧等方式，而电池老化后的处理方式也大多采用掩埋等，如果大量电动汽车上路，仍然会加剧城市道路拥堵，其造成的能源浪费和破坏效应也同样会成为环保问题。

类似的问题体现出朝向元宇宙发展的新交通出行方式，虽然相对传统交通出行方式具有一定替代作用，减少了现有交通资源的浪费和二氧化碳的排放，但这些新的交通出行方式本身也需要接受科学统一的规范，而不能仅听命于资本、价格、服务等市场化因素的影响，否则，就可能对元宇宙低碳交通系统的建设造成不确定性。

（2）元宇宙出行低碳化的应对

针对元宇宙互联网时代发展绿色低碳交通的挑战，需要我们进一步加强法律法规与市场环境的建设，利用云计算、物联网、区块链、大数据等手段，积极跟踪交通领域内相关态势的变化，从而不断促进元宇宙建设与低碳交通的同步发展。

1）完善交通数据资源的体系与标准。目前，亟须开始完善交通数据资源有关的法律法规建设，明确元宇宙交通在未来城市绿色交通、低碳出行工作中的重要地位。政府应明确元宇宙相关技术、产品对交通减碳的重要意义，从而形成宏观决策，确保各个部门能对交通数据的使用价值、方式和流程形成统一认识，让部门之间的数据流通形成良好渠道。

为此，政府部门还应有效建设筛选和利用交通数据的标准、规范，提升数据质量，实现不同企业、机构和政府部门之间数据的兼容和共享，保障交通信息在使用过程中的安全性，防范化解交通主体信息泄露的风险。

政府利用大数据技术、人工智能技术，对公交出行率、等候率、换乘率等公交指标进行统计，以分析道路运行压力、运行时间，并匹配最佳的公交出行路径，同时也形成最佳私家车出行规划，让市民在享受元宇宙交通便利的同时，也能获得低碳化出行的环保成就感。

在上述工作中，政府应利用政策工具，积极引导企业开发和使用大数据工具，实现元宇宙交通的低碳化。通过利用区块链打造政企合作的有效平台，实现不同出行工具信息数据的真实、全面相互连通，从而为综合信息处理提供充分支持。

2）迭代交通管理模式，引导出行模式变化。面对元宇宙时代的新现象，交通管理者应不断迭代现有管理模式，充分利用元宇宙基层技术的更新，跟踪出行者的低碳出行行为，以发挥元宇宙交通产品的服务作用。

未来，在元宇宙交通管控下的共享单车，不仅能向客户和管理部门提供详细地理位置，还能在出行过程中，利用随车携带的物联网摄像头等设备，向交通管理部门传递沿途不断实时变化的非机动车、行人流量等交通特征。这样就能为交通管理有针对性地引导低碳出行，提供详细而宝贵的数据来源，自然也能帮助更多共享单车设置停放站点，以体现出行者对共享单车的需求，进而更好地指导各项交通工具的布局，也为共享单车的设置、管理和引导提供重要依据。

元宇宙交通下，丰富的智慧移动终端也能为管理者提供充分的低碳出行引导数据。由于不同终端的存在，能对市民低碳出行行为加以刻画。例如，可以利用虚拟现实眼镜、头盔或车辆物联网等移动设备的信令，进行个人活动时空轨迹的提取，以模拟各类出行者的行为；还可以利用移动端的公交、地铁消费数据，结合智慧地图的位置数据，创建出行模型，以分析出行者的通勤出行行为习惯等。根据这些数据，对交通出行进行科学有效的引导。

3）采用新技术，减少碳排放量。元宇宙框架内的各类技术，为减少碳排放量提供了新的有效途径。除了智能电动汽车外，道路通过网络化，加入物联网，可以有效发展车路协同、智慧控制等技术，从而提升道路交通运输的承载效率，缓解城市交通压力，同时减少碳排放量。

此外，通过区块链技术，建立个人碳积分体系，鼓励人们更多使用共享交通、公共交通，也是能有效减少碳排放量的方法。这需要政府牵头，联合高校、科研机构、行业协会和领军企业，一方面不断完善个人碳排放效益评估标准基础，另一方面制定如何进行评估的量化打分规则，让原本出于“情怀”的绿色交通出行行为，变成能转化为真金白银的实惠，让碳减排行为变得可统计、可变现。当相关联技术成熟后，地方政府就应及时推出激励政策，打造公众个人碳排放统计系统，将个人减碳所得积分与公共服务、税收、教育、贷款等优惠政策紧密挂钩，以提升交通出行者参与低碳公益活动的积极性。

为了更好地发挥交通出行者个人的碳减排努力效应，未来可以考虑建立基于区块链的碳积分联盟。碳积分联盟可以由交通体系中的重要机构和组织形成，例如公共交通网络、出租车公司、汽车生产厂家或政府交通管理部门、交通企业协会、交通消费者协会等。这些机构可以在元宇宙框架内运行自己的联盟链，并通过联盟链生成并发放减碳积分给出行用户，并将之兑换为其他权益。

在联盟运行中，成员机构可以分别设定场景、行为，依据对用户行为的评估标准以授予用户不同的减碳积分。减碳积分在同一联盟链中应能通用，在智能合约的运行下，任何出行用户就能方便地获得和管理自己持有的不同减碳积分。如果其中某些场景涉及多个联盟链，也可以通过区块链技术中的智能合约，将联盟成员之间的碳积分予以兑换发放，避免相互冲突。

对这些成员架构而言，参与这样的交通碳积分发放也是有利的。他们可以将自己对用户发放的碳积分进行总计，以此反映不同机构通过各自的元宇宙应用生态而实现的减碳成果。政府对这些成果进行量化计算和审核，就能进一步根据贡献大小来发放碳配额。

在上述体系中，区块链这一新技术起到了建立相互信任机制的作用。正是区块链的智能合约功能，可以帮助机构内部运行自身的减碳积分，也能帮助每个用户管理自身拥有的减碳资产。

## 六 智慧城市，元宇宙打造真正的交通大脑

元宇宙属于下一代互联网，即虚拟时空的互联网。在元宇宙中，人们将采用数字化技术，承载和人类现实世界平行的内容，其中同样包括智慧城市。

今天的人类城市，早已变得越来越开放而复杂。从生产生活到公共服务，再到交通、科技、互联网……不同的系统相互彼此作用，并加入了“个性化”等特殊因素，建成了独特的社会信息系统。因此，对城市运行的数字化描述，需要比现有互联网更为复杂的数字化技术，不仅能体现其中的“流量”“场景”“网络”，更要能体现出随机性、复杂性。现有技术无法承担如此沉重的任务，目前的所有城市虚拟系统，都只是对城市物理世界的简单投影，再加

上抽象化、概括化的系统运行模块，离真正的元宇宙智慧城市还有相当距离。

元宇宙智慧城市是指将城市发展途径与元宇宙网络技术相结合，充分利用元宇宙框架内的各类技术，提高城市交通的分析、统筹、管理能力。元宇宙智慧城市能凭借核心信息优势，积极推进民生、安全、生态、环保的新型建设理念，让城市管理更为智慧化，从而提高居民生活质量，为城市的全面发展奠定充实基础。因此，想要建设智慧城市，发展元宇宙交通是必不可少的。

元宇宙城市交通是元宇宙智慧城市建设理念的延伸。这一体系从交通管理、技术应用等各个层面入手，将智能通信传输、智能导航定位、智能交通管理体系等加以融合，形成全方位、全时段的城市交通管理体系，以确保交通综合运输监管力量的有效运行，提高城市交通问题的解决效率。

#### 1. 元宇宙交通对智慧城市的影响

一方面，元宇宙交通是未来元宇宙城市的重要构成内容。元宇宙交通能将车辆、道路、停车场、交通枢纽等源头诞生的数据信息充分汇聚，实现新型的共享利用，同时也能运用强大的数字网络、先进的数据技术和计算能力、无处不在的互联网络，构建感知和传递体系，将收集、分析、计算和运用等功能融合一体，形成元宇宙交通平台，并以此推动新型的现代化元宇宙城市。此外，智慧交通数据也能应用在智慧城市平台建设实践中，完成和城市管理、规划建设、应急管理等不同领域管理部门的信息数据共享。

另一方面，从智慧城市向元宇宙城市发展的过程中，城市系统会不断进行数字化转型。这一转型，是对居民之间、居民和组织之间的连接过程。正是通过这种有效的连接，才能让出行者和交通行业有关的各类组织，能以多种方式参与到城市发展进程中，以真正发挥元宇宙交通与智慧城市的相互裨益作用。

从城市经济的发展方向来看，交通运输始终承担着保障社会经济发展、工作、生产、生活的重要任务。元宇宙交通建设，能为城市出行者提供具有新型智慧特色的交通引导和管理服务，形成安全、环保、畅通的城市交通环境。因此，元宇宙交通对智慧城市远发展有着深远影响。

#### 2. 元宇宙交通的城市应用

元宇宙交通在构建新型智慧城市过程中，能为交通运输能力的发展提高，创造前所未有的机会。通过提升城市交通行业的智能化，可以解决传统城市运输的不足，凸显元宇宙技术优势。

(1) 明确可持续发展方向

元宇宙交通在构建新型智慧城市过程中，能利用高效的管理系统，促进整个城市交通的运行发展水平提升。建设元宇宙交通，可以保障交通运行的发展，提高交通运行管理效率，以节约交通资源成本。同时，它还能帮助智慧城市提高交通效率，构建良好的交通生态系统，为不断的可持续发展创造条件。

(2) 推动智慧城市经济发展

元宇宙交通在智慧城市中的应用，可以通过推动城市运输能力的提升，间接推动整个城市的经济发展。

目前，城市建设过程中面临着较大的运输压力，拥堵、事故、浪费等问题，给居民的工作、生活带来困扰。如果不能利用新的数字技术解决这些问题，就会导致城市的进步遭遇瓶颈，社会经济各层面的提升，都会遭遇交通限制而难以形成有力突破。因此，元宇宙的发展和推广，能有效破除发展阻碍，为城市进步提供有效支持。

### 3. 元宇宙交通的技术作用

在新型智慧城市建设中，元宇宙的技术作用发挥在不同的服务和管理方面，如图 3-7 所示。

图 3-7　元宇宙交通的技术作用

(1) 元宇宙道路服务中心

元宇宙道路服务中心的建设，可以利用元宇宙公路建设技术为平台，结合道路建设，实施可视化控制。

通过道路服务平台的运作，管理部门可以实现对城市交通情况的有效监测，以监控重要的交通因素，尤其是公共交通枢纽、容易发生交通事故的交通地点、可能影响交通安全的气象环境变化等。在物联网和区块链智能合约的共同作用下，一旦发现问题，系统将能自动上传监控情况到虚拟交管平台，呈现可能出现的问题走向，并根据走向态势，提供封闭、维修、疏导等服务和管理方案。

(2) 元宇宙综合服务中心

元宇宙综合服务中心的功能，体现在对城市客运、城市间铁路、高速、船舶运输的准确定位和轨迹追踪等方面。通过综合服务中心的智慧功能，管理者和使用者能随时了解情况，并通过虚拟现实应用项目，以各种渠道为乘客提供出行信息、购买渠道。尤其在运用了智能合约之后，出行者甚至不需要经过购买、支付环节，只需要直接向服务中心系统提供必要的出行信息，系统就能自动完成订票、购票、退票等服务环节，展现出元宇宙交通的服务优势。

(3) 元宇宙交通指挥中心

城市元宇宙交通系统中，指挥中心的重要地位不可或缺。通过在元宇宙内的系统运作，交通指挥中心可以通过遍布整个城市的物联网，结合高效的新型网络，实现元宇宙交通的管理体系，提高交管部门对不同性质突发事件的处理效率。例如，交管部门可以通过整个城市交管系统的虚拟数字世界，及时收取每个路段的交通违法或堵塞情况；监管部门的指挥人员能在视觉化的平台上，直接观察这些情况的发生时间、地点和具体情形，并看到处理之后的变化结果。

(4) 元宇宙航道服务、指挥中心

以虚拟城市航道为核心平台，可以建立起跨城市、跨区域的港口航道数字孪生系统，以此保障水路交通的正常运行。城市航道监管指挥人员可以借助视觉化技术，观察到港口航道的实时变化，以此保障航道交通的安全和高效。

当城市航道管理部门通过虚拟平台发现风险因素后，可以及时通过数字孪生系统进行预警，以保障船舶安全。尤其对于城市航道的重点区域，例如事故多发地段、船舶繁忙地段、水文环境复杂地段等，进行即时监控，确保航道的安全畅通，提高运输能力。同时，管理部门还需要利用智能物联网检测设备，对航道的水位、航线和水体变化进行实时跟踪监测，对承担城市重要交通运输任务的港口、码头、货场等进行重点监督管理。

由此可见，元宇宙交通在构建新型智慧城市中的应用覆盖了道路运输、水路运输，对整个智慧城市构建的意义相当重大。

### 4. 加快发展元宇宙交通的方向

在城市建设中，如何加快发展元宇宙交通？主要应从以下角度着手。

（1）对元宇宙交通展开科学顶层设计

所谓顶层设计，是指城市元宇宙交通的设计理念和执行范本。如果设计方向明确，整个元宇宙交通的建设就会体现出很强的可执行性。目前，我国的智慧交通建设速度正在不断提升，一些城市有了智慧交通建设的具体方案，整个城市的交通正处于信息化发展进程中。单从具体的方案内容中可见，一些城市的智慧交通建设存在重复和浪费现象，也很容易出现信息孤岛问题。这些导致不少城市花费了大力气在建设智慧交通底层数据资源体系上，但相互之间却并未实现交通数据的共享，信息难以用于城市之间的共享利用。在城市内部，各部门之间的横向协作不够，一些问题从技术上很容易解决，但在执行流程和内部协调上却缺乏统一效应，难以真正落地执行。

我国元宇宙交通的建设刚刚起步，也没有国外的成熟经验可以借鉴，这就更需要国家进行顶层设计，制定统一的执行标准，形成城市之间和城市内部的交流渠道，避免信息不对称带来的问题。

（2）积极制定元宇宙交通相关行业标准

行业标准的推出，有利于提升城市交通产业集中度，促进智慧城市在元宇宙交通基础上的不断建设成长。

在元宇宙交通建设过程中，各地城市需要参照三方面基础标准，分别是强制性、事实性、推荐性标准。其中，强制性标准包括数据来源、格式、质量、用途等，该标准由政府部门制定，并通过法律条例、部门规章等形式发布，作为城市交通建设中必须遵循的硬性标准，从而保障城市安全和居民福祉。事实性标准则来自市场实际选择，该标准由城市选择的主要企业和相关部门协作，针对元宇宙交通建设的执行规范而制定。这种标准体现了行业发展实际需要，更容易被社会公认和接受。推荐性标准则来自同一行业内不同利益群体在协商谈判后形成的统一标准，该标准更有利于顾及这些企业、组织的各自利益，形成协调一致的观点，以利于推进元宇宙交通建设。

总之，针对城市元宇宙交通体系建设的现有问题，我国应结合不同地域、不同城市交通行业发展实际，加快制定新的政策，促进各类标准尽快出台，确保元宇宙交通建设的稳步推进，让元宇宙交通建设成为新型智慧城市的成长助推剂。

# 第四章

# 交互体验，元宇宙交通下的出行场景

交通出行活动，永远不会是停留在纸面上的空泛理论，而是关系着整个国家无数人的直接生活体验。为了让元宇宙交通体系为人民群众创造更多幸福感，我们需要在建设过程中设计积极充分的交互功能，让其中各类出行场景更为符合人性的需要。

## 一 车车交互，元宇宙交通塑造真正的畅通无阻

城市机动化程度越来越高，汽车逐渐成为普通人生活的重要组成部分。当经济进一步发展，生产成本不断降低，汽车终将有一天获得手机那样的地位，成为人人不可或缺的“伙伴”，可以帮助人们去认知、思考和解决交通出行问题。

与此同时，自从人类历史上第一辆汽车诞生后，由于汽车引发的交通事故数量在世界范围内与日俱增。目前，全世界由于汽车交通事故导致的人身伤害事件数量，已位列全球疾病和伤害的第三位。

有鉴于此，在元宇宙交通发展中，无论是为了提升汽车的“伙伴”功能，还是降低其事故率，都需要重点发展车车交互功能。尤其是车辆的主动安全系统功能，对提升车辆整体安全性能有着重要作用。而当车辆能相互主动交流，利用“自我”和“他人”的感知能力，去提前预判危险并启动应急措施时，车辆的安全保障能力就有了充分提高。换而言之，车辆必须通过车车交互，才能学会“听”和“说”，以此消除交通风险。

### 1. 车车交互系统的定义和优势

车车交互系统是指车辆之间相互发送信息联系，从而避免信息屏障导致的交通风险，进而拓宽驾乘人员信息来源渠道，提升其出行体验质量。在元宇宙交通体系中，车车交互系统采用车辆之间的新型移动互联网络，实时传输物联网设备提供的数据，从而实现不间断的小范围通信。

车车交互系统的小范围、不间断等特点，使其相比传统的个体车辆而言，获得了巨大的信息优势，并能促进元宇宙交通系统的良性发展。

当天气不佳或路面状况不良时，道路的摩擦系数较低，就会导致车轮打滑现象。传统情况下，驾驶人很容易选择紧急制动的方式进行操作。但由于后车距离保持不当，或驾驶人注意力不够集中，就会导致发生碰撞造成交通意外。如果能有车车交互系统的支持，前车可以提前向后车发送警示信息，并启动后车自动减速系统，避免事故发生。

车车交互不仅能避免前后车追尾这样的小事故，更能避免较大范围内的严重事故。当车辆在交叉路口发生碰撞后，遭遇事故的车辆会立即通过车车交互系统，向周围所有车辆驾驶人的智能终端设备发送警告信息，如果情况严重，也可以设定为向其车辆的智能自动驾驶系统发送信息以做出反应，避免碰撞。

车车交互能在类似情境中避免风险，同样也能在正常交通过程中发挥优势。当驾驶人进行车辆转向操作时，有车辆在前方弯道盲点处，系统会通过智能系统，接收前方其他车辆发出的信号，并经过迅速计算转化为驾驶人可视信号。同时，也可以利用强大运算能力引导自动驾驶系统迅速控制车辆，以弥补驾驶人反应不及的问题。

在未来的车车交互系统中，物联网智能设备能通过环境感知处理技术，结合经过数字孪生处理过的交通环境数据库，利用无线网络在车辆周围打造出范围越来越大的通信区域和安全区域，以取代传统使用的雷达传感器。相比传感器，车车交互系统能区分和识别更大范围、更长时间内的危险因素，而在元宇宙框架内其他技术的支持下，车车交互系统还能发挥“预测”危险的功能，为全面智能化交通实现提供现实路径。

### 2. 车车交互的技术挑战

除了交通过程和客观环境，导致车车交互存在外界挑战因素之外，通信技术的限制，也对车车交互系统实现提出了挑战。

(1) 信息延迟

从整体来看，车车交互信息传送速度越快，避免事故发生的可能性就越大。信息发送时间，是指从危险产生之时开始，到周围所有相关车辆都能成功接收信息之间的过程。然而，由于车辆处于高速运动中，且所有车辆之间的相对关系都在不断变化，目前技术条件会导致传输信号容易衰退或因相互遮挡而降低传送质量，这对警示信息的传送速度形成挑战。

(2) 群体合作的技术可能

在发生交通事故后，相关车辆在不同时间空间内都会处于危险状态。例如，由于故障原因，车辆被迫停止在高速公路中，任何从后而来或从侧面经过的车辆都可能对其和自身产生不同程度的危险，此时，仅依靠一两条信息发布，引发一两辆车的关注是远远不够的。元宇宙交通技术发展，必须保证能在类似情况下，同时发送各类信息给相关的所有车辆，并引发这些车辆的群体合作支持。

(3) 智能化判断紧急程度

在紧急情况下，车辆运行轨迹会产生不确定性，导致对周围车辆产生不同情况的危险影响。现有技术还无法教会车辆在最短时间内，判别如何向不同车辆发出不同的警告信号。在元宇宙技术框架下，有必要通过人工智能系统，让车辆在算法支撑下，学会如何站在其他车辆角度，去判断紧急程度并发送信号。

### 3. 车车交互的主要应用

在车车交互过程中，主要的应用项目包括安全行驶提醒和出行引导服务。

(1) 安全行驶提醒

交通出行过程中，车辆是否能做到安全行驶，并不仅取决于本车驾驶人的操作，同时也取决于周围其他车辆的行为选择。因此，元宇宙交通中的车车交互内容，必须具有以下多项安全行驶预警内容：

1）超车预警。该预警内容为超车行为的时间、速度、方式，预警对象为前后处于特定距离范围内的两辆或多辆汽车。通过新一代互联网，前后车辆互相利用计算分析系统、传输系统，将各自的运行轨迹数据共享，并预测超车的具体发生过程和结果，再通过虚拟现实设备（如驾驶人头盔、眼镜）或显示屏加以描述。

例如，当前车车速较高且后车选择超车时，后车经过系统计算分析，预测前车的可能轨迹后，后车车载的元宇宙系统会将计算之后形成的虚拟画面传送给前车驾驶人的观测设备。前车驾驶人通过眼镜和扬声器，可以实时了解双方轨迹和速度的变化，并在虚拟的空中第三视角上看到双方位置，听到人工智能语音的提升，以了解后车的超车轨迹、追平时间和超过时间。

2）防追尾功能。目前汽车上使用的主动防追尾功能，其原理是通过车辆前端安装的摄像头、传感器、雷达等设备，自动探测和前车的距离，联动本车的信号、制动系统；当探测到跟车距离低于系统预设的安全距离时，系统会在零点几秒的短时间内启动，强制拉开和前车的距离；同时，还会频闪危险警告灯，提前告知后面跟车进行制动。

在元宇宙车联网的运行下，防追尾功能将得到进一步提升。前后车辆会通过新型车联网进行连接，共享分析彼此发送的定位数据，再利用强大算力，接收、预测运行轨迹。一旦发现轨迹重合即有碰撞的可能时，前后车辆会通过虚拟现实设备，向驾驶人演示可能发生的追尾形态。同时，由车辆自动系统做出紧急规避、自动减速，以避免追尾。这种防追尾功能建立在车车互动体系上，将自动规避和直观报警充分结合，让驾乘人员有更明确的信号体验，也避免了单一车辆的摄像头、雷达装置失灵而造成的不当或疏漏报警、制动情形。

3）防撞功能。目前的汽车自动防撞系统功能是防止汽车发生碰撞的智能辅助装置，它能自动发现可能与汽车碰撞的其他车辆、行人或是护栏、建筑等障碍物，并发出预警或采取制动或规避措施。但现行防撞功能在驾驶人执行某些操作时（例如用力踩下加速踏板或正在转动方向盘），系统会认为驾驶人是在采取闪避措施，而阻止防撞功能的实施。

在元宇宙车联网体系内，防撞系统功能是否启动，将不仅限于驾驶人的行为或本车的状态，而是会通过行驶范围内所有车辆组成的动态网络，共同映射出特定时空的虚拟交通世界来加以确定。

例如，当车辆在弯道行驶时，由于周边建筑、墙壁、山体、树林、水面等地理情况的影响，导致无法及时获知对面车道的来车情况。此时，如果驾驶人采取加速或转动方向盘措施，就很容易导致车辆的防撞系统无法及时发挥作用，进而导致受制于视野限制而和对面来车碰撞。通过元宇宙车联网所搭建的强大通信系统，车辆将能随时和周边一定范围内的车辆形成通信网络，所有车辆情况都会提前显示在投影屏幕或混合现实眼镜中。其中位置、速度、轨迹等数据，会通过云端不断实时传送到每辆车的计算机中。一旦出现可能撞击的情况，车辆将相互发送防撞预警并启动紧急制动，避免发生撞击。

(2) 出行引导服务

车车交互过程除了保证交通安全外，还承担着出行引导服务功能。其中，车辆身份信息的相互传递和检索，是必不可少的内容。

在元宇宙时代，交通运行体系内的每辆车都会拥有特定的车联网身份标识，如同传统互联网时代每台上网的计算机都有自己的 IP 地址那样。参与区域交通内的每个人，即便选择步行出门，其随身的智能终端也会借助强大的5G、6G 乃至更新型的移动网络，加入到交通联网中。这意味着任何驾驶人或行人，都能在车联网上注册自己的身份，其中包括绑定车辆的类型信息（如公交车、私家车、单位用车、特种车辆、实习车等），或者设置临时性的信息(如车上有病患等)。

通过这种方式实现车车自动交互身份信息后，所有车辆都能通过车联网自动完成相互识别，包括发送数据、视频、虚拟现实信息等。每辆车自带的计算机系统，会根据接收到的周围车辆信息自动判断路况，并同样将自身特征信息发送给周围车辆。

一旦车辆上路，周围车辆乃至骑行、步行人士，都能通过智能终端获取信息。这样的终端可能是手机，也可能是混合现实眼镜、头盔等。当然，交通管理部门和相关人员也会通过其工作设备获取同样信息，根据车辆特征进行引导，实现车流量的有序运行。

例如，不同的驾驶人有着各自的驾驶行为特征，这在生活中早已司空见惯，大多数特征并没有好或坏、安全或不安全的区分，包括车辆转弯的幅度、踩加速踏板和制动踏板的力度等，这些行为方式都会因人而异。但是，不同驾驶习惯出现在同一时空的交通运行体系内，就有可能形成矛盾，导致交通安全风险。

通过车车交互信息，车联网和交管系统能根据每个驾驶人的驾驶习惯，判断特定交通区域的风险程度，及时发布信息。车辆之间也可以通过信息发布共享，帮助驾驶人了解周边驾驶人的特征分类，例如是驾驶激烈类型，还是稳重类型或普通类型等，以及时进行处理。

又如，当驾驶人发现前方道路存在异常情形而遭遇堵车时，在传统车联网下，他们并没有机会亲身前往道路前方了解路况，除了在驾驶座位上苦等之外，几乎毫无办法。但在元宇宙车联网内，由于有高效传递信息的车车交互方式，驾驶人无须等到堵车时，即可收到前车分享的交通数据。驾驶人可以通过虚拟现实或视频传输的方式了解前方情形，并由系统帮助计算恢复时长，根据时长、距离和驾驶人自身需要，车载系统还会提供新的方案，以帮助驾驶人确定是否改变行驶路线。

元宇宙提供的一系列技术，将帮助车联网从量变走向质变。车车互动只是车联网的发展方向之一，随着无人驾驶技术的发展成熟，车辆之间的信息传递将会越来越多，并成为未来元宇宙车联网各类应用的最基础方式。

## 二 车路交互，交通信号与道路变化尽在掌握

智能车路交互系统是元宇宙交通领域技术应用的必然发展目标，是确保元宇宙交通运行安全、提高效率、优化资源配置、减少环境破坏的重要条件。智能车路交互系统将会成为元宇宙交通系统运行的公共平台，并在此基础上构建和应用其他相关技术。

车路交互系统最早诞生于21世纪初的欧美发达国家，其基于车车交互系统出现，随后迅速得到各国重视，并提升为国家级别的研究项目。经过近20年发展后，车路交互系统已经被定为新一代交通安全新技术，围绕这一技术理念，各国形成不同的交互示范系统并开展测试。

我国业界也在同时期提出了车路交互系统的概念。2011 年开始，在我国“863 计划”中出现了首个车路交互有关的研究项目。2014 年，清华大学研发团队进行了智能车路交互测试研发项目。随后，我国在“十三五”重点研发

计划中，增加了车路交互理论和建设的项目，并在多方面取得了优良成果。

在元宇宙交通体系概念的形成和发展过程中，智能车路交互系统得到更进一步的发展推广。这一新型智能车路交互协同，意味着汽车和道路在全时空内能相互协同感知交通信息，推动信息的融合，在道路智能基础设施上完成车辆的决策、控制和协同。与国外较少关注智能道路的作用相比，国内更为注重多模通信、智能网联、大数据集成等多层面的智能车路系统建设方向，并积极通过协同性能调整、仿真验证和车路协作自动驾驶等方式，优化智能车路交互系统。

### 1. 车路交互系统的定义

元宇宙智能车路交互系统是指采用元宇宙技术框架内的先进无线通信系统，在车路之间进行实时动态信息的全方位传输及融合。在此基础上，有效开展车辆和道路的协同管控，以充分实现驾乘者、车辆和道路的高效协同，确保交通安全，提升通行效率，以形成智能、安全、发达的元宇宙道路交通系统。

在智能车路交互系统的协同工作下，利用不断发展的无线通信模式，能将人、车、路全面连接到统一通信网络中，以完成交通信息的获得、分发、共享和利用。同时，借助智能决策、云计算、大数据等技术，可以完成交通环境感知互动、车辆行驶安全感知和道路管控互动等。

这样的车路交互系统，是智能交通发展到元宇宙时代表现而成的新形态。此时，整个交通系统将成为一个生态整体，其中包含了交通参与者、工具、基础设施、服务对象和环境。这些不同因素各自在交通系统内承担职能，而通过元宇宙互联网将其智能融合，可以让交通体系承担的价值得到极大扩展。

通过元宇宙智能车路互动，原有的传统智能车路协同系统功能优势得到保留，而新的互动方式会从外在到实质都同时改变人们对传统道路出行的认知，并在元宇宙时代得到充分推广和应用。

### 2. 车路交互系统的特征

当元宇宙车路交互系统建立并完善后，将会具有明显特征。如图 4－1 所示为元宇宙车路交互系统特征。

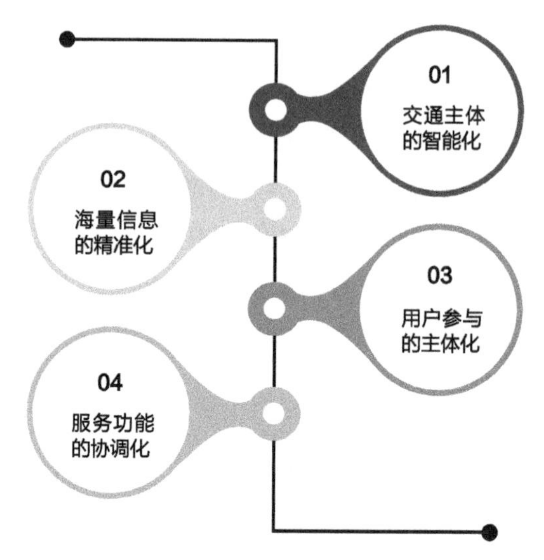


图4-1　元宇宙车路交互系统特征

（1）交通主体的智能化

在元宇宙车路交互过程中，人、车、路、环境已不再是传统印象中各自独立的交通要素，而是通过智能化、物联网化，具有了各自的网络身份，同时具备了充分的交互功能。

通过传感器的采集、融合，加上网络传输和系统运算，交通系统能生成实时全面的数据，上述主体将在此基础上，实现信息的再现和分享，以支持交通的运行。

（2）海量信息的精准化

交通系统每天都在产生海量信息，但这些信息的使用往往并不协调，其原因是复杂的，既包括信息时空属性是否能精准对应，也包括信息的格式、内容等是否能在机构间实现双向传输。

在智能车路交互系统中，系统通过不同的通信模式，促进数据信息的积极流动。一方面，通过提高数据的时空可分辨度，让数据变得更加精确；另一方面，通过先进技术的处理，让信息更为简明扼要，便于传输的同时还具有充分的智能特征，以搭建系统运行的基础。

（3）用户参与的主体化

在元宇宙车路交互体系中，交通出行者将成为交互的主体。此时的所谓出行者，将不仅包括驾乘人员，同样也包括交通工具、交通基础设施、交通环境因素等。车路交互体系应致力于为这些参与者提供不同侧面的协同服务，以形成系统优化和提升的重点方向。

(4) 服务功能的协调化

通过对数据信息的应用，将进一步全面实现交通主体之间围绕数据的协调服务，以针对不同交通出行需求，形成灵活的解决方案，催生智能化交通服务的全面覆盖和优化运行。

### 3. 车路交互系统的框架

随着车路交互技术不断发展，智能车路交互系统必然成为元宇宙道路交通系统的重要承载平台，其原有的组成体系框架也会随之改变，其有关的物理设备、网络协议、运行逻辑、服务内容等，都要在现有交通体系上做出升级和更新。

元宇宙车路交互层次的主要内容包括支撑基础和具体平台，如图 4－2 所示。

图 4－2 元宇宙车路交互层次示意图

元宇宙的车路交互层次，自下而上分别包括数据、交互、协同、保障和服务等平台，分别担任了信息的获取、共享、处理、安全和应用等功能。同时，元宇宙车路交互系统，还借助整体统一的标准和管理体系，与外部系统对接。

1）数据平台：负责对所有车、人、路提供的交通数据进行采集、融合。

2）交互平台：负责完成不同交通因素之间的数据分享、传输。

在数据和交互平台上，目前主要运用到多模通信技术，即考虑到车辆的高速移动性和区域性，仅采用单一模式的无线通信技术，已经难以满足实际应用需要，必须采用多模无线通信技术，以确保交通主体能在任何时间、地点完成互联互通。这也是构建未来元宇宙车路协同的基础条件。

在多模通信技术中，主要使用的网络系统包括移动网、无线网、专用网和蓝牙、红外等其他通信系统。随着技术的发展，将会出现比5G更高的数据通信技术予以取代，并最终满足元宇宙交通系统的实际需要。

3）协同平台：负责实现不同分支系统内各类信息的同步协调处理。在该平台上，目前主要运用的是智能网联技术。对智能网联技术的要求是确保高速、可靠、双向，并能继承不同通信模式。元宇宙智能网联技术还应能支持全景虚拟状态映射、虚实信息融合、实时控制管理、个性定制传输等功能，并根据不同参与者的具体需求，提供相应的网络通信服务。

在元宇宙车路交互体系中，支持智能网联的底层硬件设施包括物联网、车联网等功能性网络，也包括高速的移动互联网、无线组网等。由于这些网联方式各自提供的通信特征和支持范围有所不同，为满足不同交通因素的需求，有必要建立智能网联通信模式的自动选择切换功能。在这一功能下，当应用终端改变时，网联平台可以依据需求特征而自主选择和切换通信方法。

4）保障平台：负责确保数据在系统不同层面的安全管理。该平台可划分为三个层次，分别是硬件信息安全、通信信息安全和数据信息安全。其中，硬件信息安全主要针对人、车、路的基础设备如何在广泛的互联网覆盖范围下，形成充分的信息安全保障能力；通信信息安全主要针对不同的无线通信管道，建立信息安全保证能力；数据信息安全主要针对交通系统内车辆行驶、位置信息、驾驶行为等信息特征，实现对数据真实性和准确性的判断能力，并建立安全管理。

在元宇宙时代，上述分支保障层次，都将引入区块链技术，确保通过分布式信任管理机制，实现智能、安全、高效的数据信息运作。

5）服务平台：负责支持系统内的所有信息成果向外界转化为具体应用的服务。全面发挥这一平台能力的技术，在于更先进的智能集成能力，只有通过对车、路、网在通信模式、网联方式、信息融合、云端计算等层面的技术继承，才能支持所有交通参与主体的系统继承，并形成更强的应用转化能力。

除此之外，车路交互系统的统一标准、管理体系，则确保车路交互系统能和其他不同交通系统之间实现互联互通、共同协作。

**4. 车路交互系统的关键技术**

元宇宙车路交互系统能推动元宇宙智能交通实现深入应用。这些应用不仅能体现在对车辆行驶安全、对道路交通管控的决策和控制上，还会促使自动驾驶技术在车路交互系统基础上得到迅速发展。其中，以下关键技术是必不可缺的。

（1）车路环境感知技术

车路环境感知与传统交通中对环境的观测系统不同，该技术能获得动态的交通信息，实现全时空的不间断分享，让不同基础、不同场景下的各类传感器，可以打破彼此屏障，实现对车路环境的整体感知。这种感知不仅是在车辆“视线”距离内的，同时也是超“视距”的，即传感器自身感知范围以外的环境信息，同样能通过这一技术，由道路观测设备进行获取和传递。

车路环境感知技术重点考虑车辆与道路、行动和静止、整体和局部、个体和交通流等不同环境下的多种传感器感知问题。在解决该问题的基础上，应进一步在信息处理平台上，使用统一模型，对车路环境交通状态进行描述刻画。

当前车通过自身感知技术，对周边环境信息完成采集融合后，就可以通过智能网联和云计算技术，明确自身和其他车之间的空间关系，使后车能获取自身所感知到的环境状态。

车路环境感知技术系统，主要包括数据的输入层、融合层和传递层组成。其中，输入层主要负责获取原始数据、车载传感器数据、路侧传感器数据；融合层主要负责进行数据融合（如数据校准、时间空间同步）、特征融合（如大数据的特征提取和目标观念）、决策融合（如目标检测、目标跟踪）等工作；传递层则负责将数据表现为具体交通环境的状态综合特征，向外界加以传递。

（2）交通群体智能管理技术

在元宇宙网络环境下，道路交通系统将不再是一辆辆独立的车辆，其原本所拥有的组织性、网络性、关联性等系统特征会不断凸显，尤其是交通主体的联网化，将进一步催生交通群体的协同化。在任意的道路交通场景上，元宇宙智能车路交互系统都可以通过对交通群体的智能管理技术，实现对整条路段分阶段的控制，其具体场景包括交叉口行进、匝道和路口协同行进、信号灯和车辆协同行进等。

（3）虚实结合的测试技术

智能车路交互系统的建立，将依赖于元宇宙交通系统虚实结合的测试技术。这一技术不仅能应用于常规的分析测试，还能支持新型交通系统的测试。通过对交通群体协同控制水平的数字孪生仿真分析，能更好地确保新型交通的可实践性。

虚实结合的测试技术主要包括如下重点：

1）群体硬件仿真技术：通过这一技术，能实现多车辆、多道路、多设备的同时入网，而非单一硬件的方针。

2）虚实结合仿真技术：通过对智能网联、无人驾驶等技术加以虚实结合仿真，提升真实测试模式的效率。

3）微观环境分析验证技术：借助该技术，能实现元宇宙车路交互系统内，不同交通场景中微观环境的分析和验证。

4）多场景集成分析验证技术：该技术可以将不同的交通场景加以集成，并对场景中有关安全、效率、通信等因素进行集中分析和评价。

5）交通群体管理评价技术：通过该技术，对交通群体的行为进行管理评价，包括分析的准确程度、控制策略的具体效果等。

### 5. 智能车路交互系统的应用阶段

智能车路交互系统的应用是元宇宙交通体系建设的必要内容。作为国内智能交通的发展重点，智能车路交互应用项目同样也是我国“十四五”规划内有关交通建设的重要内容。

智能车路交互应用的服务面广泛，但建设周期同样较长，需要区分重点按阶段推进。

（1）初始应用阶段

在元宇宙智能车路交互系统建设的初始阶段，应确定道路基础设施建设的重点，包括实现道路基础设施的智能化，构建无线通信和云计算平台，并实现道路交通系统信息的智能共享。目前，这一阶段的工作已经开展，形成的具体应用内容包括交通信息发布、交通风险预警、单车速度引导等，提高了道路交通信息的范围、传递的时效。其不足之处在于车路交互的核心功能尚未完全发挥作用。

（2）建设应用阶段

当道路基础设施实现一定程度的智能化后，就可以有效推进智能汽车的网联化。此时，智能汽车将安装支持车路交互系统的必要装备，从而提升整个车路联网的计算能力、共享能力和管控效率。

在这一阶段，元宇宙车路交互功能主要运用于主动管控和个性化服务两方面，其中包括信号控制、道路限速、安全通行等，也包括车辆通行次序、限行限流、车流协同安全等。如果这一阶段的应用开发执行顺利，就能逐步体现出元宇宙车路交互功能对社会经济的促进。

（3）规模应用阶段

当道路和智能汽车的交互网络得到充分建设发展后，元宇宙智能车路交互系统就能更进一步进入规模化应用阶段。此时，整个元宇宙智能车路交互系统实现了全智能连接，通过这一系统，由多种计算模式进行全时空信息的共享，能实现多种高级别应用，主要集中在协同管控上，例如车流协同安全行驶、自动车流协同行驶、道路匝道协同通过等。此时，车路交互将全面发挥作用。

显然，车路交互系统不是通过一两门学科、一两种技术的提高，就能形成的产物，它必然是在元宇宙发展过程中，跟随系统构建应用关键技术的提高而不断完善的。同时，车路交互系统也离不开复杂的系统决策和智能化的控制方式。随着元宇宙技术研发的不断深入，车路交互系统也会发掘出自身更大的进步空间。

## 三 车人交互，沉浸感与代入感体验，提升出行感受

在通向元宇宙交通的征途中，人工智能、互联网技术、计算机硬件技术不断发展，带动新型智能汽车的功能不断完善，使之成为解决传统汽车交通出

行诸多问题的利器。汽车走向信息化、智能化，除了改变车辆本身，也会改变道路交通的管理与服务，改变交通参与者的体验，创造出新型人车交互关系，提升出行者感受。

从设计和生产角度来看，随着元宇宙技术时代的加快到来，汽车的内部空间、操作方式、交互方式，都正在发生重要变化。汽车已不再是单纯的运载工具，而是成为个人空间与公共交通、社交活动的交汇点，其中的人车交互关系，需要重新进行设计和调整，以适应新的时代需求。

因此，元宇宙车人交互系统，必然会成为政府和行业内关注的重点交通应用项目。

### 1. 元宇宙车人交互系统

元宇宙时代尚未到来，但人类对于科技工具的认识观点已经发生变化。从集体角度而言，人类在看待工具时，已经不再将之归属于“外界客体”这一宏大的概念结合，而是很大程度上受到“延伸”理念的影响，将科技工具看成人类个体在身体、思想、意识等层面上的延伸。正是这些延伸，帮助人类突破了自然生理的束缚，达到新的境界。

从这一理念出发，元宇宙技术背景下的智能汽车形象，实际上包含了人类渴望突破现有极限的群体诉求。对新智能汽车的追求，既是人类对身体能力的拓展，又无法脱离人性的本质需求，于是使之呈现为从机器到自我的回归。因此，在新的车人交互体系内，汽车将不只是冷冰冰的工具，而是富含生命个性的新交通元素。这种形象定位的变化，为所有人提供了将元宇宙交通技术引入个人生活的可能，也促成了智能汽车车人交互系统的不断更新。

智能车人交互系统是指驾驶人和智能驾驶系统协同完成车辆控制任务，并相互传输信息、协同合作，以提升驾驶和出行的体验。因此，车人交互系统是将驾驶人作为“人”的要素，置入智能汽车运行系统中，以增强人机协同的能力。在车人交互系统中，人类驾驶人和智能自动驾驶系统之间，形成了完美的互补效应。一方面，智能自动驾驶系统具有人类所无法比拟的精细化感知、标准化决策、精准化控制，而驾驶人的个人感知能力、决策水准、操控及时度等，都很容易受到个人生理和心理状态的变化影响，表现得随机化、多样化，个性化；另一方面，智能自动驾驶系统在发展过程中需要不断提升，在相当长时间内，其自我学习能力和变化适应能力不足，对综合交通环境特征理解的水平较为低下，对于复杂交通情况的判断和决策不足。因此，人和智能自动驾驶系统，有必要在车人协同交互系统中发挥各自优势，实现能力融合并增强，构建新型的驾驶系统，从而更快地促进智能汽车朝向元宇宙时代发展。

### 2. 智能车人交互系统的研发重点

智能车人交互系统的运作模式类型主要可以分为三种，如图 4－3 所示。

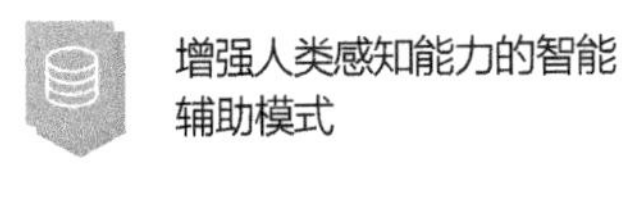

基于特定场景的车人驾驶
信息传递

车人共同驾驶的信息动态分配

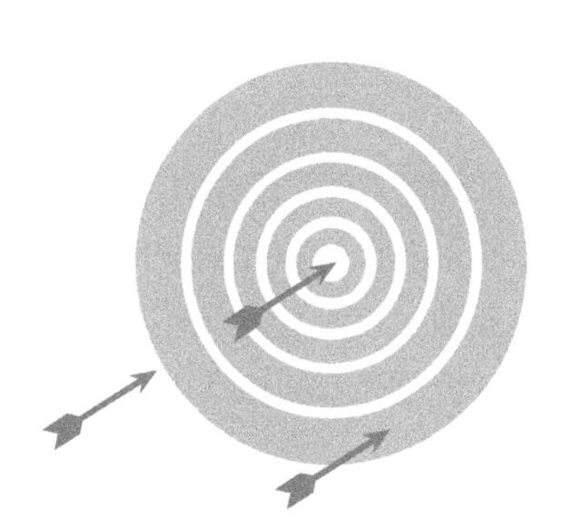

图 4－3　智能车人交互系统的运作模式类型

在上述三种车人交互系统模型的运作过程中，驾驶人个人的意图、状态和行为，都是重点内容。因此，无论从何种模型入手，都需要加强对驾驶人的监测和识别，从而围绕个人行为建模，形成良性的车人交互关系。

车人交互系统对驾驶人状态的监测方式，主要通过传感器和监测平台进行。通常情况下，系统采用摄像头方式监测驾驶人的头部、面部、眼部、肢体、手脚动作，采集相应数据后，再利用图像、信号等处理技术，对传感器信息融合后录入平台，与标准平均值进行比较。

通过摄像头采集驾驶人的注视、眼睑、头部和面部表情等数据，可以判断驾驶人的实时疲劳情况。通过眼球运动信息、脚踩踏板信息的采集，可以判断驾驶人的注意力集中情况。此外，也有系统通过驾驶人脑电波、肌肉电、心电信号等生理指标，进行驾驶状态监测和分析。

相比驾驶状态，驾驶人的意图较难直接观测和获取，更需依靠对驾驶人视线、姿态、动作、车辆整体状态和交通环境特征进行预测和估计。

### 3. 智能车人交互系统的应用趋势

智能车人交互系统的趋势，主要表现为如下方向。

(1) 有效连接

今天，智能汽车正在变成继智能手机之后的新移动终端，通过自带或车内的移动设备连接网络后，智能汽车驾驶人有充分机会使用移动互联网产品。而这种使用情境的诞生，会创造出更多有效连接的可能，提升车人交互系统的沉浸感和代入感。

随着元宇宙基层技术的发展，当未来的智能汽车进入无人驾驶状态时，驾驶人就能摆脱双手，释放注意力，去完成其他工作任务或进行休闲。此时，智能汽车将更多作为独立的空间来和个人形成连接。利用这样的空间，驾驶人也不再孤独，而是能利用汽车和周边环境进行虚实信息传递交互。这样，智能汽车就会源源不断提供连接服务。

就像今天的手机可以基于位置向使用者提供衣食住行等服务那样，未来智能汽车的生活服务，也可以呈现出多姿多彩的内容特点。汽车可以主动为驾驶人寻找周边物理环境和虚拟环境的服务，其中包括与汽车关系紧密的服务，例如停车位、加油、充电、保养、收费等，这些服务内容需要进行有效创新，并利用网络功能和人工智能的结合加以形成。同时，智能汽车也可以为驾乘者提供与出行关联相对较弱的生活类服务，包括购物、定位等，这些服务则有必要考虑驾乘的特殊场景，针对不同时间、地点的特征，对服务模式、内容、流程进行设计，以适应不同特点需求。

随着智能汽车连接功能的不断增强，其本身属性将从驾乘、出行体验，向更大的服务空间拓展。元宇宙交通系统下的智能汽车会通过内部空间显示、外部形象、灯光声效的变化，为驾乘者提供各类不同的服务体验。

(2) 显示装置

在智能汽车系统内外，数据信息的传输量迅速上升，这也使得信息显示的需求不断增长。即便是今天，车内需要通过显示传递的信息数量，也已经与出行本身所需信息不相上下，其中包括娱乐、社交、资讯等各类信息。同时，信息显示的复杂化程度也在提高，无论是天气、自然环境的显示，还是周边驾驶行为的提醒，或者是移动设备与车内设备的连接整合等，都需要通过传输系统传递给驾乘人员。可想而知，到元宇宙交通时代，信息的传递显示会进一步多维化、复杂化、立体化，使得智能汽车需要提供更大、更新颖的显示空间。

在元宇宙时代，智能汽车对信息的显示，将不只是通过现有的车内空间位置进行。传统的控制台、仪表盘或者后视镜等物理设备中，都有可能被采用各种先进方式，置入显示装置，通过整合而将之变成信息传输的功能平台。在具体技术应用上，既可以利用柔性屏幕、透明屏幕等物理硬件设备进行显示，也可以利用元宇宙时代的全息投影、虚拟现实等方式加以显示。例如，今天就已经有车辆能做到，将相关电子信息显示在车窗上；也有车辆利用新一代的显示面板技术，改变了传统矩形屏幕面板的限制，实现异形屏幕的运用，以满足不同的显示设计需求。

元宇宙智能汽车显示信息的方式，将不再只是通过独立的硬件设备进行。采用新的数字传输技术，智能汽车能实现多位置、多显示、多方向的输出。例如，利用增强现实技术，可以直接以车外环境作为载体，创建全新的立体显示界面，从车窗向外看去，上面会直接显示道路的距离、平整度、天气情况、周围车辆和行人的速度与高度等各类信息。

类似这样的显示方式更为多元化，其带来的改变是显而易见的。之前，所有的车辆行驶信息都只是给驾驶人看的，所有的信息显示模式都只是将驾驶人作为中心来形成架构。但在元宇宙社会，智能汽车将从整车视角出发，重新对车人交互系统的显示层面进行设计，包括显示分布、显示区域、显示维度等。根据目前研发进展来看，其中最接近出现成果的是平视显示。

平视显示系统能有效地利用驾驶人观察前方路面的视线角度，向其输出各类信息，这样，驾驶人就不用调整自身的视觉方向而获得信息。因此，平视显示系统在目前被认为是最安全的车人交互显示方式。

在元宇宙交通中，平视显示系统可以将车速、导航、路况等不同内容，都利用可视化技术直接显示到汽车前方设备上。这些设备可能是类似目前的前风窗玻璃，也可能是虚拟现实的显示屏，或者是驾驶人的电子头盔、眼镜等，无论采用何种设备，更先进的平视显示，都能显著提升驾驶的沉浸感，确保驾驶安全的同时，降低驾驶人获得信息而耗费的精力成本，并因此具有了更多应用的可能。即便在元宇宙交通深入发展后，实现了最高级别的完全无人自动驾驶，驾驶人还是能通过类似方式获取和处理信息。

（3）管控方式

元宇宙时期，智能汽车的自动化水平必然不断提高，驾驶人得以摆脱繁重的驾驶压力。但不可否认的是，“人”对汽车的直接控制程度也大为减少。当自动化水平发展到最高级 L5 阶段，“人”对智能汽车的控制权甚至会完全消失，即没有了驾驶人，只有乘坐人。

然而，对车辆管控权力的彻底消失，即便不会对个人的实际安全带来影响，也会对人们的情绪和心理造成负面影响。历史上，人和汽车之间的关系，从工业时代开始是“人适应车”，而到信息时代是“车适应人”，进入元宇宙时代后，则是“人车相互适应”。这种相互适应的关系决定了对车辆的管控权力，并不只是单纯握在某一方手中，而是在人和车辆之间不断转化、相互适应。因此，元宇宙时代的智能汽车，必须重视如何设计和安排车辆控制权的轮流移交。

目前看来，未来的汽车设计框架中，智能汽车的车辆控制权主要是根据具体驾驶情景的需要，不断进行转化。这种转化模式成为车人介入控制，其中主要包含两方面，即智能汽车介入控制和个人介入控制。

其中，智能汽车的介入控制是指汽车的智能驾驶系统对驾驶人进行多层次检测判断后，利用历史数据加以分析，预测驾驶人即将发出的行动，以及时介入其操作过程，并执行自动化的驾驶控制。例如，汽车智能系统可以通过驾驶人佩戴的耳机，搜集其脑电波、皮肤电波，预测其即将进行的操作，包括转向、加速、制动等，当判断清楚之后，智能系统就能更早地介入这些行动，确保车辆可以更快地实现上述行动。

个人介入控制是指当智能汽车在执行完全自动化驾驶过程中，个人可以直接接管现有的自动化驾驶控制，从而满足个人内心希望对汽车保持的掌控权力，以提升其驾乘过程中应有的出行体验感。

围绕管控方式，可以形成不同的设计模式，其原则主要包括以下四点：

1）要提供更沉浸、更安全的驾驶控制系统。无论采取何种控制方式，重点都在于车人之间的协调合作，而不能过分地依靠驾驶人人为的力量或智能系统的自动力量。正是车人之间的协作，能减少个人生理心理波动带来的交通事故问题概率，也降低了自动化系统的不足。

2）要减少对个人安全感的破坏。显而易见，从当下的自动化驾驶程度，发展到元宇宙时代的智能化汽车运行水平，人类还需要走过较长的道路。为此，系统管理者不断要补偿人类对汽车驾乘的安全感和控制感。这是因为控制感突然被剥夺，就会导致人们安全感的丢失，而车人介入、相互协作的控制模式，就能很好地避免类似问题。这种控制模式并不只是向个人提供必要的控制权，还是为了对其情绪和心理形成有益的弥补。

3）要根据不同情境，提供介入式的控制方式。交通情境千变万化，其复杂程度决定了车人交互介入方式必然是多样的。在车人对智能汽车的交互影响控制过程中，智能汽车将能利用其智能感知技术，对大数据进行结构化加工，再利用深度学习而获得的强大算力，确保智能系统能较好地对不同的交通情境进行有效识别。在高准确识别率的基础上，结合具体车辆情况和个人习惯，提供不同的人机交替介入控制方式。

4）要根据不同情境，提供控制权移交的方式。在车人交互模式设计中，如何根据不同情境进行控制切换，是整个设计的关键。例如，在非紧急情况下，智能汽车可以通过控制权移交的方式，自行控制车辆行进和停止，以确保车内驾乘人员的安全；在紧急情况下，智能汽车会开启另一种控制权移交方式，要求个人参与到控制过程中，以确保车内驾乘人员的安全。

(4) 车内装置

目前，普通汽车的车人交互系统还是采用传统的控制和显示分离的设计方式。尤其是自动化驾驶技术在达到成熟的 L5 级别之前，这种传统设计方式还是会予以大范围保留。但随着元宇宙技术的突飞猛进，在未来智能汽车的设计和生产中，这样的形式会被颠覆。此时，车内的实体设备会形成控制和显示合二为一的媒介系统，既可以用于显示，也可以用于控制，并由此形成新的交互功能体系。

此时，元宇宙智能汽车的控制设备，会表现出新的物理特征，以适应显示、传播等交互行动。例如，选用高柔韧度、弯曲度等灵活性较高的媒介，作为车内的显示设备，从而构建新的交互形式，以取代原有的实体交互形式。

在新的交互形式下，驾驶人可以采用触摸、声控、按键甚至视觉、脑部思维等方式，与车辆的智能系统进行交互，这更符合个人在生活和工作中的操作习惯。

有了新的交互装置作为基础，个性化的交互方式将得以成为现实。实际上，人性始终是追求个性化、定制化消费的，尤其是在21世纪，这样的消费已经逐步成为全社会追赶的主流。到元宇宙时代，普遍、一致、传统的流水线化车内装置产品，已难以满足每个人不同的审美和出行需求。尤其是当汽车共享变得普遍化时，更多的出行者已经不再需要拥有汽车这个工具，而是会选择共享出行服务，在元宇宙时代，他们就更习惯于将出行过程打上个性化的烙印。

共享智能汽车将会利用未来的生物识别技术，充分实现个性化交互。人脸识别技术能帮助驾乘者获得专属账号，当他们坐上共享智能汽车后，智能汽车的摄像头会扫描其面部特征，并输入账号，再根据账号所记录的个人日常用车习惯设置智能系统，其中包括导航路线、座椅高度、空调温度、音乐类型、光照需求等，以从车内环境到出行规划全面满足驾乘人员的个性化需求。

不仅如此，在对个人身份识别之后，智能汽车系统还可以进一步利用先进的探测感知技术，实现对人员状态的实时监控，以调用不同的个性化措施。例如，系统可以检测驾驶人的眼睑活动频率，判断他是否进入疲劳状态，一旦确认，系统就会自动从车内通风系统中释放提升活力的精油，确保驾驶人能重新振作精神。

正是这种个性化的交互系统，大大节约了人员的出行操作成本，营造更为迅捷高效的出行体验。

(5) 多维交互

多维交互是指将每个人的多类型感觉通道充分融合，使之成为和智能汽车系统积极交互的渠道，以确保车与人可以全方位、立体化地进行感知互动，以完成人对车辆的全面操作、控制和体验。

从目前的智能汽车发展进度来看，多维交互可以帮助个人摆脱视觉体验单一维度的限制，创造全方位的驾驶体验，降低认知成本，提高驾驶安全级别。这是因为不同场景下，个人不同感官的思考和认知负荷不同，提供多维交互方式，能避免驾乘者单一感官的过于疲劳，转而打造更为自然的车内交互体验。

在多维交互的基础上，元宇宙智能汽车将具备更充足的理解能力、思考能力，最终实现智能情感交互能力。元宇宙时代的智能汽车，不仅是人类操控的机器和工具，还是能调动人类情感加以平衡的智慧化伙伴。通过多维交互，汽车将变成元宇宙时代里富于情感和生命的伙伴，甚至可以通过虚拟现实技术，映射为虚拟数字空间里具象的人物、动物形象，陪伴使用者的日常生活和学习。

在未来，智能汽车的多维交互，不仅指向与车内个体的交互，同时也涵盖了与车外周边个体的积极交互。例如，智能汽车可以和车外行人、服务者进行积极交流，建立情感互动关系，便于构建良好的交通氛围。

## 四 服务一体，元宇宙交通打破出行障碍

随着我国城镇化步伐的逐渐加快，群众的出行需求发生了变化，并体现为新的出行障碍。一方面，人们不再担心出行是否能到达目的地，而是积极寻求更好的出行质量和体验；另一方面，现有的交通资源又无法完全满足不断增长的上述需求，既影响了人们的出行质量，也妨碍了城市的全面发展。随着元宇宙技术时代的到来，人们的出行方式将会发生明显改变，元宇宙系统提供的交通出行信息让人们习惯于将原本分散、琐碎的出行需求加以整合，形成“一站式”的出行服务内容，以提高出行效率和质量。为此，元宇宙综合出行服务平台势在必行，该平台将会以智能合约的方式，促进众包式服务的有效整合，为人们提供完整出行体验的同时，也能减少对交通资源的消耗，形成良好的解决方案。

### 1. 元宇宙出行服务平台的定义

元宇宙出行服务平台是在智能化一站式出行服务平台系统上诞生的创新交通系统概念，通过元宇宙系统的智能服务，构建出定制类的应用产品，从而满足人们个性化出行的需求。

元宇宙出行服务平台能通过虚实映射、高效运算、智能合约等方式，帮

助出行者选择多种出行系统，并将其“无缝”连接，以实现门到门的服务。目前，对元宇宙出行服务平台的形态预测，主要集中在两大方面，其中一种是对整个出行运输交通系统过程的重要性予以关注，另一种则强调对出行者个性化需求加以满足而服务。

### 2. 元宇宙出行服务平台的功能

元宇宙出行服务平台主要以众包式的服务模式构成，在元宇宙技术搭建的综合服务平台上，出行者能获得完整的出行体验。该平台凭借这一特征，对公共交通资源进行有效集成整合，减少交通资源的浪费，实现更高效的出行响应能力，为个人提供积极的解决方案，创造更好的出行体验。

与现有的一站式出行服务平台相比，元宇宙出行服务平台能提供更全面的出行体验，而不会在出行过程中产生断点，避免交通过程中断带来的时间和精力浪费。

在元宇宙出行服务平台的运作体系下，地铁、轻轨、航班等交通工具并不会消失，但却会被改变现有的利用效率。元宇宙会对这些重要的出行载体及其基础设施打造出数字孪生体，再以数字方式在虚拟世界管理它们。由于管理方式的变更，这些传统的出行方式将会减少不必要的基础设施，同时其运营过程的自动化也将得到有效提升。其中，最重要的改变在于这些出行方式的运营代码，将由人工智能合约进行重新编写，而不再采用过去由人类思维以编程方式赋予机器的低级权限生成。这样，原本僵化、呆板的路线表、时间表不复存在，全社会、全地域、全时空的所有交通出行资源被看成整体，进行智能化编排，而出行者则能直接跨越各类出行方式。换而言之，当元宇宙交通时代真正到来时，现有的所有出行行业壁垒都会消失殆尽，出租车、公交车、地铁、航空公司、共享单车、共享汽车……所有的出行工具，无论是原本采取点对点服务，还是采取中心化服务，其市场区别将不复存在，而是变成整个出行服务网络的一部分。到那时，只有一种新的交通方式，那就是元宇宙出行服务。

那时，你选择从石家庄的家出发，经过北京再前往哈尔滨去参加朋友的婚礼，你的出行路线会是这样的：

在手机上一次性下单后，自动驾驶的顺风车路过你的小区大门口，经过20分钟的路程，将你和一起搭乘顺风车的几个旅客送到高铁站。随后，你登上高速列车前往北京。

办完事后，你被一辆按需运行的电动汽车送到京郊垂直机场。此时，你已很难在这里看到大型化的飞机，而是一架架小型的、智能化的出租飞行器，按照不同乘客预先定制的时间起飞。你登上属于你的那一架，经过约一个小时的飞行，抵达哈尔滨。

整个行程，你只下了一次订单，付了一次款。所有的数据信息，都由虚拟世界中的人工智能、区块链技术、出行服务运营商进行计算、确定，最终通知你的将是智能程序的语音和文字。

在这样的未来中，出行者不再需要煞费苦心地计算和规划路线，去不断付款、订票和确认。智能系统将他们所有的出行内容都以强大算力精确捆绑在一起，形成具体的产品服务。元宇宙系统用简单有效的数字运营方式，取代了传统交通系统中不断产生浪费的出行过程。

### 3. 元宇宙出行平台的组成

元宇宙出行平台将由来自不同层面的资源提供者共同构成，如图4－4所示。

项目
政府部门

项目
交通运营组织

项目
服务提供组织

项目
数据提供组织

项目
用户

图4－4　元宇宙出行平台的组成

在元宇宙出行平台中，这些资源提供方各司其职，发挥不可或缺的重要作用。

1）政府部门：负责对元宇宙出行服务系统进行政策性的指导，包括制定监管政策、形成数据开放规则，予以财政补贴支持、进行市场竞争的监督管理等。当然，政府部门也可能在其中占据主导作用，例如利用法律法规和公共财政的支持，直接打造平台。

政府在元宇宙出行平台上发挥的最大作用，还包括对交通环境的建设和监控。政府通过该平台获取充分的数据，再根据数据变化情况，对交通系统、基础设施进行有效优化，就能更好地对交通系统加以管理，也能对出行平台上的突发事件引导处置。

2）交通运营组织：类似于传统的网约车运营商、出租车运营商、公交运营商、航空公司等，负责将各自原本拥有的交通出行资源转移对接到平台上，为无缝衔接的出行服务打造基础。当然，这些交通运营组织在给平台带来交通资源的同时，也能从平台上分享收益。例如，平台可以通过对大数据的技术分析，帮助交通运营组织高效调配资源，以充分提高效率。

3）服务提供组织：为整个平台提供强大的技术支持，包括对服务平台、支付流程、信息分享、出行需求等相关环节提供服务。

4）数据提供组织：针对平台数据进行整合、分析和应用，包括地图资源、环境数据、通信数据、出行者数据、价格数据等。

5）用户：作为整个平台的服务对象，他们负责支付一定费用，享受元宇宙交通平台提供的一站式出行服务。同时，他们也是数据的源头，甚至可以相互提供服务。

#### 4. 元宇宙出行平台的挑战

元宇宙出行平台是未来崭新的出行方式，通过缩短出行换乘的时间，增加连续换乘的可掌控性，提升交通服务的质量。元宇宙出行平台不再是出行服务系统的简单拼接，而是对所有交通方式的新型整合。为实现这一点，元宇宙出行平台需要面对如下挑战：

1）元宇宙出行平台的诞生，总体原则在于鼓励人们选择共享交通方式，减少汽车出行。为此，其所在的区域、城市，必须先建立完善的共享交通服务网络，以保证出行者不需要自己拥有汽车，就能对接上该出行平台的服务。与此同时，这也需要出行者愿意摆脱对私家车的依赖性，即整个出行平台能在城市和地域范围内达到出行者的实际要求。这样的目标，不仅会考验元宇宙平台的技术水准，也考验其运营质量、服务水平和协调能力。

2）元宇宙出行平台的信息共享。元宇宙出行平台与现有平台的最大区别，在于其交通方式的衔接更加紧密无缝，即真正的“门对门”衔接，从而在时空维度上达到完美连续。为此，必须充分利用元宇宙的数字孪生机制，将不同类型的交通运营框架，投影到虚拟数字空间中进行模拟，以实现高效的信息共享，搭建出行者的连续出行流程。

3）元宇宙出行平台的关键因素，还包括一体化支付流程的构建和应用。一方面，不同参与组织在平台上合作，必然牵涉到利益的分配；另一方面，平台也需要建立统一支付方式，对这些组织如何在平台上收费进行规范。为此，对支付流程的建设、对利润的分配，将会成为元宇宙出行平台发展中需要解决的重要问题。

元宇宙出行平台的图景，终究会发展到完全以每个用户个体为中心的先进程度。在以人为本的宗旨下，元宇宙出行平台会摆脱单一的产品形象，成长为系统性的服务方案。这将催生我们对元宇宙交通的重新定义。

## 五 虚拟驾驶，元宇宙交通下的驾驶培训

交通不断发展，汽车保有量日渐增多，对传统的驾驶培训行业提出新的要求。与此同时，传统驾驶培训的问题日渐凸显，其中包括时间难以配置、驾校空间不足、训练资源缺乏等，也包括天气、场地、人员资质等客观因素的影响，都会降低学习效率。即便克服了上述问题，这种大规模的线下培训方式，也会消耗更多的汽车燃料，对环境造成污染的同时还浪费了大量人力物力。

随着元宇宙交通体系的到来，虚拟现实、混合现实的驾驶培训系统，逐渐被应用到驾驶训练和交通安全教育培训中。这种方式更为快捷、简单，并能在数字空间还原现实，有效提升学习效率，为交通相关培训行业提供新的发展途径。

### 1. 元宇宙驾驶培训的优势

元宇宙驾驶培训能运用先进的、沉浸式的虚拟仿真技术，模拟不同路况场景，严格按照法律规定要求，让驾驶培训参与者能在真实环境中进行驾驶学习。采用这一形式的培训学习，对元宇宙交通的发展有重要作用。

（1）理论知识丰富准确

传统的驾驶培训主要依靠教练言传身教，学员的驾驶技能水平、驾驶意识和素质等，都取决于教练本人的水平。这也导致一旦教练员个人素质存在欠缺，就无法满足元宇宙时代交通行业对学员提出的要求。

采用元宇宙驾驶培训模拟系统，就能利用先进的技术手段，将安全驾驶所需要的各类知识融入虚拟现实中，从而满足不同学员的需求，使其能在同一过程下学习和掌握驾驶知识。

（2）全天候教学，不受环境影响

传统的汽车驾驶培训进程，会受到时间、空间因素变化的制约，影响学习进度和质量。如果始终采用这样的教学模式，就会导致驾驶人能力和经验不足，无法跟上元宇宙交通发展态势。采用元宇宙驾驶培训模拟系统，能克服时空和环境的负面影响，保证学员的学习时间，提高训练质量。同时，由于不占用实际训练场地，也能缓解训练风险，降低道路交通压力，减少了驾校配置和检修车辆的资金成本。

（3）全情境教学

事实上，想要培养合格的驾驶人，只有传统的驾校训练是远远不够的。一个合格的驾驶人，必须能在实践中面对不同的道路交通环境，能应对各式各样的特殊紧急情形。但在传统驾驶培训中，大多数学员最多只是从教练口中得到类似经验传承，而不可能在实际学习中接触到每一种特殊情形，这导致他们对之认知模糊，甚至毫无印象。一旦在真实交通中出现紧急情况，他们往往很难通过条件反射加以及时处理。

采用元宇宙驾驶培训模拟系统，可以克服上述问题。虚拟现实系统能真实映射模拟各类气象条件、各种道路条件，并能在低成本情况下不断反复模拟各类特殊状况。根据驾驶训练目标和要求，驾校可以利用模拟平台，对学员进行针对性训练，提升他们的驾驶感觉，强化其条件反射，从而弥补原有驾驶培训系统的短板。

### 2. 元宇宙驾驶培训系统的组成

元宇宙互联网背景下，虚拟现实技术将较现在有更大成熟进步，会被更广泛地应用到各领域中。通过虚拟现实技术，计算机平台可以将驾驶培训所需要采集的所有信号（包括视觉、听觉、触觉）进行集成处理，转化为计算机信号。驾驶培训人员可以通过控制相关设备，与计算机进行虚拟交流，从而产生同真实世界效果一致的训练感受。

虚拟现实驾驶培训系统主要包括四个部分，每个部分分别执行不同功能，如图 4-5 所示。

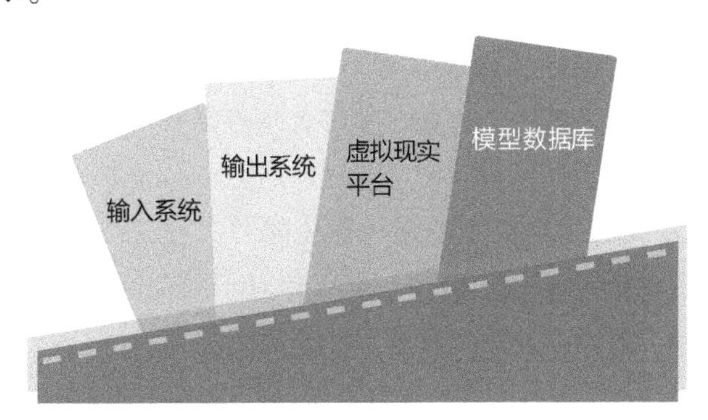


**图 4-5　虚拟现实驾驶培训系统的组成部分**

(1) 输入系统

元宇宙驾驶培训系统包括不同的输入渠道、如驾驶模拟器数据采集数据、用户动作数据采集系统、用户视觉和头部运动数据采集系统等。通过输入系统，能追踪用户的具体行为和动作，同时追踪模拟机器的数据，并将其转化为驾驶培训系统软件所能理解和分析的信号。

(2) 输出系统

元宇宙驾驶培训系统的运作目的是需要去理解输入系统带来的数据信息，再通过输出系统，对用户给予相应反馈。驾驶培训过程中，用户的操作会产生何种后果，包括听觉、视觉、触觉等，都需要通过输出系统予以反馈结果。

(3) 虚拟现实平台

驾驶培训系统内所有虚拟环境都是为用户学习驾驶所服务的，因此用户在系统内所进行的任何操作和位置变化，都应对虚拟现实的数据产生对应的变化。虚拟现实平台的工作就集中在如何让这些变化能实时进行，以产生对应的培训效果。

（4）模型数据库

驾驶培训系统内的一切虚拟对象都由完整的模型数据库构成，这些数据库表现出模拟驾驶培训过程中的建筑物形状、车辆行动、光照变化等。由于不同的操作者、课程对模型数据的需求有所不同，因此，数据库还需要具有适应性，能根据具体需求不同而及时更新。

### 3. 元宇宙驾驶培训系统的功能发挥

目前，展望中的元宇宙驾驶培训系统能帮助学习者完成驾驶的标准化、虚拟化训练，通过这一系统，也能对学习者是否完全具备对应技能进行考核。该系统包括的主要功能如下：

1）利用元宇宙技术框架中的强大算法能力，对三维情境进行虚拟仿真，以构建出学习者的训练背景。例如，可以针对不同训练科目要求，提供不同的仿真训练场景，包括不同的天气情况、故障情况等。

2）利用数字孪生技术，将汽车整车映射到虚拟现实空间，形成虚拟车辆模型，向学习者提供模拟驾驶的基本功能。

3）创造良好的交互界面，让用户获得逼真体验，使其感受到的驾驶环境更真实，使训练效果更好。

为了让元宇宙驾驶培训系统更为满足用户需要，应重点在交互界面中，设计整个人机交互模块的触发和反馈机制。这一机制的运行目的在于有效减少用户学习成本，便于其快速进入仿真训练环境。

值得注意的是，元宇宙的人机交互模块与传统交互设计有所不同，必须将虚拟对象和真实物体同时置于驾驶培训系统中，而其效果则与虚实物体之间的信息交流有关。因此，元宇宙驾驶培训系统需要将两者完美结合起来，设计高效的交互接口，确保在实现系统功能的同时，充分考虑用户体验。

这样的高效接口应满足三方面条件：要确保用户能清楚地理解自己处于虚拟驾驶环境中的位置；用户能明确清楚交互可能产生的结果；用户能明确理解驾驶环境发生怎样的改变。

4）利用区块链智能合约技术，进行完善的驾驶考核打分记录，确保对驾驶人所有操作都进行公平、真实、可查验的评价和监督，并形成科学准确的评分记录系统。

元宇宙模拟驾驶培训是元宇宙科技在交通领域的重要应用，具有丰富功能和明显优势，对元宇宙交通的进一步实践成长，具有丰富的指导意义。

## 六 元宇宙道路应急，最优路线规划与个性化调度

元宇宙道路应急是在现有应急管理信息化建设基础上，进一步运用物联网、人工智能、大数据、云计算和先进网络技术，推动道路应急管理的智能化、科学化和高效化。

### 1. 国内道路应急现状

目前，我国智慧道路应急的建设工作正处于起步阶段，但现实需求却在与日俱增。由于自然灾害、生产事故灾害、道路事故频发，交通道路应急压力不断增加，元宇宙道路应急的产品研发、技术创新等工作内容也不断增加。2020 年，我国在应急管理工作会议上就正式提出了智慧应急的建设目标，并在相关研发和创新的产业工作上取得了明显的进步和发展。尤其是人工智能技术，在道路应急救援中发挥了重要作用。

与此同时，道路应急的智慧管理平台、资源和产品开发仍存在诸多不足，利用元宇宙发展趋势予以加强，提升产品开发和技术创新的节奏势在必行。从发展方向上看，主要集中于以下两方面。

（1）提升应急管理的信息质量

利用人工智能等先进技术领域，积极发展道路应急指挥系统，是确保道路安全生产不可或缺的手段。为此，需要积极提升应急管理的信息含金量。

例如，对于道路安全监控系统，要从目前较为落后的在线监控，提升到以人工智能、大数据统计、面部识别等技术为特征的预警、监测一体化交通监控系统。这一升级后的监控系统，不仅能实时发现问题，还能提前预警问题，对潜在的危险情形进行预判，以确保防患于未然。

为了提升道路应急管理的信息质量，在发展相应技术应用时，应将物联

网、大数据建设和5G等新型网络建设，作为道路基础设施建设的重点，确保加快进行智能化、数字化的升级。

(2) 打通应急管理体制的屏障

元宇宙技术发展趋势主导的智慧应急系统建设，离不开道路应急管理体制的优化。目前，应急管理机构存在一定困难和问题，包括资源分散、数据孤立、决策能力不足、通信渠道不畅等。必须借助各类先进技术的发展，带动管理体制不断打破屏障完成升级。

例如，可以通过数据联网方式，将道路应急管理工作引向社会，充分调动不同力量的参与。这样，就能运用大数据等智能力量，取代原本需要大量人工能力参与的流程，将枯燥的监控工作转移给指挥系统，以解放人力监管资源。通过信息系统的联通，打破原本存在的数据壁垒，消除数据孤岛问题，也能让政府各个部门通力合作，确保共同化解风险、预警风险和处置风险。

### 2. 元宇宙道路应急的应用

元宇宙技术的进步，赋予了道路应急指挥协调的更高智慧体系，即通过工业级别的互联网、物联网携手合作，将车、人从应急管理的客体，变为应急管理的主体之一。在元宇宙道路应急管理应用中，基于智慧交通大数据，采用智慧交通技术，提高应急管理水平，将道路应急管理过程中存在的执法和协调问题加以解决。

目前，道路应急管理智慧平台的雏形已经显现，其中重点应用层面包括感知层、通信层、平台层和应用层。其中，平台层和应用层的相关技术发展水平较高并受到广泛关注应用，而感知层、通信层的相关技术也在不断提升中，成为下一步道路应急管理的关键部分。

在实践元宇宙道路应急的过程中，我们需要利用现代信息技术的发展，从以下方面着手思考。

(1) 转变观念，扩大培训对象

从道路应急的管理部门和参与队伍角度来看，为了更好地面向从智慧应急到元宇宙应急的提升过程，必须尽快转变员工的传统观念，从认识和行动上做到位，将信息化建设作为人人都应参与的主要工作来推动。尤其是部门应不断开展面向不同层次员工的信息业务培训，确保人人学习，让每个参与道路应急的员工都能成为迎接元宇宙交通的一分子。

(2) 加强物联网布控

为提升道路应急的反应速度，落实各路段视频监控效果，确保不留应急死角，必须加大对重点路段，如桥梁、码头、隧道、航道、十字路口、人口密集区的监测。其具体步骤如下：

1）所有重要布控网点应安装先进视频监控装置，确保装置能联系上端，形成信息链，杜绝监控盲区。

2）对各布控网点的视频监控，应结合交通体系的发展，不断确保监控范围保持实时有效监视。随着技术发展，逐步开放平台端口，以接入先进的工业互联网和物联网。

3）对不同网点的视频监控装置，提供数据系统支持，以确保有效运用视频监控以发挥作用。

(3) 增加投入，提升感知技术

元宇宙道路应急系统，需要为广泛的交通区域提供有力保障，这就在感知层领域形成突破，跨越现有感知技术。为此，政府应主导加大资金投入，充分开发云计算和大数据技术，增强数据分析的基础。尤其是与大数据关系紧密的机器学习算法，应朝向更为直观、有效、多维的方向发展，从而满足交通应急数据分析的需求。

(4) 全面融合，赋能通信技术

元宇宙道路应急系统不可能是独立的，这是因为任何时期的道路应急救援工作，都无法独立于当地城市发展建设水平。同样，元宇宙道路应急系统是元宇宙城市系统的重要组成部分，只有将之融入其中，才能实现城市道路应急和交通管理的协调统一，以降低交通应急的成本，提高交通系统运行保障的服务水平。为此，必须不断开发赋能通信技术，使道路应急系统与整个城市管理网络紧密联系。

第五章

# 数字资产，元宇宙交通下的交通资产

元宇宙时代到来后，AI、区块链、VR、AR 等前沿技术与交通行业进行深度融合，逐渐解锁交通资产数字形态。目前，国内多个交通领域已经在数字资产改革方面进行创新实践，面对元宇宙引爆的数字变革，交通资产以主动姿态迎接，不断提升资产数字化转型，提高自身运用效果。

## 一 交通设施数字化，如何更好维护交通设施

元宇宙对交通行业基础设施带来的改变不仅体现为高新技术应用，同时表现为交通建设、交通运营、交通管理的科技化、智能化、高效化影响。通过剖析近年来我国元宇宙交通发展变化，显现出元宇宙正在加速交通设施数字化转型，协调、解决交通资源配置不合理、分配不平衡、利用不充分等问题，并在智慧交通建设中充当主要技术力量。

随着元宇宙促进交通设施数字化转型提速，我国智慧交通建设效果不断增强，智慧交通发展规划更加全面，高效性、便民性更加显著。

例如，2021 年 11 月，广东省交通运输厅发布了《广东省数字交通“十四五”发展规划》，规划中提出“至 2025 年，全省新型基础设施互联互通水平全面提升，数字交通感知传输网基本形成。新建改造扩建智慧高速公路达到 1000 公里，港口智慧化转型示范达到 5 个以上，一线航标遥控遥测覆盖率达到 100%，航道智慧化改造达到 800 公里，交通基础设施数字化覆盖率达 30%，重大基础设施建设工程全生命周期智能化管理试点 10 个以上”。

这些建设目标离不开元宇宙核心技术支撑，每项目标完成均需要交通设施进行数字化、智能化转型，以此确保交通框架整体升级效果，确保交通智慧水平与国际一流水准同步。

截至 2022 年，元宇宙已经促进我国多项交通设施数字化转型，转型后应用效果极其突出。其中，有多种数字交通设施能够加速交通行业发展，促进经济进步。

### 1. 无感闸机设备

在 5G、物联网、人工智能等前沿技术支撑下，我国交通基础设施改造升级效果更加全面，智能交通网络架构不断延伸，智慧公路、智慧铁路、智慧航空发展不断提速。在智慧交通体系完善过程中，各交通领域感知能力也在加强，截至 2022 年我国综合立体交通网络各重点路段、领空、领海区域已经实现全天候、多要素状态感知。

随着元宇宙技术发展应用，我国智慧交通相关生产行业、智能监测行业、远程监控行业发展质量不断提高。我国交通运维管理精细化、智能化程度随之提升，全方位实时感知网络正在逐渐覆盖我国各个交通领域，立体化交通监测大幅推进综合运输智慧化升级，无感闸机设备大幅应用，实现了我国交通客运、货运取票、检票、安检、换乘、调度的一体化管理，这让我国综合交通运输力、运输效果显著增长。

例如，截至 2021 年年底，广东省三级以上客运站全部实现联网售票，全省二级以上客运站全部实现电子客票销售；广东省 ETC 车道收费站全省 100% 覆盖，ETC 发行量高居全国第一。这些交通设施数字化升级主要依靠无感闸机的应用，无感闸机为广东省综合交通效率提升提供了重要保障。

### 2.“一卡通” 系统

随着元宇宙技术与交通运输行业深度融合，交通运输新业态、新模式不断创新，全国综合立体交通智慧网络进入发展快车道，其中一体化出行服务最为显著。“一卡通”系统是我国交通发展早期工程，但设定目标较为长远。

元宇宙时代到来后，“一卡通”系统成为强化我国综合运输网络数字化升级，促进多方式运输体系系统发展的主要载体。在数字技术支撑下，“一卡通”系统可以体现为全国范围一卡通行、一码通行、一路到家，全国城际公路、乡镇客运、轮渡运输、航空转运等交通切换更加方便，且交通运输服务智能化水平不断提升。

近年来我国各地纷纷加大交通“一卡通”系统建设力度，鼓励智慧交通建设、运营模式探索创新，通过大数据、云计算等前沿技术，精准分析区域交通运输分布规律，推动交通监管系统升级。例如，《广东省数字交通“十四五”发展规划》明确提出“将推广应用北斗定位、驾驶行为分析等技术，加快建设‘两客一危一重’车辆智能监管系统、道路运输安全风险感知系统。推进普通公路非现场执法一张网建设，逐步完善全省普通公路非现场执法监测点建设，提高非现场执法监测点数据准确性和稳定性。建设一体化数字平台，不断夯实数字交通的‘公共支撑、数据枢纽’，优化政务服务‘一网通办’，推进行业治理‘一网统管’，强化政府运行‘一网协同’，深化电子证照应用、‘证照分离’改革以及‘四免’优化专项工作，实现高频政务服务事项‘免证办’和群众办事‘不见面审批’，提升省交通运输政务服务的‘移动化’和‘数字化’，实现交通运输行业‘三网融合’高质量发展”。

截至 2022 年，“一卡通”系统正逐渐转变为“一路通”“一网通”，从城市智慧交通解决方案升级为全国交通通行方式。这种交通模式转变是交通设施数字化转型的成果，更是元宇宙技术带来的交通模式更迭。

### 3. 天眼系统

天眼系统作为我国数字交通管控、治理、监测的主要工具，决定着交通智慧升级效果。元宇宙时代到来后，我国天眼系统发生的最大变化为实现从“天眼看”到“天眼算”转变。

在 AI、VR、AR 技术支撑下，天眼系统能够全方位、24 小时对交通异常情况进行预警分析、智能测算，为交通执法提供数据依据与行动方案，从而提高交通堵塞缓解效率、交通违法执法效率，并合理减少交通碳排放、加速传统交通转型升级。从天眼系统数字化转型效果来看，元宇宙时代天眼系统具备了“智算大脑”，智能化特性更为突出，这种数字化转变扩大了天眼系统的应用效果。

例如，以往天眼系统仅用于发现交通拥堵，自身不具备治理能力；与元宇宙技术结合后，天眼系统可以对交通高频路段进行流量监控测算，通过测算结果及时进行拥堵预警，结合交通信号灯管理减少交通拥堵情况，最大程度优化城市交通状况。另外，天眼系统还可以根据车流量计算城市碳排放数据，通过合理管控合理减少碳排放。

又如，以往天眼系统可以记录交通违章状况，但精准识别能力不足；与元宇宙技术结合后，天眼系统可以实现交通违章车辆多目标追踪，对车辆违停、违法等状况进行毫秒级识别，对违法情况较多路段发出预警，减少交通事故发生频率，确保交通系统安全运行。2021 年，南宁交警利用大数据、人工智能等技术，对城市交通“天眼”系统进行升级，建立了智能 AI 图像分析系统，该系统能够能自动识别并抓拍各种交通违法行为，有效缓解了南宁市的交通拥堵问题，如图 5－1 所示。

图 5－1　南宁市城市交通新“天眼”系统的自动抓拍画面

天眼系统与元宇宙技术结合后可以用于车辆管理，减少车辆监测、检查等工作的人力消耗，提升监测力度，从根本节约交通管理成本，提升车辆管理效果。

总体而言，天眼系统数字化升级主要围绕人、车、路、环境整体智能感知与分析，配合交通系统搭建智能化、高效化路网运行感知、检测、管理体系，实现交通实时预警、高效反应，实现车流、人流检测，以及交通工具跟踪定位、交通异常情况检测、人车关系判别等。通过这种数字化升级，我国天眼系统在智慧交通建设中发挥更大效能，占据更重要地位。

未来发展中，元宇宙技术在交通领域应用将不断深入，人、车、路、环境垂直分析能力、综合分析能力将不断提升，智慧交通不仅体现为信息化升级，还将体现为绿色化、智能化进步，这也是我国交通设施数字化转型的成果。

在我国政府大力倡导交通设施数字化转型的同时，交通设施维护效果也因元宇宙技术取得了显著发展，元宇宙已成为改善城市交通运营管理、壮大社会数字经济发展、重构交通运输服务体系的新动力、新趋势。

截至 2021 年，我国公路总里程已超 510 万公里，这不仅代表我国交通建设成果显著，也代表我国交通设施养护工作不断提升。据交通运输部统计数据显示，2020 年全国公路养护里程超 500 万公里，占公路总里程 99%，能够达到这一水平主要因为交通养护系统数字化、信息化、智能化发展效果显著。

事实上，自元宇宙时代到来后，我国交通养护管理便进入科学化、精细化、智能化、高效化转型阶段。结合数字技术，我国各地成功搭建智慧交通管养云平台，并在互联网、物联网、大数据技术支撑下逐渐统一交通养护标准，优化交通设施养护策略，提升交通设施养护效果。例如交通设施数字化转型过程中，我国交通养护部门同步升级交通资产调查、养护计划制订、交通设施状况评定的能力，通过数字技术加强交通设施检测、感知效果，以精细、智能方式实现交通养护管理及交通设施改建升级。

截至 2022 年，我国多地已搭建元宇宙交通建设养护平台，平台囊括交通基础数据管理、交通设施养护管理、交通日常监督统计等多个功能板块。其中交通设施养护管理板块全面改版传统交通养护工作，通过信息化管理进行交通设施巡查、设施运行数据实时传输，全面确保交通基础设施得到及时养护、修理、更换。例如，一旦某路段车流数据出现异常，元宇宙交通建设养护平台会及时分析异常原因，排除车辆拥堵、交通事故原因后，系统会分析交通设施问题，并第一时间上报所属区域指挥中心。区域指挥中心按照责任划分及时分派排查任务，对交通设施进行巡查及问题处理，处理完成后将信息反馈回元宇宙交通建设养护平台，以此形成交通设施闭环管理。

随着各区域元宇宙交通建设养护平台不断完善，各地交通基础数据库更加丰富，海量交通管养信息逐渐实现内在管理。在大数据、云计算等技术支持下，我国交通养护系统实现数据整合、集成、管理、分析、共享，各地养护信息分散、不一致等问题得到全面解决，为我国交通养护数据中心搭建提供重要资源，也催生各种云养护、云服务软件诞生。

例如，2021 年在贵阳市召开的“第四届大数据与公路智能养护管理技术论坛”上，高德公司发布了一套道路交通设施数字化管养系统，如图 5－2 所示。

图 5－2　高德道路交通设施数字化管养系统界面展示

这套交通养护系统是高德公司基于自身高精度地图产品，对交通路网设施进行全要素数字化巡检、养护、AI 管理的智能创新。此系统能够帮助交通管理部门实现道路主动管养、智慧决策，将传统道路管养的被动响应方式升级为主动排查、主动养护。

高德公司作为我国交通服务品牌企业，近年来不断加大元宇宙领域建设发展。在提升地图精度、导航服务基础上，高德公司借助元宇宙技术完成 300 多种交通设施要素数字模型建设，依托 AI 技术、大数据技术对地图动态数据、静态数据整合分析，进而实现交通系统运营、交通设施全方位状态感知。

高德公司数字管养系统主要包含三种核心技术。一是以全要素高级定位数字地图为交通养护管理提供数字化、协同化支撑；二是研发系统 AI 巡检终端，通过设备自动巡查，解决交通养护工作人力资源投入大、交通问题设施取证难、取证不及时、运营风险高等问题，同时系统可制定智能化巡检方案；三是搭建智慧管养平台，帮助交通养护部门实现交通设施主动管养、智慧管养。

在交通养护领域，高德公司还创建了巡养一体化数字模式，借助数字管养系统的AI终端，高德公司交通养护系统可以自动发现道路病害、交通设施不足等问题，并将数据及时上传系统，帮助交通管理部门及时进行养护处理。

目前，该系统已经在广西、云南、浙江等省份进行试点测试，测试效果显示，该系统帮助交通管理部门提升交通管养效率高达90%，交通养护巡检质量提升效果高达60%，交通养护工作负荷降低80%，这一创新同样是大数据、AI等元宇宙核心技术发展的应用成果。

另外，我国各地还诞生了多种交通云养护平台。这类数字平台可用于上百个交通养护场景，能够实现交通基础设施数据、交通网络安全信息等数据共享交换，之后通过大数据分析为交通养护管理提供决策支撑与服务保障。这类交通科技软件有效推动我国交通养护系统向信息集约化、服务云端化转变，实现交通养护业务智能化管理，提高交通数据共享、分析效果，最终为交通养护系统带来网络化、标准化、合理化、科学化升级，令我国交通养护管理工作与元宇宙交通发展保持同步，实时保障交通运输健康发展。

近年来，我国交通设施数字化发展越发全面，交通设施养护管理战略渐成转型重点，以往“建设为主，养护为辅”的交通发展模式已经变为“建养并重”，这也是元宇宙交通发展的大势所趋。未来，随着元宇宙技术在交通领域应用加深、结合深化，交通设施数字化建设、转型效果将更加突出，我国综合立体交通网络也将配备数字化、智能化、高效化养护系统，交通发展质量将再次升级。

## 二 交通资产产权化，如何最大化使用交通资产

自元宇宙技术与交通行业产生化学反应后，我国从交通大国迈向交通强国的速度开始提升，在这个重要时间节点上，元宇宙同步促使交通运输行业进入高质量发展状态。

当前，我国正处于由交通大国迈向交通强国的重要节点，交通运输业也逐步进入高质量发展阶段。2021年2月发布的《国家综合立体交通网规划纲要》明确提出“加快提升交通运输科技创新能力，推进交通基础设施数字化、网联化，2035年交通基础设施数字化率达到90%”；同年发布的《中华人民

共和国国民经济和社会发展第十四个五年规划和2035年远景目标纲要》指出“构建基于5G的应用场景和产业生态，在智能交通、智慧物流、智慧能源、智慧医疗等重点领域开展试点示范”“加快交通、能源、市政等传统基础设施数字化改造，加强泛在感知、终端联网、智能调度体系建设”。

这些国家政策的颁布不仅代表我国交通运输转向数字化、智能化高质量发展状态，交通资产产权也开始向数字资产变化。元宇宙时代数字交通资产能够发挥更大价值。以智能停车场为例，传统停车场作为交通运输领域实体资产只能用于车辆停放，应用效果并不理想，时常出现跟车逃费情况；进行数字化转型的智能停车场则可以发挥更大作用。智能停车场可以实现车辆停留免费时段、收费时段自动划分，还能够快速识别车辆缴费信息，全面避免车辆逃费，最重要的是智能停车场在AI、物联网技术支持下，能够深入融合交通体系，发挥更大价值。

智能停车场以智能停取车辆、电子支付等功能节约用户时间，与周边酒店、商业中心、医院等设施紧密连接，这类交通资产逐渐升级为大众便捷生活刚需。

另外，智能停车场还是智慧城市建设的重要基础，这类数字交通资产可为智慧城市发展铺平道路。因为城市空间利用率、大众出行便捷性是智慧城市考量的重要因素，智能停车场能够改善城市车辆保有量增长与停车空间不协调的问题。

例如，据印度交通部门统计的数据显示，印度30%公路交通堵塞源于停车问题，印度公共空间人均停车时长为15～20分钟，这种状态不仅影响城市发展，还加大汽车燃料消耗，增加碳排放。针对这一问题，印度交通部门近年来大力发展智能停车场建设，截至2022年，其一线城市公路通行效率已大幅提升，人均停车时长不足8分钟。

从现代城市发展层面出发，交通资产数字化转型有利于城市交通运行状况预测及城市秩序管理。因为数字化交通资产能够搜集、产生大量交通数据，这一数据是城市交通管理、秩序管理重要依据。

从交通运输高质量发展层面出发，交通资产数字化转型是提升交通资产利用率、提升交通资产价值的主要方式。因为附加数字、智慧属性的交通资产可以成为元宇宙技术载体，为交通资产附加前沿技术作用与价值。

结合我国元宇宙交通发展现状可以得出，我国现有交通资产全面数字化转型需要结合 AI、物联网、数字孪生、数字建模等多种前沿科技，对现有资产进行全生命周期、全要素创新升级，令传统资产具备信息感知、数据搜集及储存、可视化展现等特点，之后在交通规划、建设、养护、运营领域发挥更全面的作用。

传统交通资产进行数字化升级主要分为两种方法。一是基于现有资产进行数字化、智能化改造，令其转变为数字化交通资产。例如，沪杭甬高速、杭绍甬高速数字化改造便是传统交通资产数字升级的主要表现，杭州“智慧高速”网络建设正是以这种方式完成。二是将数字设备与交通资产结合，这种方式是将大量数字化、智能化创新技术应用到现有交通资产及新建交通资产当中，以增添智能设备为主要方式。例如，北京市大兴国际机场数字化和京雄城际铁路建设，都是数字化设备与交通资产结合的表率。

交通资产数字产权增加是元宇宙时代交通发展的必然趋势，因为交通数字资产增加是现代交通运输行业是重塑形态、模式、格局的重要举措。

首先，传统交通运输形态因交通数字资产增加不断提升效率与质量。传统城市运输中非法运输车辆普遍存在，在数字交通资产增加后非法运营车辆查控、管罚更加及时，各种数字交通资产已经实现多形式交通管理全面联动，违法车辆全流程跟踪。另外，交通数字资产增加全面改革大众出行模式。随着交通信息电子显示增加，乘客能够及时了解出行方式、出行车辆，调整出行时间，减轻出行压力。例如，“上海公交”App 便具有实时资讯、查询周边、乘车码等多个功能，这些功能极大方便了上海市民的公共出行，如图 5-3 所示。

截至 2022 年，全国多个城市已推出公共出行 App、公共停车 App 等，这些交通应用软件正是交通数字资产。

其次，传统交通运输模式因数字资产增加不断提升运营效率及结合水平。传统交通运输模式主要呈现单一特点，如公路运输模式中在高速与非高速中轻松切换，但与其他交通运输模式结合不够紧密。在大数据、云计算、AI、物联网等数字技术加深应用后，交通运输关键信息、要素资源得到强化整合，联通式、融合式交通运输模式随之诞生。当代导航设备已经能够为大众运输、出行提供精细化运输、出行建议，其中包括汽车、火车、飞机、地铁、共享

图 5-3 “上海公交” App 功能界面

单车等多种出行模式，多模式结合不仅提升大众运输、出行效率，节约大众运输、出行时间，更缓解交通运输压力。

最后，现代交通运输网络格局因交通数字资产增加得到全面优化。交通数字资产比重上涨有效提升交通运输网络智能性，数字资产能够围绕交通运输“建、管、养、运”全生命周期进行合理化分析，为交通运输网络增加全域感知、全程监控、全程服务能力，不断优化交通运输安全、效率、管理水平，在这一过程中交通数字资产产生的交通数据已成为我国公路、铁路、航空、海运交通运输网络格局优化建设的主要依据。

随着卫星遥感技术与传统交通资产融合，我国乡镇交通建设格局更加清晰，乡镇区域交通需求定位更加准确。我国交通运输部门可以根据乡镇区域交通运营实际情况进行交通运输建设，优化乡镇区域交通运输网络建设效果。

随着交通数字资产增加，我国铁路部门进行各种科技创新，铁路网络体系得到全面升级，数字化、智能化铁路路网逐渐替代传统铁路路网。如在 2021 年春运期间，为提升新冠肺炎疫情防控效果，我国铁路部门通过数字技术平台实施车票无纸化服务，提升旅客购票、检票效率的同时，降低了疫情传染风险。

在航空领域，交通数字资产主要用于完善智慧航空建设网络，增强现代化智慧航空建设比重。自2020年起，我国各大民用机场加大航空数字资产建设投入，智慧机场、数字空管、一站式服务等建设成果显著，我国航空资产格局逐渐发生产业变革，数字航运、智能航运网络基本形成。

在海运领域，交通数字资产增强我国海运能力，促进海运绿色发展。例如，2017年12月年开港的上海洋山四期自动化码头，是全球规模最大的自动化集装箱码头，这一码头配备了自主研发的智能系统，码头装卸运输工作均以数字化、智能化为主，不仅实现无人运营、无人作业，更实现通关验放全程自动化。上海洋山四期自动化码头能够达到这一运营效果，正因为码头数字资产比重远超其他码头。

又如，山东青岛港全自动化码头创新应用了氢动力自动化轨道吊，运用“5G+自动化”技术、“机器视觉+自动化”技术实现了港口人力节省80%以上，连续7次刷新自动化装卸纪录，这一成果同样需要大量数字资产支撑。

事实上，交通资产数字化转型发展早在2019年就被确定为我国交通运输行业发展目标。2019年7月，交通运输部发布了《数字交通发展规划纲要》，明确提出“到2025年，交通运输基础设施和运载装备全要素、全周期的数字化升级迈出新步伐，数字化采集体系和网络化传输体系基本形成。交通运输成为北斗导航的民用主行业，第五代移动通信（5G）等公网和新一代卫星通信系统初步实现行业应用。交通与汽车、电子、软件、通信、互联网服务等产业深度融合，新业态和新技术应用水平保持世界先进；到2035年，交通基础设施完成全要素、全周期数字化，天地一体的交通控制网基本形成，按需获取的即时出行服务广泛应用。我国成为数字交通领域国际标准的主要制定者或参与者，数字交通产业整体竞争能力全球领先”。在这项政策的引导下，我国交通资产建设重点逐渐向数字资产偏移。

2021年年初，交通运输部发布了《2020年交通运输行业发展统计公报》，对我国交通运输行业资产建设发展现状进行详细总结。公报统计数据显示，2020年我国交通固定资产投资率呈现先降后升的“V”形走势，这主要因为新冠肺炎疫情影响，自2020年5月起，我国交通固定资产投资累计增速由负转正。2020年全年交通固定资产总投资3.5万亿元，比上年增长7.1%，增速为近三年最高水平，这代表我国自进入交通强国发展、数字交通发展阶段后交通资产投资整体呈上涨趋势。截至2020年年底，我国高铁营运里程已达到3.8万公里，高速公路里程16.10万公里，全国港口万吨级及以上泊位数量达到2592个，定期航班通航机场240个，定期航班通航城市237个，农村公路里程438.23万公里，占公路总里程比重为84.3%。种种数据表明我国综合立体交通网正在不断完善，整体建设效果极为突出。

公报中还显示，2020年全年完成铁路旅客发送量22.03亿人次，民航客运量4.18亿人次，轨道交通客运量175.9亿人次，占城市客运量比重为20.2%；2020年全年完成铁路货物总发送量45.52亿吨，占全社会货运量比重为9.8%，完成水路货运量76.16亿吨，占全社会货运量比重为16.4%，完成公路货运量342.64亿吨，占全社会货运量比重为73.8%。全年全国港口完成集装箱铁水联运量687万标箱，比上年增长29.6%。这些数据相比2019年均有明显上涨，同时代表我国交通运输行业结构已得到全面优化。

统计结果显示，数字交通资产占比十分突出，这是我国交通资产数字化转型的重要起点，也为我国数字交通发展奠定了重要基础。

2021年12月，交通运输部印发了《数字交通“十四五”发展规划》。规划中明确提出“到2025年，‘交通设施数字感知，信息网络广泛覆盖，运输服务便捷智能，行业治理在线协同，技术应用创新活跃，网络安全保障有力’的数字交通体系深入推进，‘一脑、五网、两体系’的发展格局基本建成，交通新基建取得重要进展，行业数字化、网络化、智能化水平显著提升，有力支撑交通运输行业高质量发展和交通强国建设”。这一目标的实现同样需要交通数字资产建设来完成。

交通资产数字化转型和交通数字资产建设是我国交通运输行业当前发展的重点，以数字技术为支撑，遵循我国交通强国发展思路，强化我国交通运输设施智慧能力，是重新定义交通未来的重要举措。同时，交通数字资产增加能够让交通治理、交通运营重焕生机与活力。相信未来发展中，交通数字资产建设比重将逐渐与实体资产持平，这是我国交通资产发挥更大作用与价值的主要方式及重要保障。

## 三 交通地图数字化，高精度地图的市场化使用

随着我国“十四五”建设规划蓝图全面铺开，交通强国建设目标越发明确，元宇宙交通已成为我国交通发展重要战略方向，这给交通服务数字化发展带来更多挑战。

交通服务数字化发展主要体现为交通管理、建设、路况、规划信息的准确性与及时性，在高速变化的交通系统中及时、准确地为交通人员推送相关信息，能够保障交通运输安全性与高效性。

在众多交通服务数字化发展项目中，高精度数字交通地图成为当下交通运输行业关注焦点。尤其在元宇宙技术与汽车行业深度结合背景下，高精度数字交通地图已成为自动驾驶与智能出行的基础保障。

高精度数字地图并非单纯指精确度、清晰度高的数字地图，在精确度和清晰度要求之上，高精度数字地图还需要满足现代元宇宙交通发展的各种苛刻要求。首先，高精度数字地图的绝对精度与相对精度均为厘米级，其高分辨率与要素丰富度需要满足各种导航需求。其次，高精度数字地图包含的环境信息能够完整搭建车辆行驶所需的环境模型，这代表高精度数字地图必须包含底层静态高精度地图数据及其他相关动态信息。底层静态高精度地图数据主要包括道路信息、交通基础设施信息、道路属性信息及定位数据；动态信息主要包括车辆运动信息、环境变化信息、政策及规则变动信息等。具备以上信息要素的数字地图才能被称为高精度数字地图。

2020 年 2 月，国家发改委、中央网信办、工业和信息化部等 11 部委联合发布了《智能汽车创新发展战略》，提出“发展智能汽车不仅有利于加速汽车产业转型升级，更有利于加快建设制造强国、科技强国、智慧社会，增强国家综合实力。中国在汽车产业体系逐渐成熟完善的基础上，在信息通信领域实力雄厚，网络规模、5G 通信、基础设施各领域皆有全面保障。到 2025 年，中国标准智能汽车的技术创新、产业动态、基础设施、法规标准、产品监管和网络安全体系基本形成”。

2021 年 2 月，交通运输部发布的《国家综合立体交通网规划纲要》中明确提出“未来将加强交通基础设施与信息基础设施统筹布局、协同建设，推

动车联网部署和应用，强化与新型基础设施建设统筹，加强载运工具、通信、智能交通、交通管理相关标准跨行业协同”。

2022年，中研产业研究院发布的《2022—2027年地图行业市场深度分析及投资风险预测报告》中提出“当前，针对标准地图、车道级地图、高级辅助驾驶地图和高精地图等不同精度等级的地图数据，行业普遍采用的是分系统独立制作后再进行道路相互关联的方式”。

从这两项政策和地图行业发展报告中可以看出，当前是我国推进自动驾驶技术升级、实现高精度数字地图技术突破及市场应用的重要时段。高精度数字地图作为自动驾驶、智能出行必备设施，未来将在智慧交通、智慧城市建设领域发挥数据底座的作用，提升各类元宇宙交通项目发展成果。

从自动驾驶技术角度出发，自动驾驶技术由感知技术、数据决策、智能执行三个层次组成。其中感知层主要通过硬件感知设备获取周围车辆、人员、环境、交通状况、地理位置信息；决策层主要在感知设备收集关键信息后，运用大数据、云计算等技术，执行相关算法，对信息进行综合处理及车辆下一步行驶动作研判；执行层在收到决策层信息后将各种驾驶指令发送到车辆各个控制部位，对车辆进行转向、加速、制动等控制。高精度数字地图与自动驾驶感知层、决策层有直接关系，自动驾驶技术感知外部信息后会转化为数据，数据与高精度数字地图进行匹配处理，之后基于高精度数字地图进行各种决策，所以高精度数字地图从根本上影响自动驾驶效果。

目前我国自动驾驶技术从硬件到软件都取得重大突破，部分自动驾驶技术已经进行实际应用。从应用方式与应用效果来看，我国自动驾驶技术依然存在制约性。目前大多数自动驾驶技术应用主要依托视觉传感器与控制系统，传感器收集信息上传控制系统，控制系统进行数据处理并生成决策，之后控制车辆完成部分自动驾驶动作，这种自动驾驶技术方案尚无法满足复杂路况环境，数据收集量、处理速度有待提升，因此截至2022年4月我国自动驾驶技术还无法全面落地应用。

针对这种局限性，高精度数字地图的作用越发突出，高精度数字地图可以作为视觉传感器补充数据，辅助车辆完成复杂环境感知，提供超视距路况信息，精准定位车辆地理位置，从而为车辆自动驾驶提供更长反应时间，提升决策效果。

随着元宇宙技术与交通运输科技融合，高精度数字地图已在智能网联汽车领域得到广泛应用，尤其L3以上级别自动驾驶技术，都需要高精度数字地图作为基础支撑。截至2022年，我国高精度数字地图技术领域已经顺利度过长期摸索阶段，各种新技术、新产品相继诞生，为主动驾驶、智能出行提供重要基础保障。下面，我们来详细了解高精度数字地图的应用方式、特点及主要作用。

### 1. 高精度数字地图应用方式

高精度数字地图在应用过程中可以将真实道路信息分为三类数据传递。第一类数据信息主要包括道路信息，这类信息用于引导车辆等交通工具正确行驶；第二类数据信息主要包括环境信息和定位信息，主要用于定位车辆的地理位置、周边设施、障碍物等；第三类数据信息是图层定位信息，这类信息主要用于主动驾驶车辆与现场环境匹配。这三种数据信息分类正是高精度数字地图的三种应用方式。

（1）道路信息表达

高精度数字地图的第一个应用方式是道路信息表达，这也是高精度数字地图最常用的应用方式。这类信息可以用于行驶路线规划、记录、对比，还可以辅助自动驾驶系统完成自动加速、制动、转向的提前规划及控制。

（2）环境信息和定位信息表达

高精度数字地图作为全要素、高精度数字信息，可以全面展示道路环境，如道路护栏、两侧台阶、周边标识牌、交通指示符号、周边设施、障碍物等。这些信息既可以方便大众智能出行，又能够为自动驾驶技术提供安全保障。

（3）道路图层定位

高精度数字地图用于自动驾驶的主要方式为道路图层定位。图层定位主要分为两种方式：一是对道路实时信息进行原始采集，压缩后生成自动驾驶信息处理库；二是基于周边环境特征要素定位图层，构建车辆行驶环境模型。通过这两种方式，车辆可以完成驾驶环境识别与智能决策。

### 2. 高精度数字地图应用特点

随着我国高精度数字地图技术发展，各类交通工具逐渐实现高精度、智能化运行。与传统数字地图相比，高精度数字地图配合其他元宇宙技术能够提供更多交通服务，并展现以下几种突出优势。

（1）高精度数字地图提供多种交通服务

传统数字地图主要作用为导航及地理位置、周边设施信息显示。高精度数字地图在此基础上，能够精准描述道路标线信息，提供驾驶路线、出行方式建议，同时高精度数字地图可以参考周边设施信息提供优质出行体验建议。

（2）高精度数字地图精确度、准确度更为突出

目前，我国大多数手机导航、车载导航绝对精度值在 ±10 米左右。高精度数字地图导航绝对精度值可以控制在 50 厘米之内，每 100 米行驶距离误差不超过 20 厘米，这一精度不仅保障大众出行定位准确，也为自动驾驶做技术提供安全保障。

（3）高精度数字地图内容表达更具体

传统数字地图可以将交通道路信息进行线性表达，即道路在传统数字地图中呈现为直线或曲线。高精度数字地图则可以还原交通道路真实场景，搭建高精度交通道路模型，道路空间比例、区域设施可以精细化呈现。

（4）高精度数字地图包含准确动态数据

传统数字地图虽然也包含动态数据，但大多动态数据为时段性数据，即某一时段交通道路动态数据。高精度数字地图可以实时掌控交通道路及周边动态数据变化情况，按照分钟、秒为更新频率刷新动态数据信息，这为自动驾驶技术提供了精准决策依据。

### 3. 高精度数字地图主要作用

随着高精度数字地图发展，其应用范围不断拓展，不仅促进汽车行业进行智能化、网联化转型，更加速自动驾驶技术落地。目前高精度数字地图表现出高精度定位、超视距感知识别、智能决策处理、长距离道路精确规划等优点，这些优势充分展现高精度数字地图应用价值。

（1）高精度定位

高精度数字地图的定位能力是传统数字地图定位能力的数倍，其不仅能够精确定位车辆、人员地理位置，同时能够感知周边设施、障碍物等相对距离。这一特点在智能驾驶、自动驾驶领域有超高价值，车辆能够基于高精度地图感知的设施、障碍物相对距离进行自身位置持续修正，最大化保证车辆驾驶安全。

(2) 超视距感知识别

高精度数字地图基于地图详细数据能够实现超视觉感知识别，这一特点极大扩展了车辆行驶中的感知范围。在车辆行驶过程中，高精度数字地图可以提前很长一段距离感知、识别道路方向变化及道路障碍物等情况，为车辆智能驾驶、自动驾驶提前做好决策准备。

另外，高精度数字地图能够精准识别道路周边环境及道路车道表现，基于这些数据快速为车辆规划精准行驶路线，及时标注行驶过程中可能存在的危险区域、拥堵区域，为车辆智能驾驶、自动驾驶排除意外因素。

(3) 智能决策处理

高精度数字地图不仅提供驾驶环境精准数据，同时为行驶路线、行驶方式提供察觉建议，比如车辆行驶路线出现弯道变化时，高精度数字地图能够测算出车辆行驶速度变化安全范围，为车辆智能驾驶、自动驾驶提供决策依据。

高精度数字地图可进行道路环境实际情况感知，根据外部环境亮度、道路弯度、坡度提供辅助性决策依据，确保车辆长期安全驾驶状态，并降低油耗，提升安全性。

(4) 长距离道路精确规划

由于高精度数字地图环境精确度高，且具有超视距感知能力，所以非常适用于长距离道路精确规划，例如为驾驶人提供长距离行驶过程中最佳休息时间段、沿途最美风景、最快到达路线、最近行驶路线等，这些作用可以大幅提升驾驶人出行体验。

随着数字地图不断高精度化，高精度数字地图市场应用范围将不断提升。在元宇宙技术与交通运输行业高速融合过程中，高精度数字地图还将结合北斗、5G、AI、云计算、大数据等技术创新更多应用场景，为大众出行提供“快、准、全”的实时交通动态数据，实现交通用户分钟级感知动态信息，为交通出行构建更便捷的协同生态，赋能交通智能化管理，助力智慧出行、自动驾驶高效发展。

## 四 交通信号数字化，元宇宙中的交通规划重塑

2022 年是我国交通发展的重要节点，因为自 2019 年 9 月国务院印发《交通强国建设纲要》开始，我国交通发展便进入重要转折阶段，转折方向主要

为交通数字发展、交通高质量发展，且转接时间段直接瞄准2025年。

例如，2019年国务院印发的《数字交通发展规划纲要》中明确提出“到2025年，交通运输基础设施和运载装备全要素、全周期的数字化升级迈出新步伐，数字化采集体系和网络化传输体系基本形成。交通运输成为北斗导航的民用主行业，第五代移动通信（5G）等公网和新一代卫星通信系统初步实现行业应用。交通运输大数据应用水平大幅提升，出行信息服务全程覆盖，物流服务平台化和一体化进入新阶段，行业治理和公共服务能力显著提升。交通与汽车、电子、软件、通信、互联网服务等产业深度融合，新业态和新技术应用水平保持世界先进”。

2021年12月，国务院印发的《数字交通“十四五”发展规划》中也提到“到2025年，‘交通设施数字感知，信息网络广泛覆盖，运输服务便捷智能，行业治理在线协同，技术应用创新活跃，网络安全保障有力’的数字交通体系深入推进，‘一脑、五网、两体系’的发展格局基本建成，交通新基建取得重要进展，行业数字化、网络化、智能化水平显著提升，有力支撑交通运输行业高质量发展和交通强国建设”。

从这些发展目标中可以看出，我国交通发展正在向网联化、数字化、智能化高速迈进，这一过程中元宇宙技术可以充当主要技术力量。截至2022年，我国交通运输数字化发展、交通设施数字升级已经初见成效，最直接的特点为交通信号已基本实现数字化运行、管理，这为交通运输体系数字化转型、交通规划重塑提供了重要基础支撑。

### 1. 交通信号智能化

那么，交通信号数字化发展是如何实现交通智能化升级，又如何促进元宇宙交通规划重塑呢？从当前交通信号数字化发展的方式与成果中可以看出，交通信号数字化发展主要通过汇聚元宇宙核心技术，助推交通管理数字化、智能化升级，之后全面反哺交通运输行业进步，最终实现元宇宙交通规划重塑。这一过程主要包含两个技术重点。

（1）现有交通信号设施智能化升级

对于现有传统交通信号设施而言，数字化升级主要体现为提升自身智能性。在AI、5G、大数据、云计算等元宇宙技术支撑下，我国现有交通信号设施已经全面实现智能改造。

传统交通路口红绿灯已经从最初基本信号显示升级为配备云播报音响，能够提醒来往行人和车辆天气变化、交通规则信息的多功能信号设施。部分城市已经将传统信号灯与AI技术进行结合，信号灯可以根据交通实际情况自动调整信号灯光强弱、播报声音大小。甚至某些一线城市还对信号灯进行升级改造，将传统方向指示灯升级为辅助路线，为行人提供智能性道路方向指引。

（2）新型智能交通信号设施铺设

在交通设施与元宇宙技术碰撞过程中，各类智能交通信号设施随之诞生，促使交通信号系统实现数字化升级。

在元宇宙技术促进下，交通运输系统诞生了云端互联的5G交通微脑基站，这些交通技术设施不仅能够加强交通数据分析处理，且能够实时感知交通道路运行情况，为交通信号系统提供智能决策依据。例如，2022年7月，西宁市交通局用时两年半，完成了全市426个路口信号灯的联网联控，将交通信号灯与智能交通系统全面连接，实现了全市各个交通路口的联网联控，极大提升了城市交通运输管理效果，如图5-4所示。

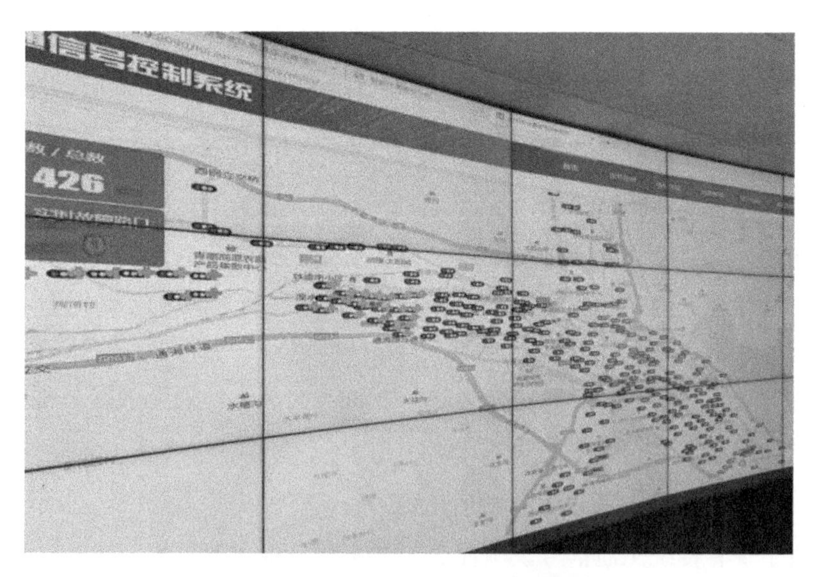


图5-4　西宁市交通信号灯联网管理界面

另外，5G 交通微脑基站还是元宇宙交通的重要采集器，通过 5G 交通微脑基站数据采集，配合数字孪生技术，能够实现城市、城际交通网络数字模型准确搭建，在元宇宙中探索城市、城际交通深层发展的意义，这对元宇宙交通规划具有重要促进作用。

### 2. 元宇宙技术应用于交通信号

随着 AI、物联网、云计算等元宇宙技术在交通运输领域沉淀应用，我国交通信号系统已表现出强大智能性，交通运输网络智慧性也在不断升级，而这只是元宇宙能量在交通运输领域爆发的起点，遵循着我国交通运输行业发展规划方向，元宇宙技术还将在以下交通运输领域产生更大作用。

(1) 打造交通数字大脑，规划元宇宙交通发展

国务院发布的《数字交通“十四五”发展规划》中明确提出，未来交通运输发展主要任务为“打造综合交通运输‘数据大脑’，完善部、省两级综合交通运输信息平台架构，推进综合交通大数据中心体系建设，加强数据资源的整合共享、综合开发和智能应用”。

这代表未来交通设施建设中，交通“数据大脑”将成为各地交通网络的必备设施，我国交通在“数据大脑”互联下可以创造全新的交通运输方式。截至 2022 年，元宇宙技术已经在交通数字大脑建设中发挥重要作用，不仅实现我国交通基础设施智能化升级，同时令各类交通信号设施具备强大感知能力，以满足我国智慧交通、智慧城市建设所需。

例如，随着各种数字交通信号设施加速建设，我国交通对碳排放、道路流量、交通网络运行压力等感知能力全面升级，各类数据及时上传“数据大脑”，交通运行细节被“数据大脑”全面掌握，城市碳排放、城市交通运营情况将被细致管理，交通发展规划基于数据分析测算得出最优建设方案。届时，城市出行将呈现另外一种局面，在各种交通信号设施指引下，大众可以第一时间了解最优出行方案，城市碳排放得到精准管理，交通拥堵情况大幅减少，城市整体运营呈现高效状态。

(2) 高效建设“五网”，提升交通运输发展规划水平

“五网”是《数字交通“十四五”发展规划》中提出的未来发展重点，

该规划中明确指出“未来交通建设将构建交通新型融合基础设施网络，围绕智慧铁路、智慧公路、智慧航道、智慧民航、智慧邮政等领域加快推进交通新基建，推动交通基础设施数字转型、智能升级，提升基础设施安全保障能力和运行效率。部署北斗、5G 等信息基础设施应用网络，构建基于北斗、5G 的应用场景和产业生态，在交通运输领域开展创新示范应用，助力新一代信息技术产业应用，建设一体衔接的数字出行网络”。

我国各领域智慧交通建设均离不开元宇宙技术结合应用，尤其在推进交通发展的新基建项目中，元宇宙技术发挥着重要作用，有效促进现有交通设施进行数字化转型。

在智慧铁路建设领域，元宇宙技术实现铁路信号升级改造，实现高铁进出站状态全方位感知，在提升高铁运行安全前提下提升车辆进出站效率。同时，在完成铁路基建信号设施感知能力升级后，结合大数据、云计算技术，高铁可以实现车辆信息、客流信息可视化定位管理，为大众提供特性化服务，提高旅客出行体验。例如，2018 年 12 月由中国铁道学会指导、西南交通大学主办的“2018 轨道交通前沿技术发展论坛”上，华为公司展示了一套“数字铁路解决方案”。该方案充分结合了大数据、云计算、AI 等元宇宙技术，能够帮助我国铁路系统搭建“智慧管理平台”，如图 5 – 5 所示。

图 5–5　华为公司展示的“数字铁路解决方案”操作系统

在智慧公路建设领域，元宇宙技术为公路路网搭建多个智慧大脑，通过数字孪生、AI 等技术在虚拟空间清楚模拟智慧公路建设效果，对智慧公路发展规划提供可视化、精准化决策依据。另外，元宇宙技术加速自动驾驶、智慧驾驶技术发展落地，对智慧公路运行效率带来极大促进。例如，2021 年 4 月海信公司在承建的辽宁高速公路综合运营管理平台项目中，打造一个以“1 个中心 +2 大平台 + N 个应用系统”为基本架构，涵盖指挥调度、养护管理、机电运维、隧道监控等 26 个子系统的高速公路运营管理平台。这一平台正是当代智慧公路平台的主要代表，如图 5 – 6 所示。

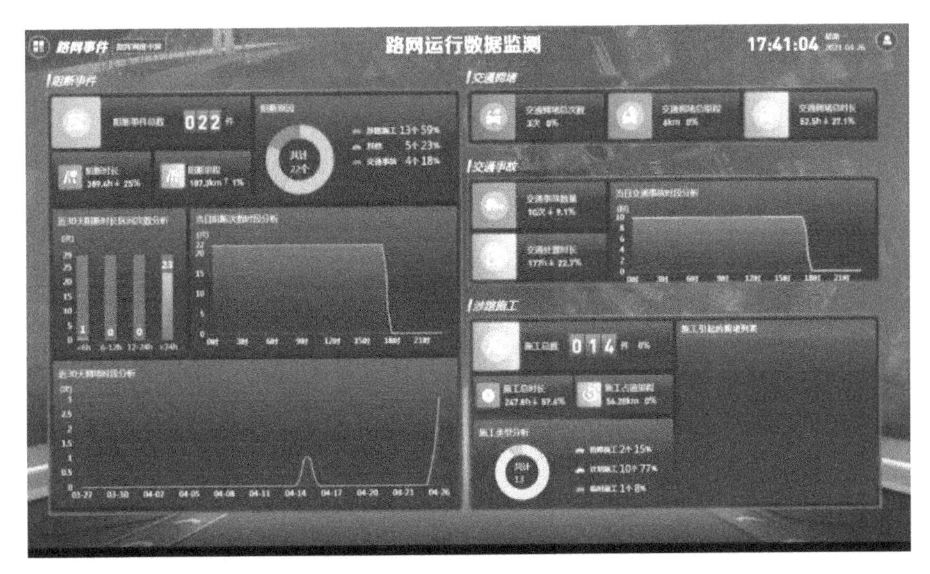


图 5-6　辽宁高速公路综合运营管理平台操作界面展示

在智慧航道建设领域，元宇宙技术主要用于智慧码头建设与航运管理当中。截至 2022 年，上海、青岛、天津、广州等重要示范港口均结合元宇宙技术实现自动化、智能化升级，在港口陆运协同、交通运输互联共享等多个领域取得创新成果。同时，我国水路运输、内陆航道管理也在数字孪生、AI 等技术促进下展现出智能化、高效化特点。例如，山东潍坊港打造的智慧码头管理系统能够实现集疏港车辆预约、闸口自动核验、车辆智能衡重等一系列功能，如图 5 – 7 所示。

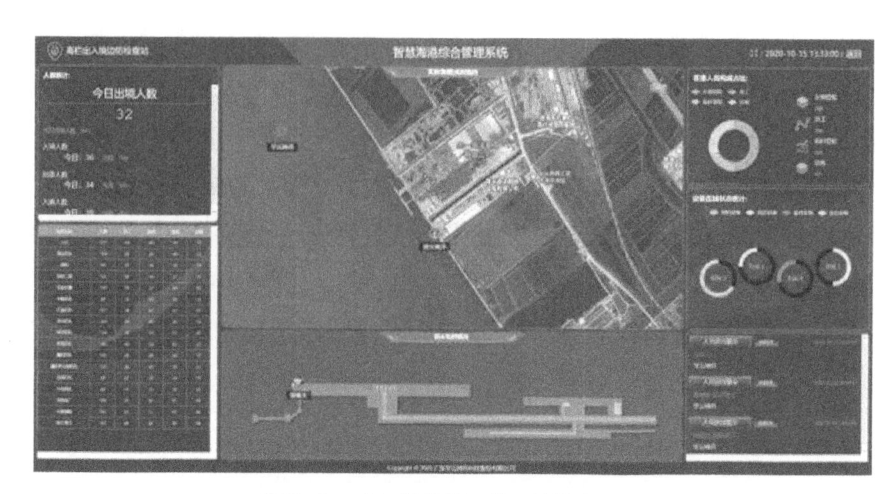


图5-7　山东潍坊港智慧码头管理系统

在智慧民航建设领域，元宇宙技术大幅减少民航行业运输压力，并重塑我国综合立体交通网发展规划。这主要因为元宇宙沉浸式交互体验能够实现高精度商务互动，大众长途商务出行频率随之降低，民航发展重点将从满足基本出行需求转变为提升出行体验。当大众航空出行频率降低后，航空交通发展模式将出现转变，航空交通发展将从高效模式转变为高质量发展模式。例如，2019 年深圳机场通过一套“机位资源管理系统”在国内率先实现了机位资源的智能管理，并极大提升了航空资源的调度效率，如图 5-8 所示。

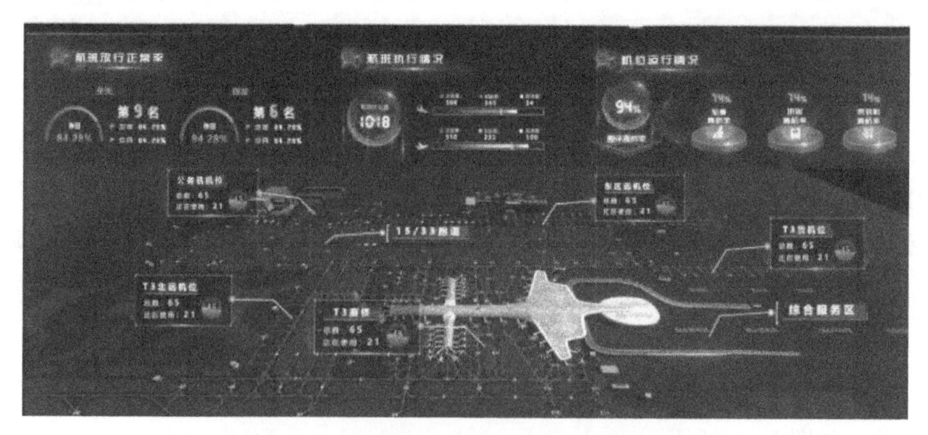


图5-8　深圳机场“机位资源管理系统”界面

在智慧邮政建设领域，大数据技术被深度应用，元宇宙邮政系统被成功搭建。在元宇宙邮政系统当中，各类邮政信息可以被实时定位、跟踪、管理，邮政运营效率因此大幅提升。

除智慧交通建设外，我国《数字交通“十四五”发展规划》还明确未来交通建设以“全国123出行交通圈”为目标引领，以提高电子客票使用率为切入点，引导市场主体打造跨方式、跨区域旅客运输数字化服务体系，建设多式联运的智慧物流网络。以“全球123快货物流圈”为目标引领，创新智慧物流运营模式，推进电子运单跨方式、跨区域共享互认，推动“互联网+”高效物流发展。升级现代化行业管理信息网络。统筹推动交通运输政务管理和服务联网一体化运行，推动交通运输数字政府部门建设，提升行业治理现代化水平。

这些建设目标的达成也需要元宇宙技术促进数字交通发展，并充分体现数字交通设施作用，提供真正的数字化服务，提升交通运营管理水平。

2021年，南京南站结合元宇宙技术进行智慧车站升级，通过将传统信号设施改造为具备感知力的信号设施，南京南站实现客流动态全方位感知，基于此，南京南站还根据数据分析进行智能化节能管理。

以往为确保旅客乘车、候车舒适度，南京南站各种电子显示设备、照明设备、语音播报设备、空调、电梯都会保持最大运行功率。在感知站内乘客真实状态信息后，南京南站搭建了智能管理平台，根据客流峰谷不同时段进行各种设备合理化投放使用，实现功率智能调节，南京南站上万件控制设备得到集成、智能化管理。仅这项举措就使南京南站2021年全年节约用电508.79万千瓦时，节约蒸汽2.47万吨，碳减排7163.48吨，全年能耗支出减少821.37万元。

另外，通过各种数据分析，南京南站优化内部设施布设方案，提升空间利用率，为旅客提供个性化服务，南京南站智能化水平全方位凸显。

随着元宇宙技术在交通运输各领域作用凸显，国务院、交通运输部对交通数字化发展重视程度不断提升，近年来发布的政策规划中也提出了明确发展目标。

2019 年，国务院印发的《交通强国建设纲要》指出“要大力发展智慧交通，推动新技术与交通行业的深度融合。科学技术的发展给交通提供了智能化的方向和可能性，尤其是各种大数据技术日渐成熟，让交通数据发挥出越来越大的应用价值”。

2021 年，交通运输部印发的《数字交通发展规划纲要》中也提出“到 2035 年，我国交通基础设施完成全要素、全周期数字化，天地一体的交通控制网基本形成，按需获取的即时出行服务广泛应用”。

2021 年，国务院印发的《国家综合立体交通网规划纲要》明确提出“加快提升交通运输科技创新能力，推进交通基础设施数字化、网联化，2035 年交通基础设施数字化率达到 90%”。

这些政策充分表明，交通信号数字化发展仅是元宇宙交通发展开端，未来发展中我国交通规划将不断向元宇宙偏移，结合元宇宙特性，全面改善人类交通出行体验，挖掘元宇宙交通的更大价值。

## 五 交通工具数字化，每个交通工具都可成为数字资产

在大数据、云计算、AI 等元宇宙技术促进下，我国交通发展取得长足进步，交通运输行业整体向安全、绿色、高效、智能特色迈进，交通运输模式也呈现巨大转变，数字化交通工具逐渐取代传统交通工具，网联交通、全息路网、无人管控的智慧交通持续打造新型交通生态圈。

在数字交通工具高速发展的今天，数字交通资产开始刷新大众认知，超乎大众想象的数字交通工具将改变大众出行模式，这正是数字交通促进强国发展的主要表现。

2021 年 9 月，以“迈向数字文明新时代——携手构建网络空间命运共同体”为主题的 2021 年世界互联网大会在浙江省桐乡市乌镇互联网国际会展中心正式召开，其间还举办了“互联网之光”博览会。博览会上集中展示了现代各领域新兴技术与创新产品，其中一辆由哪吒汽车打造的数字汽车——哪吒 S 惊艳众人，如图 5-9 所示。

图5-9 哪吒汽车打造的数字汽车——哪吒S

哪吒S作为当代数字交通工具全新力作，是哪吒汽车自主研发的创新产品，这款汽车也是国内全新自研平台构架打造的首款B级数字电动轿跑。哪吒S具有强大的数字硬件实力，首先其搭载了200T高算力的华为MDC计算平台，全车配备2颗激光雷达、5颗毫米波雷达、12颗超声波雷达、13颗摄像头，以及高精度定位、高清数字地图领域最先进的感知单元。在如此强大的硬件支撑下，哪吒S可以轻松实现城市复杂路况下领航辅助驾驶、自动泊车、远程召唤等功能，这代表哪吒S已经具备L4级智能驾驶功能。

相比其他数字汽车，哪吒S硬件配置可谓全球领先水准。为提高对环境的精准感知能力，哪吒S选择了华为公司全球首发的车规级、高线束、混合固态激光雷达，该雷达不仅提升了哪吒S对车辆周围障碍物、行人、交通基础设施的监测感知能力，更结合以太网的SOA（面向服务架构）电子电气架构实现自身功能扩展进化，根据驾驶人不同需求、不同习惯灵活提供智能驾驶决策。

随着元宇宙技术与交通运输行业加速融合，交通工具智能化、高效化、绿色化转变已成必然趋势，我国交通工具研发生产行业近年来聚焦智能安全研发、绿色能源技术创新，为大众提供了更多高端化、数字化交通工具研发成果。以哪吒汽车为例，除哪吒S搭载的各种创新技术之外，哪吒汽车还研发了“透明”A柱、驾驶人生命体征监测系统等多项智能成果，这极大提升了数字交通工具的落地速度与应用效果。

数字化发展是交通运输行业发展的必然趋势，随着元宇宙时代的到来，数字技术被深度应用到车路协同、全息孪生等交通基础设施改造升级过程中，跟随交通设施变革，交通工具自然会产生数字化转变，数字交通工具和数字交通设施在元宇宙技术支撑下加速融合，形成全新交通运行体系。

总体而言，数字交通工具高速发展时代已经到来，我国交通工具研发生产行业已整体呈现融合发展特点。很多交通工具研发生产企业已开始强强联合，在信息安全、技术研发领域进行深度合作，以此掀起产业化革新浪潮，推动元宇宙技术赋能行业发展。其中哪吒汽车与360达成的合作可以称为亮点，两家公司秉承“科技平权”理念共同进行哪吒产品数字化升级，多种技术创新提升人车交互体验，刷新大众对交通工具智能性认知。

截至2022年，我国数字交通工具已经展现诸多创新成果，且多种产品顺利“出海”，在海外市场备受欢迎。这代表我国数字交通工具研发生产行业正以全球视野参与世界范围的行业竞争，中国交通技术影响力、发展力在世界舞台不断进步。

细致分析我国交通工具数字化发展现状，结合当代数字交通工具创新的革命性技术成果，可以发现以下几种技术是交通工具数字化转型的核心关键。

### 1. 云计算技术

云计算技术是现代交通实现网络互联、信息实时共享的关键技术，这一技术有效支撑智慧属性在交通基础设施、交通工具领域落地。云计算技术具有通用性和易扩展性特点，能够在各信息单元之间搭建互通通道，随之有效打破地域、场景间的数据限制，从而更开放地实现车路协同、人车一体融合效益。例如，在云计算技术支撑下，车辆能够实时测算每条道路流量压力，计算通行时间与效率，实时为驾驶人提供更优道路选择方案。

目前，全国各大交通工具研发生产企业均基于专属云计算平台，对交通运输工具与用户应用效果进行统一化控制管理，一次实现交通工具实时服务协同、交通工具智能决策协同，为各种交通出行场景提供数据决策支撑。

例如，腾讯公司的交通云平台具有资源共享化、运维自动化、数据管控集约化特性，这一平台彻底打破传统交通数据传输平台“烟囱式”资源建设模式，各类交通资源信息能够集中共享、实时调配、动态处理。这正是云计算技术在交通运输领域的应用效果。

### 2. 高清数字地图技术

云计算技术在交通工具数字化发展领域的最大作用不是数据云端服务，而是与高清数字地图进行云图融合。高清数字地图搭配云计算技术能够高效实现人、车、路、环境等多种数据静态、动态融合，为大众智能出行、货物智能运输提供有力支撑。

传统数字地图无法提供精密性数字服务，而高清数字地图虽然可以将定位服务、环境数据传输服务升级到厘米级，但无法与交通工具达成智能融合。与云计算技术结合后，云图技术便能够实现各类动态数据实时感知、环境数据实时更新，同时各大交通智能平台可以在交通工具行驶过程中提供人、车、路、环境的一体化时空服务。

这为我国交通运输发展带来极大安全保障，交通工具不仅能够实现行驶过程全程追踪管理，还能在数字空间可视化监测行驶状态、行驶轨迹。这种交通运输管理升级可有效解决交通规划、建设、管理、运营等各领域的潜在问题，并为大众提供更到位的智能管理服务。

另外，云图融合技术还优化了我国运输管理效果，通过对运输车辆状态分钟级分析，交通管理部门能够对运输效果进行精准判断，在交通运输系统出现堵塞、压力激增状况时，及时协调、管理其他运输车辆，避免堵塞情况加剧，提高运输系统整体运行效率。

### 3. 感知技术

交通工具数字化发展不仅需要云图融合技术作为数字底座，还需要数字感知技术、车路协同技术进行数字驱动，以此实现车路协同，充分发挥交通工具智能特性。

交通工具感知技术主要通过感知雷达搭配高精度数字地图实现。感知雷达主要用于搜集道路信息、行驶信息、环境信息数据，之后结合高精度数字地图，形成交通工具多目标、多场景、多状态的感知能力。在云计算、大数据、AI 等元宇宙技术支持下，交通工具感知到的各种数据可以转变为智能行驶决策或交通管理数据依据，提升交通工具行驶效果及交通运输部门管理效果，同时为大众出行、交通管理降本增效。

### 4. 数字孪生技术

数字孪生技术主要用于改善交通工具行驶过程中的状态监测、可视化管理，以及充分利用现有数字交通设施提供更到位的交通协同服务。在5G、交互、AI、大数据、物联网等元宇宙核心技术下，数字孪生技术可以在虚拟空间创造交通管理控制系统，并结合交通环境状态模拟交通工具行驶状态，从而得出交通运输、交通运营、交通建设最优方案。

另外，在确保数字交通工具智能性领域，数字孪生技术也发挥着重要作用。由于交通运行环境复杂，不同区域气候也具有不同点，交通数字工具想充分凸显智能性，需要进行多种环境运营模拟以及技术调整升级。数字孪生技术可以基于实际环境数据在虚拟空间构建开放性生态，数字交通工具实际运行效果、运行问题一目了然，智能性保障方法、优化策略随之生成。

截至2022年，数字交通工具产业智慧升级已经进入重要阶段，我国交通运输管理部门和交通工具研发生产企业越发重视大众出行体验感升级，在数字道路转型过程中，借助元宇宙技术能够精准解决大众个性化、定制化出行需求，助力交通管理部门提升管理效果，构建现代交通工具智能运行环境。

例如，2021年我国重庆市创建了“重庆两江车联网先导区”，先导区内有多款智能自动驾驶车辆进行试运行，如图5-10所示。

图5-10 重庆两江车联网先导区内试运行的自动驾驶小巴

这是由工业和信息化部批准并指导创建的西部第一个、全国第四个国家级车联网先导区，先导区结合重庆交通道路特征及重庆汽车产业发展现状，构建了丰富实用的车联网应用场景，在先导区实现车联网功能全面覆盖。这代表数字车辆能够在先导区充分发挥智能特性，也代表支撑数字交通工具高效运行、智能运行的数字环境已克服复杂交通路况难题，更代表重庆大众出行效率、出行体验已进入数字化发展阶段，我国交通运输行业表现出高质量发展特征。

交通工具数字化发展是我国交通高质量发展的重要体现，这种趋势正推进我国综合交通运输体系进行一体化、智能化、绿色化转型。元宇宙技术在交通工具数字化发展中贡献了重要力量，数字交通应用场景正在全面落地，这代表有温度、有智慧的交通生活服务生态已初步构建完成，一个高体验、高效率的交通时代正逐步到来。

## 六 交通大脑共享化，人人共享、人人共建的交通大脑

近年来，科技水平的提升促使大众生活便捷性高速增长，人们对安全快捷、体验丰富的交通出行产生更多新期盼。在满足大众出行新要求过程中，元宇宙技术充分发挥自身优势，不仅搭建智慧交通大脑，更开放交通共建生态，从多层面改善交通运输发展效果。

2022 年 1 月，高德地图公司联合国家信息中心大数据发展部、清华大学交通研究所等多家权威机构共同发布《2021 年度中国主要城市交通分析报告》，报告数据显示我国 2021 年全年高速交通拥堵状况同比下降 19.3%，除 2021 年 5 月 1 日当天外，平日高速运行状况良好，整体发展势态平稳，无较大交通高速拥堵压力。

我国高速公路交通发展得以取得如此良好的成绩得益于开放式“智慧交通大脑”建设，在元宇宙交通技术支持下，高速运行表现出高效化、共享化、智能化发展趋势。

2021 年 5 月，山东高速集团成功完成“路网管理智慧大脑”建设工作，其中山东高速集团组建的智慧管理中心被视为“智慧大脑”主体，如图 5－11 所示。

图5-11 山东高速集团搭建“智慧大脑”控制中心

山东高速集团搭建“智慧大脑”的举措源于交通发展需要。“智慧大脑”搭建过程中，山东高速集团对3个原有高速智慧调度大厅进行整合升级，在数据共享后建设完成总指挥调度中心，从而实现山东省全省6160公里高速公路网运行统一指挥调度，全省高速路网布设的21000多个监控设备可以一屏汇聚，150余部高速热线服务电话得到综合一体管理。

2021年9月29日，山东“路网管理智慧大脑”正式投入使用，截至2022年年初，山东“路网管理智慧大脑”为出行人员共发布路况信息近23万条，“路网管理智慧大脑”微信小程序访问量高达110万人次，共解决大众交通问题133.6万件。山东“路网管理智慧大脑”不仅保障了山东省高速公路在国庆、春节假期出行畅通，更提升了高速交通管理效果。

例如，2022年3月10日，京台高速公路枣庄段发生一起高速追尾事故，事故发生仅10分钟高速交通管理人员就到达事故现场处理事故，并疏导交通，这是山东“路网管理智慧大脑”根据高速交通意外信息及时发布处置决策的有效结果。

山东“路网管理智慧大脑”之所以能够具备交通管理高效决策处置能力是因为山东高速集团在注重交通大脑智慧性建设过程中，增强了开放性信息收集渠道。在山东省高速智慧管理中心建设过程中，山东高速集团先后到16家地市交通发展公司、17家运管中心进行调查考察，并走访35个业务大厅，先后与300多位交通管理、建设人员展开座谈，总共搜集相关建议200多条，从而让智慧大脑更具人性化、实用化特点。

山东“路网管理智慧大脑”在多信息数据渠道支撑下全面解决以往路网系统存在信息孤岛问题，实现高速路网状态显示、应急智慧、交通服务一图显示、一网指挥，并构建信息收集、处理、调度、处置一体化系统，有效提升高速路网各类问题处置效率，为大众高速出行提供更快捷的高水平服务。

截至2022年，山东“路网管理智慧大脑”数据库已得到极大丰富，“智慧大脑”每天可搜集各渠道交通信息5000多万条，山东高速集团指挥中心数据库总量已超过420亿条，日均数据处理服务在80万次以上。随着山东高速“智慧大脑”信息收集、分析、计算、处理数量不断加大，山东高速管理已经能够实现高速路网运营自动分析、交通事故自动报警、交通管理资源自动调动。同时，山东高速集团“智慧大脑”还能够结合环境数据为交通运营管理单位、高速车辆及时自动推送气象预警信息，提前推荐安全保畅方案，大幅提升高速路网运行安全，缓解交通路网压力，为大众提供更便捷、更高效的高速出行方案。

据山东高速集团“智慧大脑”数据统计显示，截至2022年4月，山东高速路网交通事故发生率、交通事故处置时长均大幅降低，交通路网拥堵、封闭情况大量减少，高速路网意外事件信息收集率、相关信息及时发布率均为100%，高速用户使用满意度已提升至99.8%。

从山东高速集团搭建“路网管理智慧大脑”的举措中可以看出，我国交通运输行业发展已经从“智慧大脑”建设阶段逐渐转向升级阶段，传统交通管理中心通过数据统一、整合、共享，能够完善“智慧大脑”治理效果，且数据价值得到深度挖掘，交通运营、管理得到显著优化。

在交通“智慧大脑”升级过程中，共享化、开放式成为主要发展方向，因为在元宇宙技术支撑下，开放共享的交通“智慧大脑”能够充分利用大数据、云计算技术，实现多维度、多层次路网管理数据分析处理，快速响应交通大脑数据需求，为交通运输网络提供更科学的数据支撑。例如，山东高速集团在“路网管理智慧大脑”搭建完成后，基于这一平台又研发了“山东高速智慧出行”应用程序，这一程序在充分整合山东高速路网全网运行状态信息后，在平台上开发了车友互动、一键救援、路况分享等多种功能，大众不仅能够从平台获取最新高速道路资讯，且能够与其他车辆保持实时互动，车路协同、车车协同效果显著上升。

据我国交通运输部门统计，截至2022年全国搭建“交通智慧大脑”的城市已经超过500座。例如，杭州市为解决城市拥堵问题，于2016年搭建了城市交通管理“智慧大脑”，截至2021年4月，杭州市“交通智慧大脑”日均可自动发现警情超3万起，警情出现到“交通智慧大脑”获得相关信息平均时长仅为10秒，交管部门调度警力处置警情平均时长仅为5分钟，杭州市交通事故高效到警率达到了72.1%，5分钟快速处置率也升至51.7%，这极大提升了杭州市交通运行效果。

又如，西安市为提升大众出行效率不仅搭建“交通智慧大脑”，更从2020年10月起，对全市1300多个交通路口进行信号灯智能改造升级，交通改造升级完成后，西安市交通管理部门能够对全市中心交通路段每个时段车流运行情况进行准确把控，并根据交通运行动态数据调整沿线信号灯精准管理，最终实现全市114条“绿波带”智能交通调控，交通运行效率提升8%。

再如，2020年昆明市交通管理部门探索交通管理智慧转型，优化大众出行体验，启动“昆明交管·智慧大脑”平台建设项目，对昆明市316.78万辆机动车进行智能化交通管理。项目开展后，昆明交通管理部门加大交通态势感知设备投放建设，利用“交通智慧大脑”增强交通动态数据感知处理、集成指挥调度能力，进而全面提升昆明交通运行、交通管理效果。据《2021年度中国主要城市交通分析报告》显示，昆明城市交通拥堵降幅位居全国前列。

从各大城市“交通智慧大脑”建设效果来看，“交通智慧大脑”开始注重外部感知力强化，这种趋势主要为增强“交通智慧大脑”外部信息数据搜集全面性与及时性，以及增强“交通智慧大脑”自身开放性，这是因为集合大众交通使用数据的“交通智慧大脑”能够完成自我升级，并根据大众交通需求提升交通管理效果。总体而言，“交通智慧大脑”共享化升级已经展现出多种发展优势，开始引领大众共建“交通智慧大脑”的时代到来。

#### 1.“交通智慧大脑”共享化为大众出行提供全能指南

随着交通运输行业数字化发展，交通数据开始海量增长，交通数据是支撑“交通智慧大脑”进行智慧分析决策的主要依据。“交通智慧大脑”进行共享化发展能够有效提升大众出行智能效果，提高出行“无缝化”衔接率，为大众高效出行、分层出行、智慧出行、高体验出行提供有效指导。

自我国“交通智慧大脑”开始共享化发展以来，各地交通部门基于交通出行服务需求开始搜集各种大众出行数据，交通建设、交通管理效果显著提升。由此可见，智慧出行时代正在到来，“交通智慧大脑”正在为大众出行提供全能指南。

#### 2. “交通智慧大脑”共享化勾勒未来交通出行场景

在大量交通数据支撑下，全国各大“交通智慧大脑”结合云计算、大数据等技术开始构建联网式数据分析体系、网格化数据分类系统，以及智能化交通决策体系，我国交通整体数字化、智能化发展更加明显。这不仅有效促进交通强国建设进程，更明确勾勒未来交通出行场景。

例如，结合 AI、大数据、交互等元宇宙技术，“交通智慧大脑”能够将各类开放信息进行搜集总结，城市交通运行情况被多维度细致扫描，城市交通在虚拟空间搭建全方位数字模型，并根据数据分析进行交通趋势演化，未来城市交通出行场景得以在元宇宙清楚展示。

另外，元宇宙交通数字模型搭建还能够反哺“交通智慧大脑”进行交通运行管理。根据元宇宙交通数字模型运行效果，“交通智慧大脑”能够及时发现人、车、路、环境协同发展具体情况，结合 AI 技术计算最优发展管理方案，之后应用到现实管理中，未来交通管理、发展效果随之得到优化。

#### 3. “交通智慧大脑”共享化促进交通服务一体化

随着“交通智慧大脑”对交通运营信息收集量增加，交通运输管理部门主要职责将从交通管理逐渐转变为交通服务。“交通智慧大脑”能够基于数据分析出交通运营最优解，交通管理人员只需要根据“交通智慧大脑”决策对交通运行进行正确引导，这种交通运行新业态加速交通管理与交通服务一体化融合。

元宇宙时代到来后，我国交通发展开始呈现数据开放、技术创新、监管有效等特点，智慧出行时代加速到来。未来发展中，“交通智慧大脑”将不断向共享化、开放化、网联化、智能化升级，元宇宙技术红利随之惠及大众，交通出行效率、出行体验不断刷新大众认知，并向高品质智慧领域高速提升。

# 第六章

# 产业布局，元宇宙+交通运输产业的未来

元宇宙对交通运输行业带来的改变不只局限在技术层面，它实实在在带来了交通运输产业的升级。目前，各类交通运输行业在数字化、智能化转型发展中均展现出新业态、新趋势，交通运输产业布局由此发生改变，在这一市场背景下我国交通运输产业发展顺利进入高效、高速、高质量阶段。

## 一 交通设施的智能化趋势催生产业新生

在元宇宙技术布局交通运输产业过程中，交通运输行业充分利用现有交通设施进行全面改造升级，以此降低交通运输网络负荷，保障大众出行安全，提升运输效率，减少环境污染，各类发展效果十分显著。

但就目前取得的发展成果而言，仅对现有交通设施进行智能升级已无法满足交通智能化发展需求，必须研发制造新型交通智能设施，建设智慧交通运输网络数字框架，数字交通、元宇宙交通的潜力才能够充分释放。因此，我国交通设施研发制造行业近期迎来良好发展机遇，尤其与元宇宙技术结合的智能交通设施研发单位，凭借各类技术创新顺利引领交通运输行业发展。

随着我国智慧交通高速发展，毫米波雷达作为智慧交通主要感知设备得到更大应用空间，发展速度不断提升。另外，在元宇宙交通时代到来后，我国交通管理系统对动态数据提出全面化、实时化、准确化等新要求，这要求交通感知设备必须具备实时、稳定、准确的交通数据监测能力，这也极大促进了毫米波雷达技术革新。

2021年3月，工业和信息化部公布了《汽车雷达无线电管理暂行规定（征求意见稿）》，对我国汽车雷达管理明确提出了以下三项要求：

1）汽车雷达使用频率明确为76~79GHz频段，除国家无线电管理机构另有规定外，76~79GHz频段不能用于其他类型陆基雷达，也不能用于在航空器（含无人机、气球、飞艇等）上装载使用的雷达。另外，汽车雷达发射功率及功率谱密度限值、通用杂散发射限值、特殊频段保护限值、接收机阻塞特性等射频技术要求也要符合相关国家规定。

2）汽车雷达无线电管理方式：在76~79GHz频段内设置、使用汽车雷达，无须申请取得无线电台执照，但生产、进口在国内销售、使用的汽车雷达设备应当向国家无线电管理机构申请无线电发射设备型号核准。

3）汽车雷达使用和干扰协调要求：不得对同频段或相邻频段内依法开展的固定、移动、卫星固定、业余、射电天文等无线电业务或无线电台（站）产生有害干扰。另外，不同射电天文台台址及与汽车雷达之间的干扰保护距离也要符合国家相关规定。

以上规定的明确提出，对我国汽车雷达和交通雷达行业发展产生深远影响。因为自动驾驶、无人驾驶、智能驾驶技术是我国交通运输行业当前重点发展技术，而汽车雷达是保障自动驾驶、无人驾驶、智能驾驶技术完成车路协同、融合感知、安全高效的核心基础硬件。目前，我国交通雷达和汽车雷达处于频段共享状态，甚至某些数字汽车搭载的感知雷达就是交通雷达的改造升级产品，这直接导致交通雷达和汽车雷达使用过程中大量存在频段干扰情况，智能交通感知能力、数字汽车安全性被大幅降低。

《汽车雷达无线电管理暂行规定》已于2021年12月正式实施，这代表我国交通雷达与汽车雷达已经获得专属频段。这种毫米波雷达使用环境下，汽车雷达与交通雷达相互干扰的情况可以大幅降低，各种交通安全隐患被全面排除，自动驾驶、无人驾驶、智能驾驶技术发展更加舒畅，毫米波雷达行业展现了良好发展前景。

2021年12月7日，“第十六届中国智能交通年会暨2021中国智能交通大会”在长沙顺利召开，会上各大交通设施智能研发企业纷纷展示创新成果。其中，民营电子科技公司雷科防务公司旗下子公司理工睿行推出了一款80GHz超距毫米波交通雷达，如图6-1所示。

图6-1　雷科防务推出的80GHz超距毫米波交通雷达

这款雷达凭借独特技术优势突破多项技术壁垒，各项数据参数稳居行业领先位置，亮相大会现场后产品获得无数交通科技人士及发展单位深度关注。

80GHz超距毫米波交通雷达是理工睿行研究多年的创新产品，在会上理工睿行CEO金烨女士就80GHz超距毫米波交通雷达产品进行了主题演讲。金烨女士提到，80GHz超距毫米波交通雷达能够突破传统超距雷达500～1000米的检测距离，检测距离可以达到1000～1500米，且千米检测距离精确度能够保持在0.2米误差之内。另外，80GHz雷达频段与汽车雷达76～79GHz频段不产生冲突，雷达干扰情况更少。同时80GHz超距毫米波交通雷达能够60毫秒内完成一次输出，这相比市场常规100毫秒内完成一次输出的正常标准是一次技术升级，80GHz超距毫米波交通雷达实现了超低延迟检测。

截至2022年，理工睿行的母公司雷科防务已经为80GHz超距毫米波交通雷达建成两条生产线，产能可满足百万级市场需求。80GHz超距毫米波交通雷达已应用于雄安新区对外骨干路网荣乌新线、京德一期、延崇高速等多条高速公路，整个雄安新区已经完成全区域高速公路80GHz超距毫米波交通雷达布设工作。车辆进入雄安新区高速路网后，车型识别、运行状态、高速路网流密速统计可以全程感知，雄安新区高速路网智慧管理、智能决策能力得到全面提升。

近年来，迅速崛起的智能交通设施研发生产企业数不胜数，其中不乏一些知名巨头科技公司。例如，据百度公司数据显示，截至2021年12月，百度飞桨已经创建47.6万个AI模型，累计服务15.7万个企事业单位，覆盖工业、农业、医疗、城市管理、交通、金融等领域；2021 年阿里公司和上汽公司达成合作，斥资百亿进行智能汽车研发，双方对研究车型新宝骏 RC-5 进行多种智能技术创新，为其搭载了 17 项智能驾驶辅助功能；2021 年 11 月，腾讯公司在腾讯生态大会上发布了全新数字道路产品，以云图结合技术助力道路交通智慧升级。

与其说这些科技公司进行交通产业创新是对现代市场趋势的把握，不如说这些智慧交通产品是交通智慧时代的产物。交通智慧发展趋势下，交通设施研发生产行业获得更大发展空间，这一市场红利吸引无数企业入驻，行业发展势态自然蓬勃。

### 1. 交通设施智能化发展现状

目前，从我国交通设施智能化发展现状来看，交通设施智能发展主要体现在四个方面。

(1) 道路交通设施智能化发展

道路交通设施是当前交通智能化升级重点，因为道路交通智能化直接影响着大众出行体验，影响着交通发展质量，这需要大量道路交通智慧设施铺设、布设，所以道路交通智慧设施行业目前存在较大发展空间，同时能够得到较多政策扶持。

例如，公路计费、收费设施便是当前道路交通智慧设施发展重点，截至 2022 年，我国公路计费、收费设施已经能够完成自动识别、自动计重、自动按照距离计费等，这正是道路交通智慧设施带来的发展成果。

(2) 城市交通管理服务设施

城市交通决定着城市运行效率与城市经济发展，为提升城市交通运行效果及大众出行品质，近年来我国城市交通开始加强交通管理服务水平，这也需要大量智能交通设施辅助。如智能信号灯、电子警察、交通信息显示播报设备，都是提升城市交通管理服务水平的关键设施。

(3) 公共交通智能辅助设施

公共交通作为我国大众主要出行工具，一直是我国交通运输行业建设重点，但截至 2022 年我国公共交通整体智能性依然存在诸多不足。为提升公共交通智能水平，近年来我国开始加强公共交通智能辅助设备发展，如智能交通软件、智能候车区等，这类交通设施正在全国范围高速普及。

（4）智能交通工具

智能交通工具是全球智能交通发展的重点领域，尤其搭载无人驾驶、自动驾驶的交通工具，正在不断更新迭代。

分析过这四大领域智能交通设施发展成果后，可以得出我国交通智能设施重要产品将包括智能公交、智能信号灯、智能收费计费设施、交通感知设备、智能交通管理设施、卫星导航系统定位设施、交通信息采集与发布设施、电子警察等，这些产品将获得更大发展空间。

**2. 交通设施智能化发展特点**

事实上，自我国进行交通设施智能化发展以来，交通运输部门便充分结合我国综合立体交通网节点多、路线长、覆盖范围广的优势，将交通基础设施进行智能化升级，并创新交通智能设施与交通运输网络整体发展紧密结合。多年的发展中，我国交通运输产业在数字技术、元宇宙技术结合下产生新经济业态，展现全领域、全范围、全周期发展特点，推动交通设施智能研发生产行业高质量发展，并展现出以下三种特点。

（1）以政策指引筑牢交通发展根基

近年来，为推动我国交通设施智能化发展，交通运输管理部门全方位梳理交通设施经济发展路径，各地政府相继出台各种指引、扶持政策，为我国交通运输设施行业发展开拓更多发展空间。

例如，2022 年国家发展改革委、交通运输部等 14 个部门联合印发《关于促进服务业领域困难行业恢复发展的若干政策》，其中包括 6 项针对公路水路铁路运输业、5 项针对民航业精准纾困扶持措施和 10 项服务业普惠性纾困扶持措施。这项政策推出后，我国交通运输行业经济发展被显著激活，公共交通、新能源交通工具生产企业获得良好发展前景。

又如，2022 年 4 月云南省交通运输厅印发《持续开展政策宣传、政策服务、政策兑现进交通运输市场主体活动方案》，明确提出“加强建设云南省交通运输领域从事建筑业、服务业各类型市场主体”，以此激发云南省交通运输行业各类市场主体活力，为我国综合交通运输高质量发展提供有力支撑。这项政策推出后，云南省交通设施研发生产市场得到大力扶持，行业发展方向更加明确。

在各类政策指引、扶持下，我国交通运输相关行业整体发展更加稳固，行业状态更加健康，这为我国交通智能化发展、高质量发展提供了基础动力。

（2）助力经济增长，引领行业未来

交通智能设施研发生产行业是我国市场经济主要组成部门，也是我国交通运输行业主要经济增长点，作为元宇宙时代的新兴产业，这一行业健康发展能够为社会经济良性发展、可持续发展提供坚实基础。因此，近年来我国各地纷纷将交通智能设施研发生产商业作为经济发展主要部分，带动区域经济健康发展。

例如，甘肃省将交通基础设施建设与关联产业进行同步谋划，根据交通发展需求充分发挥关联产业优势，创新了一种交通与产业融合发展的“路衍经济”。2022 年 2 月，甘肃省政府决定将“打造路衍经济千亿级产业集群，路衍经济成为产业兴省战略的重要载体”写入甘肃省“十四五”规划，坚持“不闲置一寸土地、不浪费一点资源、不漏过一个增长点”的原则，聚焦交通运输行业“融资、投资、建设、养护、运营、运输、服务”全产业链优势，系统科学谋划形成“路衍经济”发展规划体系；并为此先后编制《甘肃省“十四五”交通运输发展路衍经济专项规划》《甘肃省属企业发展路衍及临空经济专项规划》两项指引政策，以此促进全省交通运输关联产业发展。

（3）以科技创新助推交通高质量发展

随着元宇宙技术、数字技术与交通设施融合加深，近年来交通运输行业创新了无数智能交通产品。例如，2021 年我国交通智能设施产业推出了“无光电子警察”，这一产品能够在微光环境下清晰抓拍车辆信息，彻底解决夜间电子警察造成的“光污染”问题，大幅提升了道路交通安全。这类创新产品有效推动了我国交通运输行业高质量、智能化发展。

截至 2022 年，据交通运输部门统计，我国从事智能交通设备研发生产企业已经超过 2000 家，各地交通运输管理部门针对视频、安防、感知、收费等设备研发生产相继出台多项有关政策，我国交通智能设施建设投入已经达到千亿级规模，交通智能产业随之进入快速发展状态。

未来一段时间内，面对综合交通、智慧交通、绿色交通建设要求，我国交通智能设施研发生产行业还将加深与元宇宙技术、数字技术结合，立足发展实际，充分发挥科技优势，构建具有中国特色的新一代交通基础设施框架。这是我国智能交通发展的必然需求，也是我国智慧交通发展的主要方向。

## 二 车辆零部件智能化重塑产业链

元宇宙技术在汽车行业渗透率的提升，为车辆零部件行业智能化发展带来了千亿级增长空间，以特斯拉、理想、小鹏等新势力造车企业为主导，我国车辆零部件市场正在经历颠覆性转型。2022 年，比亚迪、丰田等汽车巨头企业相继公布停止燃油车整车生产的时间表，而海南省、西安市也相继宣布截至 2030 年全面禁止燃油车销售。

从汽车行业发展趋势来看，以新能源为主的智能汽车正在成为市场主流产品，这不仅是因为新能源智能汽车满足我国绿色交通发展需要，更因为新能源智能汽车能够带来智能驾驶体验，提升交通出行品质。

截至 2022 年，我国道路交通载具依然以燃油车为主，但新能源汽车企业发展持续保持上涨趋势。目前，大多数新能源汽车进行市场技术试水并不是通过整车研发，而是将智能化车辆零部件搭载到燃油车中，这种发展模式导致车辆零部件行业产业链开始重塑，传统燃油汽车零部件开始逐渐减少，智能车辆零部件随之成为行业主体。

在车辆零部件硬件快速发展的同时，人机交互、智能驾驶等软件产品也随之高速发展，我国汽车座舱全面进入智能化升级时代。根据汽车行业权威数据机构统计，预计到 2025 年我国汽车智能座舱市场将达到千亿级规模。

目前，智能车辆零部件行业主要分为三大领域，这三大领域对汽车零部件行业格局带来了较大影响。

### 1. 智能车载显示零部件

在交互技术、AI 技术等元宇宙核心技术融合下，智能车载显示产品成了现代汽车行业创新重点，智能车载显示产品几乎是所有车辆高配版本必备设备。这类产品主要体现为 10 英寸以上中控屏搭配多功能智能驾驶辅助软件、娱乐软件，以此增强驾驶体验。

### 2. 安全驾驶辅助零部件

元宇宙核心技术除被应用到提升驾驶体验领域外，另一大应用领域则是安全驾驶辅助，这类智能车辆零部件是当下汽车行业发展重点，也是国家大力倡导的发展领域。

### 3. 其他娱乐性智能车载零部件

为提升驾驶人舒适感与驾驶乐趣，在安全前提下我国车辆零部件研发行业创新了多种娱乐性智能车载产品，如车载音乐系统、车载氛围灯系统等，这些产品不仅提升车辆高端性，也增强车辆智能体验。

车辆零部件智能化发展正在创新推动汽车产业走向智能化高质量发展状态。当前我国智能汽车零部件市场整体表现出健康趋势，但未来发展中竞争必然越发激烈，技术突出、品质突出、性价比突出的品牌企业最终会引领这一行业发展。不论这一行业竞争如何加剧，相比传统汽车零部件市场，现代市场空间被无限拓展，市场前景都无限趋好。这主要因为智慧汽车零部件行业相比传统汽车零部件行业具备智能化附加价值，能够提供多样化高端服务，这种特性推动行业健康发展。例如，华为、腾讯、百度等科技公司凭借其技术优势不断加速汽车零部件行业变革，这类跨行业赋能行动让双方行业发展均得到较大空间，整体发展自然呈上涨趋势。

回顾汽车零部件行业发展历史，这一行业一直被科技力量推动。科技发展为汽车零部件行业带来娱乐性，提升安全性，丰富功能性，这一行业随之经历了三个不同发展阶段。

第一阶段是汽车零部件注重功能性的基础阶段。这一阶段汽车零部件作用注重强化汽车动力系统与基础性能，娱乐设备仅包括收音机与磁带播放机。这一阶段汽车零部件行业电子化程度普遍较低，车载电子设备局限在听觉领域，数字显示设备少之又少。

第二阶段是汽车零部件开始电子化的初级智能阶段。这一阶段汽车零部件行业开始加大电子产业应用，初级显示器搭载到汽车座舱。不过这一阶段汽车显示设备更注重视觉感受，以按键式“大屏”为主要体现，电子设备智能性更多用于提升驾驶体验，车辆性能未能得到较大促进。

第三阶段是互联网时代到来后的数字时代。这一阶段智能汽车零部件出现丰富创新，大屏显示设备发展为多屏、多功能显示，车内音乐场景被成功构建，人车交互、实时定位技术不断升级，汽车智能性开始凸显，并不断提升。元宇宙时代到来后，汽车智能性再次升级，智能汽车零部件市场也开始出现转变，传统燃油车零部件逐渐向智能新能源汽车零部件偏移，大众驾驶认知被不断刷新。

得益于汽车智能零部件发展，现代汽车全面具备信息实时传输、娱乐互动、环境感知等智能功能，为我国交通行业人、车、路、环境高效协同发展提供了基础支撑。传统汽车能够节约大众出行时间，减少出行体力消耗，汽车智能零部件行业高速发展中，汽车已经由交通工具升级为生活工具，大众对汽车依赖性不断提升。目前，特斯拉、小鹏等造车新势力还在强化汽车智能零部件发展效果，华为、百度、阿里等科技公司不断加大赋能，汽车零部件行业正以新业态、新趋势重塑产业链，且这种趋势至少延续到新能源电动车全面替代燃油车。由此看来，汽车零部件智能化发展趋势还将持续十余年。

从硬件角度分析，各大汽车零部件生产企业持续加大研发力度，各类汽车智能零部件正在不断创新，种类不断拓展，智能零部件也逐渐成为现代汽车标配，智能零部件行业开始影响汽车企业之间的市场竞争。

例如，目前大部分新能源汽车在智能零部件支持下具备了防止疲劳驾驶、智能驾驶等功能，车舱内还具备娱乐氛围灯、全方位立体音乐系统，中控屏尺寸不断加大，屏幕数量不断增多，这些内饰及功能极大吸引着消费者眼球，年轻消费者消费观念逐渐从品牌抉择转变为消费体验抉择。

从软件角度分析，汽车智能零部件也实现了汽车多模态交互及个性化服务，驾驶场景更加丰富，且随着元宇宙核心技术深度应用，汽车人工智能软件越发高端，驾驶更加轻松智能。

例如，小鹏推出的 P7 车型具备人脸识别、方向盘加热、座椅通风按摩等多种个性化功能，这都是汽车智能零部件升级带来的丰富驾驶体验，如图 6－2 所示。

图6-2 小鹏推出的 P7 车型带来丰富的驾驶体验

又如，2021 年 12 月 23 日，新势力造车品牌 AITO 推出了旗下首款智能豪华电驱 SUV 车型问界 M5，其操作系统界面如图 6-3 所示。

图6-3 问界 M5 的 Harmony OS 系统界面

这款智能汽车搭载了华为公司的 Harmony OS 系统，使问界 M5 能够与手机、智能手表等设备无缝切换，真正实现了智能设备全面互联，得到众多年轻消费者青睐。

从汽车智能零部件兴起的原因分析，我们可以看到这一趋势并不是汽车行业发展的单纯趋势，而是大众消费升级、科技时代变革、政府政策鼓励的共同结果。

首先，智能手机、平板电脑等电子设备高速发展培养了大众操作电子设备的习惯，也令大众对电子设备产生较高需求性与依赖性，汽车零部件进行这类转变也是为了满足大众需求。

其次，科技进步促进高算力时代到来，汽车基于外部数据搜集充分展现智能特点的算力环境已经具备，这种情况下智能技术与汽车零部件融合能够展现更大价值。

再次，汽车智能化、绿色化、网联化发展也是我国交通发展主要方向，所以汽车零部件智能化发展得到大量政策扶持。近年来，我国交通运输管理部门相继发布了《关于确定智慧城市基础设施与智能网联汽车协同发展第一批试点城市的通知》《智能网联汽车生产企业及产品准入管理指南》《国家车联网产业标准体系建设指南》等多项政策，这些政策有效加速了汽车零部件智能化发展。

最后，汽车零部件智能化发展也是大众消费习惯变化的表现。随着用户对汽车性能需求不断提升，汽车零部件行业需要进行各种技术创新才能满足大众消费需求。目前，用户对汽车零部件基础要求已经从确保汽车正常性能、延长汽车使用寿命转变为构建移动智能空间，用户希望在汽车内享受更便捷、更轻松、更智能的驾乘体验。

总体而言，汽车零部件智能化为相关行业市场带来了新局面，无数汽车零部件研发生产企业从中找到发展机遇，汽车行业也从硬件决定产品品质时代转变为“软硬结合”定义产品品质时代。这一时代中，汽车行业与科技行业边界逐渐模糊，各大科技企业、软件企业纷纷在汽车领域入局，一方面双方结合能够创新消费者体验，双方合作能够获得共赢结果；另一方面，在交通政策扶持下，这些科技企业、软件企业获得更多助力，自身发展速度得以提升。

例如，在华为、阿里、腾讯等科技巨头带领下，近年来无数科技企业涌入汽车零部件研发生产行业，推动汽车智能零部件行业架构升级，开发出更多开放化、智能化的汽车操作系统，为车内空间打造更多体验场景。这种转变让我国科技行业伴随汽车零部件研发生产行业保持高速发展，双方共赢效果超乎大众想象。

例如，2022 年年初上海市政府发布的《上海市智能网联汽车发展报告（2021 年度）》显示，2021 年全年上海市累计开放 615 条、1289. 83 公里智能汽车测试道路，测试场景高达 12000 多个。另外，上海市交通管理部门于

2021 年累计向 25 家企业颁发道路测试和示范应用资质，上海智能网联汽车行业得到显著发展。

又如，2021 年 11 月召开的中国汽车产业峰会上，权威机构发布了一份《2021 中国智能网联汽车发展报告》，报告中指出 2016—2020 年我国智能网联汽车产业连续上涨，截至 2020 年智能网联汽车产业规模已经增长至 2556 亿元，同比增长 54.3%。这些数据充分说明我国汽车零部件智能化发展趋势良好，科技力量正在重新定义汽车零部件行业发展模式与盈利模式。

元宇宙时代到来后，汽车零部件行业可以获得更大空间，因为科技力量能够展现更大价值，与元宇宙技术结合后汽车零部件可以获得附加价值，成为消费者关注重点。对汽车零部件行业生态而言，这种产品功能产业化发展是行业进步的良性表现，因为科技融合不只是行业、市场发展趋势，更是时代进步的必然方向。

## 三 出行系统的元宇宙建设重塑产业链

2018 年 12 月，世卫组织发布的一项交通数据报告显示，截至 2018 年，全球每年因交通事故丧命的人数达到 135 万人，这代表每 24 秒就有人因交通事故丧生。世卫组织的报告还指出，5～29 岁儿童及年轻群体的最大死亡原因也是交通事故，自 2015 年开始交通事故死亡人数每年以 10 万人递增。

世卫组织发布的这份报告中有这样一项数据值得我们关注：非洲民众每 10 万人中有 26.6 人因交通事故死亡，而在欧洲这一数字仅为 9.3 人。这代表交通发达、交通体系健全的地区交通死亡人数更低，这是因为这些地区建立了更安全的大众出行系统。

该报告发布后，全球各国交通运输领域开始深度思考交通安全问题与大众出行问题，交通事故不是交通发展的必然代价，建设交通发展与大众出行和谐环境是交通运输行业发展重点。

根据我国交通运输管理部门统计显示，94% 的交通事故出于人为因素，其中注意力不集中、决策失误、疲劳驾驶、醉酒驾驶是主要事故因素，而疲劳驾驶、醉酒驾驶致死率极高。

为确保我国大众出行安全，近年来我国交通运输管理部门相继出台多种规范政策，加大对疲劳驾驶、醉酒驾驶行为的处罚力度，收获显著效果。但从交通运输与大众出行本质关系出发，彻底解决大众出行安全问题，主要依靠构建人、车、路、环境更和谐的运行环境，让出行系统更智能、更安全。

元宇宙时代到来，各种元宇宙核心技术开始应用到智能驾驶、安全驾驶领域，这不仅提升了我国汽车行业发展速度，更为出行系统提供了安全保障。随着元宇宙核心技术应用加深，汽车安全辅助功能不断丰富，相关行业发展随之出现变革，尤其在自动驾驶、智能驾驶全面落地阶段，安全性已成为消费者首要关注点。谁能够更全面、更到位地保障大众出行安全，谁便可以在行业市场中获得青睐。

2021年10月，Honda公司对外发布了最新全方位安全驾驶辅助系统“Honda SENSING 360”。Honda公司宣称，这一系统于2022年率先搭载到中国发布的车型当中，计划在2030年之前搭载到市场销量领先的全部车型当中。

事实上，自Honda公司进行智能汽车研发以来，安全驾驶辅助系统便是公司研究重点，且发布的各类智能汽车均具备安全驾驶辅助功能。Honda SENSING 360作为Honda公司对安全驾驶辅助功能的全方位升级，实现了多层面技术突破，仅车辆感知能力就从以往的车辆前后位置感知升级到360°无死角感知，如图6-4所示。

图6-4 Honda SENSING 360的360°无死角感知示意图

从硬件层面分析，Honda 公司研发的 Honda SENSING 360 是公司现有安全驾驶辅助系统 Honda SENSING 的升级版本，Honda SENSING 360 将以往单眼摄像头感知设备升级为单眼摄像头加 5 个毫米波雷达的综合感知体系，从而实现 360°全方位感知。感知系统升级后 Honda SENSING 360 能够将车辆行驶过程中目视无法直接确认的视野盲区数据精准搜集，帮助驾驶人避免与盲区障碍物、车辆、行人发生碰撞，提升驾驶人驾驶体验，同时提高大众出行安全。

从安全角度分析，确保大众出行安全一直是 Honda 公司发展目标，早在 2007 年 Honda 公司就提出了“Safety for Everyone”的发展口号，并努力为构建交通参与者零事故的和谐社会。在这一发展理念引导下，十几年来 Honda 公司一直注重安全技术研发，并从软件、硬件两方面强化产品安全性能。第一代 Honda SENSING 是 Honda 公司 2014 年推出的安全辅助驾驶系统，这一系统推出后在全球范围得到广泛应用，为车辆提升安全属性，大众出行提供安全保障带来极大促进。

从技术角度分析，Honda SENSING 360 具备五大技术优势，全面提升了 Honda 公司产品安全性能。

1）碰撞缓解制动优势。Honda 公司研发的 Honda SENSING 360 对车辆制动系统进行智能升级，最大程度提高车辆防碰撞功能。当车辆转弯时 Honda SENSING 360 会根据感知设备搜集到的环境数据进行分析，如存在行人、障碍物、车辆碰撞风险，车辆碰撞缓解制动系统会及时启动，帮助驾驶人降低碰撞概率，减少交通事故发生，确保大众出行安全。

2）车道变更碰撞抑制优势。Honda SENSING 360 在车辆行驶过程中会全程感知车辆行驶状态，当车辆发生道路变更时，系统会检测相邻车道后来车辆发生碰撞概率，如存在碰撞风险系统将进行声音或仪表盘危险信号提示，会帮助驾驶人防止相邻车道后方来车发生碰撞。

3）车道自动变更优势。在搭载 Honda SENSING 360 安全驾驶辅助系统的车辆开启低速追随模式的主动巡航控制系统和车道保持辅助系统后，当交通环境允许时，驾驶人如果打开转向灯，Honda SENSING 360 系统会帮助车辆进行自动车道变更，同时监测相邻车道后来车辆，提升驾驶体验并降低交通事故发生概率。

4）交叉车辆预警优势。Honda SENSING 360 在车辆进行提速时会自动检测交叉方向车辆、行人动态，如车有交叉碰撞风险，Honda SENSING 360 也会进行声音或信号提示，以此提醒驾驶人避免碰撞。

5）弯道车速控制优势。当搭载 Honda SENSING 360 安全驾驶辅助系统的车辆开启低速追随模式的主动巡航控制系统后，车辆在行驶到弯道路段时，Honda SENSING 360 会通过前置摄像头在进入弯道之前自动获取车道弧度，根据车道弧度自动调整车辆速度，确保驾驶人在弯道路段安全行驶。

此外，为确保 Honda SENSING 360 充分发挥大众出行安全保障效果，Honda 公司还对 Honda SENSING 360 系统进行补充说明，帮助消费者了解 Honda SENSING 360 使用方法及使用环境。

元宇宙时代到来后，Honda 公司开始注重元宇宙技术在安全驾驶领域的研发，并尝试在元宇宙内搭建安全驾驶辅助平台，为智能时代大众出行提供更多技术支持。Honda 公司表示，计划到 2050 年实现全球范围内旗下摩托车与汽车产品交通事故零死亡目标，今后将继续贯彻安全理念，发挥技术优势，为建设大众安全出行系统，构建“零事故社会”不懈努力。

根据我国交通部门统计数据显示，2019 年全球汽车保有量为 11 亿辆，这一数据将在 2040 年攀升至 20 亿辆。如此庞大的汽车数量需要一个智能、高效的交通系统确保大众出行安全，这需要元宇宙技术在大众出行系统中深度应用，不断增强出行系统安全属性，并带动相关产业高速发展。

从我国智慧出行系统发展现状中可以看出，借助移动互联网、云计算、物联网、大数据等技术，将传统交通运输行业进行智能升级，并结合大众出行需求构建合理出行模式，是确保大众出行安全的关键。在这一趋势下，盲区检测、全方位扫描、碰撞预警、车辆辅助驾驶等交通设施的研发生产产业将成为保障大众出行安全的关键，这些产业发展趋势将随科技进步不断革新，产业链得到全面重塑。

### 1. 车道保持功能

车道保持功能是当代智能驾驶功能的重要组成部分，这一功能够确保车辆在偏离车道时提前预警，并及时辅助制动，控制车辆保持在安全行驶状态。随着车辆智能属性提升，定速巡航和自适应巡航使用频率不断升高，车辆处于这一状态时一旦车道出现偏离，很容易发生交通事故，影响大众出行安全，所以车道保持功能是当前交通安全技术发展重点。

### 2. 防碰撞预警功能

防碰撞预警功能是车流量通过感知雷达检测前方车辆，判断彼此距离、速度、方位、运动方向之后测算碰撞概率，当测算结果处于危险区间时车辆自动发出危险提示的功能。

目前，这一功能还没有与自动制动功能进行连接，这主要因为当前行车环境复杂，频繁变更车速反而影响交通安全。车辆防碰撞预警系统主要表现为根据碰撞概率发出不同级别的预警信号，比如车距过近时发出常规提示信号，而车辆即将发生碰撞风险时会发生急促的警报声音，通过预警提示减少车辆碰撞风险，降低交通事故发生率与交通伤害。

### 3. 自适应巡航控制功能

自适应巡航控制功能是车辆根据设定车速进行巡航控制行驶的功能，这一功能可以让车辆与前方车辆保持合理安全距离，实现这一功能主要依靠车距传感检测装备及车辆运动测算软件。目前，大部分车辆自适应巡航控制功能都采用毫米波雷达与智能驾驶系统配合实现，这一功能已经取代驾驶人部分驾驶操作，为驾驶人带来更轻松的驾驶体验。

自适应巡航控制功能可以视为定速巡航功能的升级版本，这一功能弥补了定速巡航无法自动控制车速、无法自动保持车距的弊端，车辆可以根据前车距离和速度做出自动调整。这一功能可极大提升车辆行驶安全性，降低交通事故发生概率。

### 4. 交叉路口监测功能

交叉路口是交通事故多发路段，据我国交通管理部门统计显示，城市交通事故90%发生在交叉路口。针对这一情况，我国交通设备研发生产企业开展各种技术创新，推出各类智能产品，以此减少交叉路口事故发生率。例如，当代智能汽车大多具备交叉路口后方运动物体监测设备，尤其在能见度低的交通环境中，这一功能能够有效减少交叉路口交通事故发生量，提升大众出行安全保障。

### 5. 盲区监测功能

受车辆框架结构影响，车辆静止状态均存在视野盲区，这一区域车辆起步、加速过程中容易导致交通事故。基于这一情况，我国汽车研发行业创新了盲区监测设备。这类设备能够在低速状态下全方位监测车辆周围环境，当视野盲区中存在障碍物、车辆、行人时，车辆会发出提示信息，引起驾驶人注意，以此减少因视野盲区导致的交通事故发生。

### 6. 自动紧急制动功能

自动紧急制动功能是由测距模块、数据分析模块和执行模块组成的车辆智能制动系统，这一系统能够根据车辆与障碍物的距离提供辅助驾驶。当车辆与障碍物距离处于危险状态时，即使驾驶人未能及时采取制动措施，车辆也会自动采取制动，以此为大众出行保驾护航。

截至 2022 年，大部分车辆装备的自动紧急制动系统大多用于中高车速行驶状态，一般车速设置区间为 50 ~ 80 公里/小时，这一数值是充分结合大众城市出行状态得出的最优区间选择。

以上这六项功能是提升大众安全出行的重要技术，也是元宇宙技术在交通出行系统应用最深的领域。结合这些安全保障功能原理、应用效果可以得出，这些安全功能的实现主要依靠交通感知装备、交通测距装备，以及智能软件系统。这三大产业在大众出行系统进行智能化、安全化升级过程中可以获得较大发展空间，甚至重塑产业链。例如，传统车辆感知设备以车载摄像头为主，产业链升级模式为不断提高车载摄像头清晰度与摄像距离，但元宇宙时代到来后，车辆感知设备主要以车载毫米波雷达为主，因为毫米波雷达能够实现千米级环境数据感知，且数据传输速度为毫秒级，这一设备极大提升了大众出行安全，交通感知设备产业链也因此重塑。

一个真正智能的国家级交通系统，不仅能够充分发挥交通设施作用，提升交通运输效率，更重要的是保障大众出行安全。随着元宇宙技术不断更新，自动驾驶、智能驾驶将逐渐取代人类驾驶，因为智能车辆、智慧交通环境能够最大程度保障出行安全与出行效率。相信有一天，人类出行不再依靠手动驾驶，城市交通也不再出现拥堵情况，一线城市不再单双号限行、车辆限购，因为智能交通已经全面解决这些交通弊病，为人类提供更舒适、更便捷、更轻松、更安全的交通服务。

## 四 智能汽车系统催生新产业链

2015年5月，国务院印发的《中国制造2025》中对智能网联汽车行业提出了明确发展目标。截至2022年，我国已经实现《中国制造2025》中提出的“到2020年，掌握智能辅助驾驶总体技术及各项关键技术，初步建立智能联网汽车自主研发体系及生产配套体系”的既定目标，正在向“到2025年，掌握自动驾驶总体技术及各项关键技术，建立较完善的智能网联汽车自主研发体系、生产配套体系及产业群，基本完成汽车产业转型升级”这个目标快速发展。

从国家发展规划层面出发，智能汽车行业发展与新能源汽车行业保持着相同战略高度，尤其元宇宙时代到来后，智能汽车行业开始与新能源汽车行业高速融合，这提升了我国汽车行业发展目标的实现速度。

2020年2月，国家发展改革委等11部委联合发布了《智能汽车创新发展战略》，明确指出智能汽车将成为我国汽车强国战略的重要载体。2021年5月，住建部和工业和信息化部将北京、上海、广州、武汉、长沙和无锡6座城市设定为智慧城市基础设施与智能网联汽车协同发展第一批试点城市，智能汽车首批快速发展基地随之诞生。

2021年2月，交通运输部发布了《国家综合立体交通网规划纲要(2021—2050年)》，明确指出未来我国交通发展“将加强智能化载运工具和关键专用装备研发，推进智能网联汽车（智能汽车、自动驾驶、车路协同）、智能化通用航空器应用”。

2021年3月，国务院发布了《中华人民共和国国民经济和社会发展第十四个五年规划和2035年远景目标纲要》，其中再次指出“我国新能源和智能汽车要突破新能源汽车高安全动力电池、高效驱动电机和高性能动力系统等关键技术，加快研发智能汽车基础技术平台及软硬件系统、线控底盘和智能终端等关键部件”。这一政策为我国智能汽车行业明确了发展目标。

近几年来，在各种政策指引扶持下，我国新能源汽车、智能汽车行业一直保持快速发展势态。涉及新能源汽车、智能汽车的相关政策法规也在不断完善，行业市场规范程度不断提升，新能源汽车、智能汽车产业技术标准、产业体系框架越发明确。在这一行业健康、快速发展过程中，新产业链随之诞生，产业发展重点越发明确。

据中研产业研究院发布的《2020—2025年中国智能汽车行业市场全景调研与投资前景预测报告》统计数据显示，截至2022年全球智能汽车保有量约为1亿辆，每辆智能汽车平均价格为16万元，这代表全球智能汽车市场规模已经达到16万亿元。该报告还显示，搭载自动驾驶技术的智能汽车市场渗透率约为10%，自动驾驶智能汽车市场规模约为1.6万亿元。

据美国波士顿咨询集团预测，到2035年全球自动驾驶智能汽车保有量将达到1800万辆，其中无人驾驶车辆将达到1200万辆，无人驾驶汽车市场价值高达420亿美元，中国将成为全球最大的智能汽车市场。

多方数据表明，智能汽车时代正在快速来临，智能汽车相关产业正处于蓬勃发展状态，对比分析我国智能汽车行业发展现状，智能汽车市场发展重心正在从新能源应用逐渐偏移到智能汽车系统当中，且智能汽车系统高速发展影响着我国多领域市场格局。

自2020年我国智能汽车市场进入蓬勃发展阶段后，我国智能汽车市场涌现了众多新势力品牌，其中小鹏、理想、哪吒等企业引领行业发展，为智能汽车产业开拓无限空间。随后，无数科技企业开始涌入这一领域，加速智能汽车产业进步，甚至开始重构智能汽车产业链，这一行业格局发生巨大变动。

2022年年初，第一电动网联合华西证券、奥纬咨询发布了“2021年中国智能汽车企业100强榜单”，如图6-5所示。

令所有人意外的是，我国智能汽车榜首企业竟然不是新势力造车品牌，而是在通信领域塑造国民骄傲的华为公司。

截至2022年，华为公司没有生产过一辆智能汽车整车，那么它是如何成为这一行业市值最高、规模最大的品牌企业呢？这是因为华为虽然不生产智能汽车，却研发先进的智能汽车系统，并为整个智能汽车行业提供智能化服务。

事实上，自国内新能源汽车进入快速发展阶段起，华为就将智能汽车领域视为商业必争之地，尤其在新能源汽车与智能汽车融合发展后，华为更坚定了市场进军目标。

| 2021 年中国智能汽车企业 100 强榜单 | | | | |
| --- | --- | --- | --- | --- |
| 排行 | 企业/品牌名称 | 市值/估值（亿元） | 总部 | 类别 |
| 1 | 华为 | 13000 | 广州深圳 | 智能驾驶 |
| 2 | 宁德时代 | 11747 | 福建宁德 | 动力电池 |
| 3 | 比亚迪 | 6414 | 广东深圳 | 智能汽车 |
| 4 | 中芯国际 | 3982 | 上海 | 芯片 |
| 5 | 百度 | 3428 | 北京 | 智能驾驶 |
| 6 | 海思半导体 | 3200 | 广东深圳 | 芯片 |
| 7 | 长城汽车 | 2720 | 河北保定 | 智能汽车 |
| 8 | 蔚来汽车 | 2198 | 上海 | 智能汽车 |
| 9 | 恩捷股份 | 2195 | 云南玉溪 | 新能源动力系统材料 |
| 10 | 韦尔股份 | 2084 | 上海 | 芯片 |
| 11 | 赣锋锂业 | 2042 | 江西新余 | 新能源动力系统材料 |
| 12 | 弗迪电池 | 2000 | 广东深圳 | 动力电池 |
| 13 | 小鹏汽车 | 1898 | 广东广州 | 智能汽车 |
| 14 | 商汤科技 | 1884 | 北京 | 智能驾驶 |
| 15 | 盐湖股份 | 1860 | 青海格尔木 | 新能源动力系统材料 |
| 16 | 理想汽车 | 1854 | 北京 | 智能汽车 |
| 17 | 大疆创新 | 1660 | 广东深圳 | 智能驾驶 |
| 18 | 汇川技术 | 1659 | 广东深圳 | 新能源动力系统材料 |
| 19 | 舜宇光学 | 1647 | 浙江宁波 | 智能驾驶 |
| 20 | 亿纬锂能 | 1626 | 广东惠州 | 动力电池 |

图 6-5 “2021 年中国智能汽车企业 100 强榜单”前 20 名

2019 年，华为公司正式将最初的智能网联汽车中心升级为智能汽车解决方案业务单元（Business Unit，BU），这一智能汽车技术研发部门自成立开始便努力为智能企业行业研发创新各种技术产品。截至 2022 年，华为公司已经推出 30 多款技术产品，软件方面包括车载操作系统、智能驾驶系统、智能网联系统、智能车控系统、智能车云服务等，硬件方面包括激光雷达、毫米波雷达、智能驾驶计算平台等。

总体而言，华为公司提供的智能汽车服务产品可以分为智能汽车数字计算平台、智能汽车系统、汽车智能零部件三大板块。其中智能汽车数字计算平台是华为公司技术核心部分，这一数字计算平台可以由智能驾驶计算平台、智能座舱计算平台、智能车控计算平台三大平台组成，三大平台之上又搭载了三大操作系统，分别为智能驾驶操作系统、智能座舱操作系统、智能车控操作系统。可见这一数字计算平台包含了华为公司多种科技创新，其功能能够实现汽车全方位智能化升级。

在智能汽车系统领域，华为公司研发的产品针对智能汽车的五大智能体验，分别是自动驾驶、座舱升级、汽车网联、电动控制、车云服务，这五项智能体验决定了汽车整体智能性，所以这一板块也是华为公司发展重点。

汽车智能零部件是华为公司为提升数字计算平台与智能系统应用效果做出的产品补全，为充分确保数字计算平台与智能系统在汽车中发挥最大作用，华为公司先后研发了智能驾驶计算平台模块化数据中心（Modular Data Center，MDC）、激光雷达等30多款智能化汽车零部件。

正是因为华为公司智能企业产品覆盖极其广泛，所以华为对智能汽车行业格局影响较大，不过华为具有深厚技术实力，足以应对这一行业内出现的各种竞争。华为智能汽车解决方案BU市场与销售部首席营销官王凯曾说过："华为进军的领域都是过去对信息与通信技术（Information and Communications Technology，ICT）业务聚焦的领域，华为能够充分发挥自身技术优势。比如激光雷达，所涉及的射频技术是无线射频的外延，而华为在无线通信领域有长期积累。再比如，华为在光通信领域一直是全球领跑，这方面的技术也能应用在汽车的激光前照灯、AR-HUD等方面。另外，华为多年的通信芯片和模组能力被复制到了智能驾驶的计算中心。"

王凯还透露，自华为成立智能网联汽车中心以来，公司每年在智能汽车研发领域投入的费用约为10亿美元，且这是华为公司一项长期战略投入，短期内并不指望实现收支平衡。在华为公司如此大力度的战略行动下，华为对智能汽车行业发展的影响更加深远。

截至2021年11月，我国新能源智能汽车产销量分别达到302.3万辆和299.0万辆，这一数据相比2020年增长1.7倍，且超过了2019年、2020年两年数量总和。而这一数字背后，有华为公司提供的巨大智能动力，因为华为公司为众多品牌汽车企业提供了智能汽车系统，如比亚迪、北京汽车、沃尔沃等。

王凯对华为智能汽车发展策略做出过这样的解释："我们不擅长造车，但从数字化、智能化技术入手，华为在ICT领域拥有成熟的经验，有技术积累，有专利，这些技术都可以变成车规级产品，或能帮助华为再造一个蓝海市场。"

总体而言，华为在智能汽车市场的角色更像是科技服务商，而不是生产商。这一定位如同手机市场的谷歌公司，谷歌公司为各大手机品牌提供安卓系统，华为则为各大智能汽车企业提供智能汽车系统，最终令产品获得更突出的使用体验感，双方能够达到共赢目的。

王凯还曾说过："我们提供多个底层的平台和软件，以及智能化的硬件。而最终真正与用户互动的层面，例如用户界面（User Interface，UI）呈现，则是车企来定。所以，虽然底层是华为的东西，但车企最终呈现的交互会不同。这是因为所针对的用户群体不同，相应的功能设计和体验也不同。就像小米、OPPO、华为都用安卓，但消费者感受会不同。"这段话更印证了华为公司在智能汽车市场的发展策略。

智能汽车系统是各大科技公司布局智能汽车行业的重要工具，除华为之外，腾讯、百度、阿里同样采用这种方式进行智能汽车行业战略发展。随着智能汽车系统不断迭代创新，以下几种新产业链随之出现。

### 1. 人机交互技术产业链

人机交互技术是一种利用计算机输入与输出设备，有效实现人与计算机对话的交互技术。这种技术能够通过计算机的显示或输出设备向使用者提供大量有关信息及提示等。例如，利用人机交互设备能够为驾驶人提供各种辅助驾驶信息，或者提供一些关键驾驶决策等。

人机交互设备与认知学、人机工程学、心理学等学科有着密切联系，它能够通过电极将神经信号与电子信号互联，达到人类大脑与计算机的相互沟通。目前人机交互设备已经发展到多个智能领域，更决定着多种新兴技术的"智慧程度"。

人机交互技术已成为智能汽车实现语音控制、人脸识别、手势识别等功能的基础技术。在智能汽车系统高速发展时，人机交互技术产业得到较大促进，市场需求不断增加。

人机交互技术已经应用到车辆控制、信息传递、功能设定等多个层面，在人机交互技术支撑下车辆驾驶、体验能够更轻松、更便捷。人机交互技术在智能汽车领域应用的最终目的是提升用户驾驶体验，增强驾驶乐趣。但人机交互不能过于频繁，因为过度人机交互会分散驾驶人注意力，在智能汽车未能达到L5级自动驾驶时，过度人机交互会影响驾驶安全性。人机交互产业当下发展的重点是在用户体验与驾驶安全之间寻求平衡，提供更贴心的驾驶服务。

### 2. 汽车智能零部件产业

汽车智能零部件是确保智能汽车系统充分发挥作用、体现价值的主要载体。以华为公司为例，为确保各种软件系统发挥最大作用，华为公司先后研发了30多种汽车智能零部件，这也是华为公司与多个品牌智能汽车公司达成深度合作的重要工具。

随着智能汽车系统发展，汽车零部件产业将出现两种发展趋势。一是为满足汽车智能性所需，汽车零部件与各种元宇宙技术深度融合，凸显自身智能属性；二是为满足汽车基础功能迭代，汽车零部件进行创新发展，新型、新款汽车零部件随之诞生。但无论哪种趋势都将形成新产业链，开辟更大行业发展空间。

### 3. 车云产业

智能汽车发展的初级阶段正是网联汽车，随着互联网技术发展，网联汽车逐渐升级为云汽车，车云产业随之诞生。

截至2022年，我国智能汽车行业主流云端平台有阿里云、百度云、华为云及腾讯云。根据头豹研究院数据显示，2020年我国汽车云市场规模已达1180亿元，同比增长9.87%。随着云计算、大数据、AI、区块链等元宇宙技术发展，智能汽车云服务已经覆盖车车互动、车路协同、自动驾驶、车联网发展等多个层面。例如长城汽车公司在阿里云平台助力下获得汽车行业全域数据中台，顺利构建面向企业应用的智能汽车数据体系。

未来发展中，车云产业将在智能汽车系统促进下获得更大发展，产业价值取向将偏向数据分析、数据运算、数据服务可视化及数据价值变现。

### 4. 自动驾驶技术

自动驾驶技术是当代智能驾驶汽车领域中含金量最高的技术，这一技术催生多条技术产业链。这一技术包含四个关键板块，分别是环境感知、行动决策、路径规划及运动控制。随着自动驾驶技术不断成熟，这四个关键板块也加速了四种产业智能化发展。

（1）环境感知技术加速车载感知设备产业发展

环境感知是自动驾驶基础技术，只有外部环境信息感知、采集及时到位，车辆才能够实现自动驾驶。车辆感知设备涉及环境检测、距离检测、运动检测多种类型，这些感知功能实现需要运用到激光测距仪、毫米波雷达、车载摄像头、速度传感器等多种设备。这些感知设备产业为满足自动驾驶发展需求，近年来不断提升设备功能，或开发新型感知产品，行业发展诞生更多机遇，获得更大空间。

（2）行动决策技术加速云计算、数字计算平台等产业发展

感知设备采集环境数据后，智能车辆需要对各类数据进行分析、计算、判断，最终生成行动决策。这就涉及云计算、数字计算平台等软件系统。为满足自动驾驶发展需求，近年来我国云计算、数字计算平台行业不断提升算力，与 AI 等元宇宙技术深度结合，力求计算出更精准、智能的行动决策。市场需求加大促使这两大行业也获得较大发展空间。

（3）路径规划技术促进感知设备、数字计算平台软件产业发展

智能汽车得到决策后要进行运动路径规划，这一功能同样需要车载感知设备和数字计算平台精算实现。感知设备确定车辆路径规划时始终与障碍物、其他车辆、行人保持安全距离，而这一距离需要数字计算平台计算得出。因此路径规划技术再次促进感知设备与数字计算平台产业发展。

（4）运动控制技术促进汽车机械系统产业数字化、智能化发展

智能汽车将行动决策与规划路径转化为车辆行驶动作是一个系统流程。这需要智能控制平台在安全、稳定、舒适的前提下，按照一定速度、一定方向控制车辆横向、纵向变动，这种协同控制技术不仅依靠车辆中控系统发出

指令，还需要车辆机械系统能够满足数字控制要求。因此，近年来汽车机械系统开始转向数字化、智能化发展，这一行业随之诞生新产业链。

智能汽车系统是我国智能汽车行业发展重点，也是传统汽车产业升级为智能汽车产业的技术关键。市场升级自然会催生新产业诞生，这些新产业不仅带动我国经济发展，更助力科技强国、交通强国战略加速实现。

## 五 驾驶培训的创新与颠覆

元宇宙时代到来后，当代大众出行方式正在经历一次重要变革，汽车行业智能化、绿色化转变催生自动驾驶技术诞生，且随着元宇宙技术深度运用这一技术正在逐渐落地。

自动驾驶技术一共分为 L0 ~ L5 共 6 个级别，其中 L0 级别表示无自动化技术，即最原始的人工驾驶。在 L0 之上，根据车辆自动化、智能化程度又存在 5 个自动驾驶级别。

L1 级别自动驾驶是最初级的自动驾驶，这种自动驾驶技术是指车辆配备定速巡航、车道保持、自动泊车等基本自动化驾驶功能。这一级别下驾驶人依然是驾驶主体，自动化功能仅起到辅助作用。

L2 级别自动驾驶被称为半自动驾驶，也是目前市面上智能汽车搭载最多的自动驾驶功能。L2 自动驾驶可以视为全自动驾驶的雏形阶段，主要体现为全速段自动辅助驾驶、危险预警自动制动等功能。这一级别下车辆驾驶主导者依然是驾驶人，只有在行驶环境完全达标的前提下，驾驶人的双手才能够离开方向盘，车辆实现自动驾驶。

L3 级别自动驾驶被称为有条件自动驾驶。这一自动驾驶级别下，车辆自主驾驶功能能够满足大多数路况环境，驾驶人作用开始由主导车辆驾驶转变为辅助车辆驾驶，但是这一级别依然无法把驾驶权完全交给车辆，驾驶人需要保持注意力，在紧急情况下接管车辆驾驶权。

全球首款实现 L3 级别自动驾驶的车辆是奥迪 A8，新款奥迪 A8 能够实现车速 60 公里/小时以下多路况自动驾驶，车辆可以根据驾驶环境和驾驶人出行需求自主完成起步、加速、转向、制动等动作。

L4 级别自动驾驶被称为高度自动驾驶。高度自动驾驶是指车辆已经能够完全自主自动驾驶，驾驶人可以把驾驶权完全交给车辆，驾驶人身份可以转变为乘客，除非自己想体验驾驶感，否则无须干扰车辆自主驾驶。

L5 级别自动驾驶是自动驾驶的理想状态，这一级别的自动驾驶不但能够完成所有驾驶任务，而且可以将车辆转化为“高级驾驶人”，轻松应对恶劣环境、复杂路况，并在保障乘客安全前提下满足各种个性化行车需求。

截至 2022 年，我国自动驾驶技术已经从 L2 阶段迈向 L3 阶段，大众出行智能性显著提升。相信不久的未来，L4 级别自动驾驶也将覆盖到我国地面交通当中。

自动驾驶带来的轻松驾驶体验固然良好，但大多数人对待自动驾驶的心情是欣喜与警惕并存的复杂状态。自动驾驶是否会全面取代人工驾驶，元宇宙技术能否营造更安全的交通环境，是所有人的出行顾虑。

从自动驾驶发展的方向与效果分析，未来人类驾驶技术发展可能出现两个拐点。一个是自动驾驶技术成熟、稳定发展，自动驾驶顺利发展成无人驾驶。这时人类驾驶技术将出现颠覆性转变，驾驶技术从车辆操控学习转向数字软件学习，即人类不再需要学习驾驶车辆，只需要学习如何操作自动驾驶软件，这是自动驾驶以及交通运输行业发展的理想状态。当然，在这一状态下驾驶车辆的技术也不会完全消失，特殊领域依然需要这种技术存在，如汽车研发生产领域、自动驾驶技术研发领域，或特殊身份人群等。

再一个就是在自动驾驶技术发展不能够全面实现无人驾驶的环境下。这时人类依然需要学习驾驶技术，在车辆不满足驾驶条件时接管车辆驾驶权，确保大众出行安全。不过元宇宙技术为现代车辆驾驶培训行业带来了诸多创新，极大提升了大众驾驶技术学习的效率，优化了驾驶培训环境。

派学车是上海林怀网络科技有限公司于 2016 年开设的一家驾驶培训全场景服务的互联网+连锁驾校子公司，这家驾驶培训企业最大特点是通过线上服务系统与线下实体自营体系根据驾考学员需求提供一站式驾驶培训服务。从驾驶培训服务模式角度出发，这家公司构建了全新驾驶培训生态链。

在多年发展过程中，派学车依托互联网信息技术、元宇宙技术结合各种驾驶培训线下资源，解决行业与市场需求不对称问题，并致力于提高用户驾驶培训体验。截至 2020 年，该企业团队已经达到 1000 余人，企业市场覆盖上海、广州、深圳、重庆、成都等国内重点一线城市。

2021 年，派学车充分结合元宇宙技术率先推出“AI 教学”和“VR 学车”驾驶培训模式，并先后搭建 8 个 VR 驾驶培训场馆、3 个 AI 场地，配备 70 余台 AI 驾驶培训车辆及 200 多套 VR 设备，如图 6－6 所示。

图 6－6　派学车 AI 教学场地

随着元宇宙技术与驾驶培训行业深度融合，派学车创新的驾驶培训服务以高体验、多亮点特色吸引更多学员关注，派学车迅速成长为智慧驾培行业的知名品牌。

派学车借助互联网技术、元宇宙技术创新驾培体验的模式主要有两种。一是借助互联网技术将传统驾培理论知识进行可视化、直观化呈现。派学车通过将复杂知识点进行视频模式展示讲解，学员得以清楚了解各种驾驶操作技巧，驾驶技术提升速度显著提升。二是借助元宇宙技术力量在虚拟空间丰富学员驾驶经验。自 2020 年上海市交通运输部门出台“推动 VR 技术在驾培领域应用”相关政策后，派学车便尝试进行智慧驾培创新，率先进行驾培改革升级，部署 VR 训练场地。随着 VR 驾驶培训场馆搭建完成，派学车智慧驾培服务更加全面，学员在虚拟空间中可以体验各类交通环境下的驾驶过程，以此提升自身驾驶技术与驾驶经验。

从派学车的创新发展中可以看出，元宇宙技术对现代驾驶技术带来的改变不只体现在自动驾驶、智能驾驶技术当中，常规车辆驾驶培训也得到有效促进。尤其在自动驾驶逐渐升级，智能驾驶逐渐替代人工驾驶的现阶段，元宇宙技术对车辆自主驾驶技术与人类主管驾驶技术双向赋能，更有助于营造良好交通环境。

截至 2022 年，自动驾驶技术已为大众出行带来了无数便利，但无法全面实现无人驾驶，这意味着自动驾驶技术还无法在降低交通事故领域充分发挥作用。虽然自动驾驶技术尚未达到这一效果，但元宇宙技术与人工驾驶技术结合却可以达到。

例如，以色列科技公司 eyeSight 利用元宇宙技术开发了一款疲劳驾驶预防系统。其中疲劳驾驶预防系统可通过车载传感器对驾驶人的驾驶状态进行分析计算，这套系统会根据驾驶人的眼睑位置、头部位置等分析驾驶人的驾驶注意力，一旦驾驶人出现注意力不集中或疲惫状态，系统会自动发出警报，提醒驾驶人休息或调整状态。目前，这一系统已应用到斯巴鲁森林人车型当中，这套系统有效提升了大众驾驶安全性。

eyeSight 公司研发的疲劳驾驶预防系统得到实际应用后，其他汽车公司也开始进行类似研究。2018 年 6 月，凯迪拉克公司在亚洲 CES 展会上发布了自主研发的超级智能驾驶系统 Super Cruise。Super Cruise 更像是 eyeSight 公司疲劳驾驶预防系统的升级版本，Super Cruise 通过车载摄像头和红外传感器对驾驶人脸部特征、头部位置、视线方向进行检测、分析、处理，如图 6-7 所示。

图 6-7 凯迪拉克 Super Cruise 系统对驾驶人状态进行扫描

当驾驶人驾驶状态下降时，Super Cruise 会发出声音与信号提示；如果驾驶人驾驶状态没有改变，疲劳提示将使座椅振动并伴以紧促的蜂鸣信号音；如果驾驶人驾驶状态依然存在问题，Super Cruise 便会启动辅助驾驶功能对车辆进行制动。在驾驶人状态极其不佳时，Super Cruise 还会向后台发送警报，后台服务人员则会主动与驾驶人进行联系，询问驾驶人是否需要帮助。

2018 年，日本日产公司在美国 CES 展会上展示了一款全新驾驶技术——脑控车技术。这种创新技术名为 Brain - to - Vehicle，简称 B2V。B2V 驾驶技术同样运用了 AI、交互等元宇宙技术。它通过头盔检测驾驶人大脑的脑电图，将采集到的脑电图数据进行分析，计算出驾驶人的驾驶意图，之后将行动决策传达给智能车辆，车辆根据行动决策采取相应驾驶动作。

这一技术具有两大优势。一是省略驾驶人操作车辆的过程，即驾驶人只需要产生驾驶“想法”就可以完成车辆驾驶。二是极大提升车辆反应速度，由于车辆不需要实际动作操作，在驾驶想法产生后车辆便可以进行驾驶动作，所以 B2V 能够应对更紧急的交通情况。

例如在驾驶过程中，车辆前方或侧面突然出现障碍物，这时驾驶人需要反应时间，之后将大脑决策转化为身体行动，如果反应不及时很容易造成严重后果，且在反应过程中操作失误概率增大，更容易加重事故后果。采用 B2V 技术则可以缩短车辆反应时间，且减小车辆失误概率，紧急情况事故率随之降低。

不过 B2V 技术截至 2022 年并没有得到广泛应用，这主要因为 B2V 更适用于驾驶技术成熟的驾驶人，新手驾驶人面对紧急状况时往往难以做出及时、正确的应对决策，所以 B2V 的技术价值无法充分展现。但 B2V 的应有价值、发展空间普遍得到业内认可，随着元宇宙技术发展，这一驾驶技术可以与自动驾驶技术结合应用。试想有一天，我们登上无人驾驶车辆时不需要语音、手势指示，只需要产生出行想法，车辆便可以自动出行，这种状态将极大提升人类出行体验。

总体而言，元宇宙技术对车辆驾驶、人工驾驶、辅助驾驶等多领域带来了优化效果，其对驾驶行业产生的创新与颠覆提升着大众出行体验。相信不久的未来元宇宙技术能够为人类带来更多驾驶选择，交通工具与人类生活深度融合，快捷、轻松、安全、舒适的交通出行成为大众生活常态。

## 六 旅游出行的智能化催生新产业

万物智能化发展的今天，“智慧”已不再是一个高级概念，越来越多步入智能化发展的行业都附加了这一名词。而智慧旅游，就是元宇宙技术催生的旅游产业升级，在AI、VR、物联网等技术融合下，大众旅游的品质、效率、体验得到极大程度提升，这一行业发展趋势转变不仅激活了产业新生，更催生了新生经济。

### 1. 智慧旅游的创新

智慧旅游不是简单的技术升级，而是从智慧票务、智慧布局、智慧服务三方面进行的旅游模式智慧化创新。

（1）智慧票务

智慧票务系统是指针对旅游过程中的景点购票效率、公共交通出行效率进行智能化转变，购票、出行、观光过程轻松高效，真正实现实名购票、无纸购票、无接触购票、无接触检票，消除一切影响效率的中间环节。当然，这一智能化改变需要建立在出行、购票、观光有序前提之上，这需要各种智能设备替代人工设备，通过智能服务弥补人工环节不足，提升大众旅游消费体验。

（2）智慧布局

智慧布局是指根据景点特性、新冠肺炎疫情防控要求等情况，对各旅游环节进行合理部署。例如按新冠肺炎防控要求，各大景点需要严控景点人流量，防止人群过度集中，各景点大多采取分时段、按流量游览策略。为减少游客等待时间，最大化提升旅游效率，旅游组织单位需要针对景点采取疫情防控措施进行智慧化调控，对旅客时间安排进行合理布局，以此缓解景点疫情防控压力，同时提升旅客旅游体验。

（3）智慧服务

智慧服务是指根据景点特色、旅客群体特点及旅客个性化要求进行智慧分析决策的服务。例如根据老年旅游群体体力、爱好、消费习惯进行景点动线调整，优化游览路线，确保老年群体充分享受旅游乐趣的同时减少疲惫感与时间浪费，促进游客与景点深入融合。这种方式不仅能够提升旅游品质，更可以提高旅游行业经济发展。

截至2022年，我国智慧旅游行业已经进入成熟阶段，各旅游景点、旅游组织单位充分利用时代前沿科技升级旅游服务模式，创新旅游体验，加速行业发展。

故宫是我国文化底蕴深厚、游览价值极高的国家级5A景区，也是现存不多的世界文化遗产。自故宫开放旅游产业之后，这一景点便成为行业代表，为全球游客带来高品质的旅游体验。

据故宫官方数据统计，2018年故宫博物院开放区域已达到全院面积的80%，2019年故宫博物院共计接待游客18482165人次，2020年受新冠肺炎疫情影响，故宫博物院共计接待游客2565251人次，但2021年之后这一数字又开始高速增长。不过为确保新冠肺炎防控效果，自2021年8月起，故宫博物院每日接待人数下调至常规接待量的60%，这导致很多游客在旅游高峰期需要提前预约才能游览这一知名景点。

虽然故宫游客接待数量受限，但故宫采用其他方式提升旅游体验，以此提升自身旅游价值，这让故宫再次成为当代旅游行业的打卡胜地。2018年故宫开始通过数字化手段增强自身管理与服务品质，提升游客游览通畅度，同时创新线上线下一体化旅游服务平台，结合AI、云计算、5G等元宇宙技术开创智慧旅游模式。

首先，故宫博物院数字与信息部与专业地图企业合作，对故宫已开放的600多个建筑、展厅、服务设施进行数字信息采集，通过导航技术、定位技术、全景展示技术在元宇宙内建设数字故宫，并打造了能够提供指路、故宫百科知识解释、聊天服务的数字导游，之后推出“玩转故宫”小程序，让智慧属性覆盖故宫旅游的每一个环节，如图6-8所示。

2021年12月，“玩转故宫”小程序正式完成2.0版本升级，除优化原有智慧旅游服务外，重点解决了1.0版本中存在的突出服务问题，从旅游管理、在线服务、安全观光、保护景点安全等多个层面进行全方位改版，更扩展在线购票、在线购物、预约旅游等多项功能。另外，这一版本的“玩转故宫”还融入适老化、无障碍等旅游理念，为游客提供更贴心的服务。

图6-8 “玩转故宫”小程序内容显示

其次，故宫博物院充分结合AR技术对故宫进行多维度多空间展示。AR技术接入故宫旅游服务后，彻底突破故宫旅游的时间与空间限制，消除人流控制问题对故宫旅游发展带来的影响。故宫博物院通过AR技术在虚拟世界搭建的数字空间可以满足游客随时随地的游览需求，在这一空间内，游客可以独自浏览庞大的紫禁城，身边陪伴的只有数字导游。这种智慧旅游模式为现代游客提供了沉浸式旅游体验，更增强了游客对故宫传统文化的理解与学习。AR故宫不仅提供线上游览体验，更与线下故宫旅游融合发展。比如对未开放或不能进入游览的故宫场景，线下旅游时游客也可以通过现场AR设备了解内部信息，观察建筑细节，与虚拟场景产生互动，这极大提升了故宫旅游体验。

故宫升级的智慧旅游项目有效推动旅游行业与大数据、云计算、AR、AI、VR等技术深度融合，为智慧旅游提供的服务、管理、营销措施树立了行业标杆，让数字旅游更全面、更智慧地融合大众生活，对行业发展带来了良性影响。

故宫旅游智能化发展、智慧化升级，展现旅游行业依托元宇宙技术获取更多发展机遇与发展空间的有效策略，元宇宙力量真正让静止的建筑、文化“活”起来，让旅游以大众更加青睐、更有趣味的形式呈现在大众面前。

### 2. 智慧旅游相关产业

智慧旅游是元宇宙时代激活的新产业，在元宇宙技术结合下旅游资源、旅游信息、旅游渠道可以产生更大价值，旅游文化将被重塑。支撑智慧旅游的硬件产业以及提升智慧旅游品质的软件服务也随之呈现新业态、新发展。

（1）智能硬件产业加速智慧旅游建设

智慧旅游是传统旅游与元宇宙技术、互联网技术融合的产物，各种智能硬件是智慧旅游充分展现智慧特点的基础支撑。

例如，云计算技术能够为旅游行业提供分布式计算、并行计算、动态计算，它提供的安全、可靠、实时互联数据能够提升传统旅游行业的效率与品质。目前，我国各大旅游区域都在建设自己的云计算中心，建成之后各大景点可以为旅游行业输送海量旅游信息，行业吸引力、旅游趣味性随之提升。在这一趋势下，我国旅游组织单位获得较大发展空间，因为这些单位不需要再自建旅游网站或购买相关服务器，只需要将自身信息与云计算中心连接，便可以管理发布相关信息，自身运营成本大幅降低，营销效果反而大幅增长。

近年来，随着智慧旅游行业发展，我国元宇宙技术相关硬件产业得到较大发展，其中诞生了诸多旅游行业专属硬件，如提供更强视觉冲击力的VR设备、带来全方位身体感受的运动座椅等。相信随着元宇宙技术与旅游行业深度结合，相关硬件产业还将得到更大发展。

另外，智慧旅游行业也带动了智能手机、平板电脑等行业发展。诸多智慧旅游模式需要通过移动智慧终端与游客进行连接，很多智慧旅游产品也需要通过这些产品获得体验，如故宫推出的“玩转故宫”小程序，便需要手机、平板电脑进行操作使用。由于智能手机、平板电脑具有方便携带性和简单操作性，所以这类设备与智慧旅游融入将更加深入。

（2）智慧服务产业提升智慧旅游体验感

旅游服务是决定旅游品质与智慧性的关键因素，智慧旅游的高速发展自然催生了众多智慧旅游服务产业。综合对比当代智慧旅游发展现状，智慧旅游催生的服务产业主要分为以下三类：

1）销售服务。随着智慧旅游行业发展，越来越多的智慧旅游组织单位出现。这些旅游组织单位从游客出行、观光、消费等多个层面提供智慧服务，帮助游客清楚了解旅游信息，制订高效化、轻松化的旅游计划，提供票务购买、酒店预订、景点接送等各种服务，旅客无须做任何准备，随时随地可以享受一场轻松、愉悦的旅途。

智慧旅游销售服务同样需要运用多种时代前沿技术，如互联网技术、定位技术、云计算、交互技术等，这些技术能够确保旅客游玩过程中消费顺畅、出行便捷、体验舒适、旅途轻松。这一行业高质量发展也能够促进旅客安全与旅游质量的提高。

2）定制服务。定制服务是指智慧旅游行业高速发展中，游客为提高旅游体验提出个性化需求，旅游组织单位为满足游客要求提供的相关服务，如定制旅游路线、定制出行方式等。这类服务看似简单，但为确保旅游体验需要运用大量通信技术、互联网技术及定位技术。

因为定制服务不仅满足旅客个性化需求，还需要在满足需求的过程中保障旅客安全、提升旅游体验。这需要旅游组织单位与景点、旅客保持实时信息共享、协同联动，结合景点信息数据为旅客定制合理旅游路线，并提前配备应急管理方案，实现旅游体验与旅游智能性双提升。

随着元宇宙技术深度运用，目前AI技术已被充分运用到旅游定制服务当中。旅游组织单位可以根据以往游客定制服务需求进行数据分析，之后得出AI决策，全面优化智慧旅游方案，丰富旅游服务方式，或创新智慧旅游模式。这些服务策略有效拓展了这一行业的发展空间。

3）营销服务。智慧旅游营销模式与传统旅游营销模式不同，智慧旅游营销模式注重针对人群特点、结合景区特点、分析游客消费习惯、触动消费者感性需求。简而言之，智慧旅游营销是让消费者感觉这是一场完全符合个人口味的定制旅行。

智慧旅游营销服务需要运用大数据、AI、云计算等多种前沿科技，对旅游营销策略进行分析计算，之后制定相关营销主体，推动旅游营销产品创新升级。

智慧旅游营销服务主要以新媒体为传播渠道，凸显大众生活结合特性，营销效果相较传统旅游营销显著提升。相信在旅游营销服务促进下，旅游与大众生活结合程度会不断深入，直至全面改变大众认知，大众将旅游视为高品质生活的必备活动。

旅游出行智能化是旅游行业发展的必然方向，智慧旅游也将成为未来大众旅游主要模式。在元宇宙技术促进下，大众旅游体验将不断丰富，甚至创新出足不出户的元宇宙旅游。无论智慧旅游未来发展如何，其对社会发展带来的影响都属于良性范围，因为智慧旅行催生诸多新产业链，将带动科技产业、交通产业高质量发展。

## 七 智慧城市建设催生交通领域新产业

智慧城市是我国智慧交通发展的一大目标，随着社会智能化、信息化发展，智慧交通不断加深城市渗透，我国智慧城市建设水平将不断提高。就我国智慧城市发展现状分析，交通出行服务与城市智慧发展关系更加密切，城市交通水平决定着大众生活质量与满意度，遵循着这一发展方向我国相继出台了多项智慧城市建设政策，智慧城市成为我国“十四五”规划的重要目标。

2021 年 5 月，住建部和工业和信息化部联合印发《关于确定智慧城市基础设施与智能网联汽车协同发展第一批试点城市的通知》，明确提出上海、北京、广州、武汉、长沙、无锡 6 个城市将成为我国第一批智慧城市试点。

2021 年 9 月，国家发展改革委印发了《关于推广第三批国家新型城镇化综合试点等地区经验的通知》，其中提到“在推动城市智慧化运行方面，主要是促进公共数据开放共享、引导社区服务线上办理、建设智慧停车信息平台等。湖北老河口建成政务云数据中心，横向汇聚部门政务数据，纵向连接地级市和省级政务平台，实现 90 余个政务事项‘一事联办’、800 余个政务事项‘一窗通办’。云南腾冲推动主要公共场所 5G 网络全覆盖，建成智慧城管指挥中心，实现公安、交通、旅游、公共服务等信息联通应用。重庆璧山区打造社区服务‘城市生活网’，引入线上商户约 0.3 万家，为居民提供线上社区服务约 200 项。河南新密将近万个停车位统一纳入智慧停车信息平台，并释放出约 0.3 万个机关事业单位停车位，实现市民出行就近停车、错峰停车，基本解决‘停车难’问题”。

2021 年 12 月，住建部和工业和信息化部联合印发《智慧城市基础设施与智能网联汽车协同发展第二批试点城市的通知》，通知确定将重庆、深圳、厦门、南京、济南、成都、合肥、沧州、芜湖、淄博 10 个城市作为智慧城市建设第二批试点城市。

在智慧城市和新型城镇建设过程中，建设主体始终没有脱离智慧交通建设。各城市根据自身实际情况及优势不断提升交通基础设施建设水平，加速交通产业创新，催生新型交通产业链，以此打造独具特色的智慧城市。下面我们就来详细分析我国智慧城市试点如何掀起智慧交通建设浪潮，催生交通产业革新，促进城市智慧性发展。

### 1. 北京——以自动驾驶产业推进城市“双智”建设

北京市作为首批智慧城市试点，充分结合自身优势采取了一项“双智”建设策略。建设过程中，北京市统筹各种智慧交易资源进行融合创新，在经开区建设了全球首个网联云控式高级别自动驾驶示范区，创新多个智能网联化交通建设方案。

随后，北京市以高级别自动驾驶示范区为起点，在经开区核心区域60平方公里内进行智能网联化交通基础设施建设，为高级别自动驾驶车辆提供技术研发及落地环境，顺利打造城市级高级别自动驾驶工程试验平台，以此增强智慧城市基础设施建设效果。

另外，北京市还将亦庄新城及周边若干条高速公路作为全国首个智能网联汽车政策先行区，出台自动驾驶相关政策先行先试文件，对自动驾驶车辆进行早晚高峰测试、异地测试，对无人配送、无人出租车进行运营测试，取得了多项突破性成果。

通过以上两种智慧交通试点建设，北京市自动驾驶产业得到快速发展，自动驾驶环境不断优化。北京市政府宣布于2022年开启自动驾驶技术3.0阶段建设，持续推动自动驾驶商业化场景落地，以此提升智慧城市建设效果。从北京市智慧城市建设方式来看，自动驾驶产业将成为核心力量，这一产业近期发展也将提质提速。

### 2. 上海——以无人驾驶产业推进城市数字化转型

上海市的智慧城市建设同样以自动驾驶为核心，但其目标更为长远，力求建设出无人驾驶交通体系。智慧城市建设过程中，近年来上海市注重网联汽车、新能源、自动驾驶多产业融合发展，推广一体化示范区域。例如，2021年上海市建设了300多公里自动驾驶测试道路。在多项智能交通产业联合发展下，上海市智慧城市建设水平不断提升。

### 3. 广州——以智慧交通场景建设推进智慧城市一体化发展

广州市通过智慧交通建设促进城市智慧发展的策略是加强智慧交通新基建产业发展，同时促进汽车行业向网联化、数字化、自动化转型。

近年来，广州市在城市核心区域逐步增强智慧交通基础设施建设，增强自动驾驶交通工具科技水平，并逐渐开放自动驾驶测试路段，批准远程驾驶测试，发布相关政策，优化相关产业发展，最终完成全市智慧交通框架搭建。截至2021年12月，广州市已开放135条自动驾驶道路，大众出行便捷性、城市发展智能性充分凸显。

### 4. 重庆——以车路协同产业加速城市智慧布局

重庆市通过车路协同产业发展促进智慧城市建设的措施非常全面。为了建成全国第四个、西部第一个国家级车联网先导区，重庆市近年来加快云控平台、智能交通信号灯、自动驾驶公交等产业发展，并在关键交通区域增设鱼眼摄像机、激光雷达等感知设备，联合社会力量建设西部自动开放测试区及示范运营基地。

重庆市在智慧城市建设过程中，先后对30多个路口、多条主干道进行智能设备升级，建设多个智慧公交站、多条智慧公交线、多个智慧十字路口。另外，重庆市还搭建了城市信息数据平台，全面整合交通、市政、安防、社区等多方面数据，以此为基础汇聚“双智”协同发展信息，增强城市智慧建设效果。

### 5. 南京——以智慧交通基础设施产业提高智慧城市建设效果

南京市在智慧城市建设过程中采用多点开花策略，设立了“一主三副”四个示范区域，瞄准打造新型居住智能化服务体系、新型产城创新公共服务平台和新型智慧城市微缩样板三个目标，在四个示范区域进行智慧交通全方位改造升级。

例如，南京市对江宁开发区江苏软件园23.38公里道路进行智能设施升级；将建邺江心洲道路改造为智能网联汽车公共测试道路；在溧水经开区建设8.5公里智能网联汽车测试道路。通过这类建设措施，南京市四个示范区全面具备满足自动驾驶测试、试运营条件，智慧交通运行环境得到全面优化。

南京市智慧城市建设带动了智慧交通设施产业全面发展，南京市以此为模板向其他城市进行商业化推广应用。

从我国各个智慧城市试点的建设策略与建设方法中可以看出，智慧交通是智慧城市发展的核心力量。在物联网、大数据、云计算等技术支撑下，城市交通规划、建设、管理、服务等水平高速提升，智慧交通逐渐反哺城市发展，民生、环保、公共安全、城市服务等领域受到积极影响。可见，智慧交通是我国社会进步的关键产业，加强智慧交通产业布局可以加速我国强国战略实现，获得美好发展前景。

## 第七章

# 挑战与风险，元宇宙交通下的出行安全

机遇与风险并存，发展与挑战同步。任何时代更迭都会呈现这种特点，元宇宙时代自然不会例外。在元宇宙技术赋能交通运输行业高效、高质量发展的同时，这一新型时代力量也将带来前所未有的安全隐患。元宇宙交通虽然轻松便捷，但体验这种高端出行方式，我们需要提前学会自我保护，懂得危机防范。

## 一 元宇宙交通的现实与虚拟融合风险

元宇宙是平行现实世界的虚拟空间，在这一空间产业可以被重塑，认知可以被颠覆，大众生活方式也可以被重构，可以说创造无限可能就是元宇宙的最大特色。基于这种特性，元宇宙被运用到现实世界的各个角落，在虚实世界切换过程中，元宇宙价值充分体现自身价值。

元宇宙与交通融合之后，全球交通运输行业高速发展，元宇宙技术可以提升现实世界交通智慧性，元宇宙在虚拟空间搭建的数字模型可以进行交通发展仿真模拟。在元宇宙能量加持下，交通运输智能高效，大众出行便捷轻松。

2021 年 12 月，元宇宙被上海市经信委纳入上海市“十四五”规划当中，2022 年，元宇宙又陆续出现在合肥、武汉、无锡等地方政府工作报告及产业发展规划当中，一股元宇宙浪潮在我国各行各业迅速掀起。

虽然截至 2022 年元宇宙依然处于发展萌芽阶段，但其核心技术已经带来实实在在的发展价值，逐渐影响大众生活观念及社会发展模式。

不过在元宇宙逐渐模糊现实世界与虚拟世界边界时，大多数人只看到元宇宙带来的时代红利，忽视了新兴事物发展背后潜在的危机。元宇宙的确是无数行业高速发展的风口，不过风口之下现实与虚拟融合的风险不容忽视。

2022 年 5 月，一位女性玩家称在 Meta 公司打造的 VR 游戏《地平线世界》中遭到陌生人"性侵"，甚至"性侵"过程还被游戏内其他玩家围观、起哄。这一事件引发了社会广泛关注，以及大众对元宇宙安全的思考。

中国社会科学院大学互联网法治研究中心执行主任刘晓春对这种情况表示，目前元宇宙内部运营还没有明确的法律规定，存在大量空白地带，元宇宙运营规则共识也没有全面形成，针对虚拟人的权益与利益冲突，相关法律规则在未来还需要针对性调整。此外，虚实形象的映射关系、虚拟任务的权利维护都是目前值得深入研究、广泛讨论的元宇宙发展问题。

2022 年，规范元宇宙发展问题在全国两会当中被提及，全国政协委员、上海市经信委副主任张英表示，当前我国面临的元宇宙发展问题已经开始凸显，如何顺应全球元宇宙发展趋势，制定元宇宙发展规则，构筑具有中国特色的元宇宙发展理念值得所有人深思。

元宇宙作为连接现实世界和虚拟世界的重要桥梁，正驱动我国经济健康发展，为各行各业开创经济新赛道。我国元宇宙技术发展虽然达标，但还不能称为世界前列，在扭转"追赶者"身份过程中，一味追求速度反而会影响最终发展结果。及时加强风险防范，将发展重点聚焦在 5G、智能交互、AI、VR、新型传感器等关键领域，加强元宇宙与其他产业健康融合，我国才能在国际元宇宙领域掌握更多话语权。

### 1. 元宇宙交通发展的风险

事实上，元宇宙交通带来的虚实融合也蕴藏一定风险。表面上元宇宙开创了一个平行现实世界的虚拟空间，为大众带来虚实交互的沉浸体验。但虚实交互过程中，现实世界概念认知会发生变化，现实世界秩序在虚拟世界重构，一旦元宇宙技术运用不得当，或治理措施不到位、不匹配，则有可能带来以下交通发展风险。

(1) 危害网络公共安全

元宇宙是一个开放共享的数字空间，这一空间能够打破地域与国际界限，人类可以以数字人身份与他国元宇宙用户轻松互动。不过元宇宙中一切身份信息都可以被查证，一切行动都会留下数字轨迹，在生活场景丰富、沉浸体验突出的元宇宙当中，个人信息更容易泄露，网络公共安全问题更为突出。

例如，当我们驾驶车辆处于元宇宙交互状态时，相同元宇宙平台用户便有可能通过元宇宙清楚了解我们的行动轨迹，甚至准确掌握实时定位，这种状态下个人隐私可能深度泄露，商业数据有可能出现流失。

所以，元宇宙交通促进虚实融合过程中，交通运输相关部门需做好网络公共安全防范措施，避免元宇宙成为信息资源泄露的危险渠道。

（2）危害用户心理健康及社会秩序风险

元宇宙对交通运输行业的促进体现在多个维度，其中自动驾驶、智能驾驶是发展重点。虽然自动驾驶、智能驾驶为大众出行带来方便，但驾驶人如果对自动驾驶、智能驾驶产生依赖性则会降低自身驾驶技术，在自动驾驶、智能价值无法发挥作用时增加驾驶风险，危害社会公共安全。

另外，元宇宙开创虚拟驾驶空间，这一空间能够为突破现实世界多重约束，为用户带来独特的价值体验。无论元宇宙用户现实驾驶技术如何，在虚拟世界都可以成为赛车手，驾驶仿真赛车，或在虚拟城市中高速飙车。当用户养成元宇宙驾驶习惯后，可能影响现实世界驾驶方式，忽视现实世界交通规则限制，这种情况在影响用户心理健康的同时为现实交通环境带来潜在危机。

所以，现代交通运输部门构建元宇宙交通平台时需要考虑交通秩序，让两个平行世界在“安全驾驶”观点上保持相同价值观，以此规避元宇宙交通带来的虚实融合风险。

（3）虚拟交通资产遗失风险

现实世界的一切事物通过数据扫描可以复刻到元宇宙当中，这时元宇宙中便会出现虚拟资产，这类资产也存在遗失风险。例如，2022 年 4 月 1 日，著名歌手周杰伦便将好友赠送的元宇宙头像不慎遗失，周杰伦的元宇宙头像遗失仅一小时后便被虚拟交易市场多次转手，市场价飙升至 300 多万元。

交通工具、交通设备也可以通过数据扫描复刻到元宇宙当中，这时元宇宙中便会出现虚拟交通资产，虽然非同质化通证（NFT）可以将虚拟交通资产确权，即便虚拟资产丢失也能够迅速追踪定位，但其中包含的技术、文化有可能流失，这类损失在虚拟资产找回后也无法挽回。

所以，交通运输行业及相关产业构建虚拟交通资产时一定要注重技术、文化保密性，确保交通虚拟资产流动不带来技术、文化损失。

(4) 交通习惯及文化不良影响

随着元宇宙增强大众生活虚实结合，未来人类将分配一定时间生活在元宇宙当中，元宇宙中会逐渐建立虚拟社会，文化、法律、伦理道德随之在这一虚拟空间出现。

与现实世界不同，元宇宙空间保持统一的“共治、共创、共享”价值观，元宇宙文化、法律也基于这一价值观制定，所以元宇宙文化与现实文化存在较大差异，彼此会相互影响。

例如，元宇宙交通采取“共建、共治”运行规则，交通规则建立后便会生成硬性代码，所有数字人必须遵循这一交通规则，任何违反元宇宙交通规则的行为会被系统主动禁止。如果某元宇宙平台设定车辆行驶最高速度为100公里/小时，则这一平台所有车辆不具备超越这一速度的功能。所以元宇宙世界不存在主观守法意识，而是生活在相关规则当中。

这种状态下，习惯元宇宙生活的人可能逐渐弱化法律重视度，大众守法意识可能出现弱化，甚至对生活习惯造成不良影响。比如，养成元宇宙驾驶习惯的人会忽视超速问题，降低交通意外情况警惕性，因为这类情况在元宇宙中无法出现，这种习惯会提升现实世界交通出行危险系数。

另外，虚实过度融合还会带来沉迷问题。尤其当代青少年与年轻群体普遍青睐元宇宙带来的沉浸体验，过度生活在虚拟空间当中会导致其认知和行为与现实世界脱节。

(5) 提高虚实互动中的法律风险

随着元宇宙带来的虚实融合发展提速，现实世界与元宇宙的虚实互动更加频繁，各种融合风险逐渐暴露。

例如，2022年4月最高人民法院公布的具有重大社会影响和典型示范意义的案件中，就包括一起“AI陪伴”软件侵害人格权案。

这起“AI陪伴”软件侵害人格权案的原告是一位公众人物，被告方是某智能版手机记账软件的运营方。案件的主要描述为，被告方在没有征得原告同意的前提下，出现了以原告姓名、肖像为标识的“AI 陪伴者”。之后，被告方还将该角色的“AI 陪伴者”开放给更多用户，并允许用户上传大量“表情包”及图文互动内容，以此对“AI 陪伴者”进行“调教”。

负责审理该案件的北京互联网法院认为，被告方未经原告同意，擅自使用原告姓名、肖像，设定涉及原告人格自由和人格尊严的系统功能，已经对原告姓名权、肖像权、一般人格权造成侵害，最终判决被告方立即下线该“AI 陪伴者”，并向原告赔礼道歉、赔偿经济损失。

随着元宇宙技术发展，类似“AI 陪伴者”的虚拟人物已经充斥大众生活，各种虚拟客服、虚拟员工随处可见。所有虚拟人物的生成均与现实世界的人类存在映射关系，所以一旦虚实互动中忽视了现实世界人类的真实权益，很容易调高虚实互动中的法律风险。

虽然元宇宙为人类生存开辟了第二空间，但这一维度下的全新生活需要建立在现实生活之上，这一空间的最大价值是促进现实世界发展，一旦虚拟世界文化影响现实世界文化健康，虚拟世界文化则需要被规范或纠正，如此才能够确保元宇宙为现实世界带来的是文化促进，而不是文化破坏。

### 2. 元宇宙交通正向发展的方法

元宇宙作为一种新兴时代能量自然值得我们关注，并深度挖掘其价值。为规避、减少元宇宙为交通运输行业带来虚实融合风险，我国交通运输管理部门可以提前采取防范措施，通过以下几种方法确保元宇宙交通正向发展。

（1）丰富元宇宙交通治理手段，完善元宇宙交通管理政策

元宇宙交通发展过程中，交通运输管理部门可以结合保护网络安全、保护数据安全、保护个人信息安全等领域相关法律法规，为元宇宙交通虚实融合策略明确发展标准，设定治理手段，确保元宇宙与交通运输在合法、合理范围内融合，以此强化元宇宙交通健康发展属性。

（2）构建多行业、多部门协同治理机制，确保元宇宙交通整体发展稳定

元宇宙与交通运输行业融合过程中，涉及多行业、多领域一体化发展。元宇宙交通相关产业包括交通设施感知设备研发生产产业，以及大数据、云计算、AI、VR 等科技产业，仅依靠交通运输管理部门很难对元宇宙交通起到

良好约束治理效果。

根据元宇宙交通行业特性，构建多行业、多部门协同治理机制，谨慎出台相关管理政策，能够起到更全面的约束发展效果，进而确保元宇宙整体发展健康稳定。

(3) 把握时代趋势，运用全球资源，布局关键环节

截至2022年年初，全球各个国家仍未建立健全的元宇宙交通管理法律法规，但欧美日韩等注重元宇宙发展的发达国家及地区已经开始进行各种政策尝试，以确保元宇宙发展效果。我国元宇宙交通发展过程中，可以借鉴西方国家相关理念与资源，在关键环节进行巧妙布局，以此推动元宇宙与交通健康融合、深度融合。

元宇宙交通是我国交通运输发展的重要模式，这一交通能量虽然强大，但对我国交通发展依然存在不利影响，及时认知元宇宙交通带来的虚实融合风险，制定相应防范措施，是确保我国元宇宙交通发展方向正确、发展势态健康的有效方法。

## 二 元宇宙交通下的交通规划变化

元宇宙与交通融合发展带来交通基础设施数字化升级、大众出行系统高效化转变，以及交通运输网络智慧化运行。贯穿交通运输体系各环节、各层面的元宇宙赋能，有效促进了我国经济发展与社会进步，对我国交通发展产生深远影响。在这一科技力量支撑下，我国未来交通规划也相应做出数字化、智能化转变。

近年来，中共中央、国务院相继对“科技赋能交通运输行业高质量”出台多项政策，其中《交通强国建设纲要》《国家综合立体交通网规划纲要》中都明确提及交通运输遵循数字化发展的规划策略。2021年9月，交通运输部发布《交通运输领域新型基础设施建设行动方案（2021—2025年）》，对我国交通运输基础建设领域未来规划进行明确指引；2022年，交通运输部发布《数字交通“十四五”发展规划》《公路“十四五”发展规划》，这两项政策在明确交通运输行业发展追求建设速度与规模同时要不断加快数字化、信息

化、智慧化转型。《公路“十四五”发展规划》中还明确提出智慧高速公路已成为我国交通运输发展重点布局规划目标。

从这些政策中可以清楚了解到，元宇宙时代下我国交通运输行业未来规划的重点。

2019 年，在元宇宙概念还未全面兴起时，交通运输部便印发了《智慧交通让出行更便捷行动方案（2017—2020 年)》，这项方案虽然没有提出元宇宙交通发展规划，却明确了智慧交通应用规划，这为元宇宙技术与交通运输深度融合奠定良好基础，在元宇宙技术兴起之时引领元宇宙交通高效发展。

《智慧交通让出行更便捷行动方案（2017—2020 年)》中明确提出以下几点：

创新道路客运信息服务模式。鼓励道路客运企业和出行信息服务企业利用移动互联网等信息技术，开展灵活、快速、小批量的道路客运定制服务，促进基于移动互联网的道路客运定制服务产品有序规范发展。

推动开展智慧机场建设。引导和推动出行信息服务企业运用通信、GIS、GPS、物联网、移动互联网和大数据分析等先进技术，感知和定位服务对象，组装服务信息，并在恰当时机、以恰当方式、推送恰当服务给恰当对象。鼓励和支持机场运营主体开展智慧机场旅客服务示范。

推进旅客联运信息服务建设。推广实名制购票，加快完善电子客票标准规范。推进铁路、道路、水运、民航等票务信息共享，引导和推动客运企业、出行信息服务企业提供旅客出行一站式购票应用服务。推动各种运输方式在综合客运枢纽互设自助售（取）票设备。

推进国际道路客运信息化建设。建设国际道路运输管理与服务信息系统，完善国际道路运输管理基础数据库，推广部署应用系统，建立国际道路运输监管体系，推进实现与口岸管理相关部门间的信息资源共享交换，提升国际道路旅客运输管理服务水平。

建设完善的城市公交智能化应用系统。深入实施城市公交智能化应用示范工程，充分利用社会资源和企业力量，推动具有城市公交便捷出行引导的智慧型综合出行信息服务系统建设。充分利用互联网技术，加强对城市公共交通运行状况监测、分析和预判，定期发布重点城市公共交通发展指数。到 2020 年，国家公交都市创建城市全面建成城市公共交通智能系统。

促进交通旅游服务大数据应用。加强交通、旅游、气象等跨部门出行信息资源共享，提升交通和旅游运行监测、协同管理、应急联动能力，鼓励和支持各类市场主体积极探索，提高交通和旅游综合信息服务水平。

以上几点智慧交通发展应用规划最初以结合互联网技术为主，元宇宙时代到来后，在 AI 技术促进下“道路客运信息服务模式”得到有效创新，在 AI、VR、大数据技术促进下“智慧机场建设”得到显著提升，在大数据、云计算等技术促进下“旅客联运信息服务建设”和“国际道路客运信息化建设”效果显著提升，在数据孪生技术促进下我国各地“智慧型综合出行信息服务”平台纷纷搭建成功。从《智慧交通让出行更便捷行动方案（2017—2020 年）》提出的建设方式与建设成果中可以看出，元宇宙技术赋能下我国交通运输行业规划开始转向科技加速交通运输行业发展、科技强国阶段。

交通运输部发布的《数字交通“十四五”发展规划》是元宇宙时代到来后，我国交通运输行业发展与数字力量结合的明确任务规划。该规划明确提出，到 2025 年我国交通运输行业要实现“交通设施数字感知，信息网络广泛覆盖，运输服务便捷智能，行业治理在线协同，技术应用创新活跃，网络安全保障有力”的数字交通体系深入推进，并基本建成“一脑、五网、两体系”交通发展格局，在交通新基建领域要突出数字化、网络化、智能化特点，以此支撑我国交通运输行业高质量发展和交通强国建设。同时，该规划为我国交通运输行业明确了近期的发展目标。

《数字交通“十四五”发展规划》中提出：

打造综合交通运输“数据大脑”。完善部、省两级综合交通运输信息平台架构，推进综合交通大数据中心体系建设，加强数据资源的整合共享、综合开发和智能应用，打造综合交通运输“数据大脑”。

构建交通新型融合基础设施网络。加快推进交通新基建，推动新技术与交通基础设施融合发展，赋能传统交通基础设施，推动交通基础设施数字转型、智能升级，提升基础设施安全保障能力和运行效率。同时明确智能铁路、智慧公路、智慧航道、智慧民航、智慧邮政等领域发展重点。

部署北斗、5G 等信息基础设施应用网络。构建基于北斗、5G 的应用场景和产业生态，在交通运输领域开展创新示范应用，助力新一代信息技术产业应用。

建设一体衔接的数字出行网络。以“全国 123 出行交通圈”为目标引领，以提高电子客票使用率为切入点，引导市场主体打造跨方式、跨区域旅客运输数字化服务体系。

建设多式联运的智慧物流网络。以“全球 123 快货物流圈”为目标引领，创新智慧物流运营模式，推进电子运单跨方式、跨区域共享互认，推动“互联网 +”高效物流发展。

升级现代化行业管理信息网络。鼓励各级交通运输主管部门根据国家综合交通运输信息平台总体要求，统筹推动交通运输政务管理和服务联网一体化运行，推进交通运输数字政府部门建设，提升行业治理现代化水平。

培育数字交通创新发展体系。完善标准规范，推动行业技术应用创新，完善数字交通科研平台布局。

构建网络安全综合防范体系。围绕全链条、全要素、全周期，构建事前防范、监测预警、应急处置三位一体的网络安全防护体系。

从《数字交通“十四五”发展规划》提出的发展任务可以看出，我国交通数字化发展中，科技力量对交通新基建、交通使用频率、交通运输体系框架建构、整体交通布局等方面都带来深远影响，对比我国“十三五”期间交通运输行业建设规划及建设成果，可以看出元宇宙时代到来后，我国交通开始进行全面技术升级，未来发展重点更强调数字化、智能化建设及使用效果。

2022 年 1 月，交通运输部发布了《“十四五”现代综合交通运输体系发展规划》，这项政策明确了我国现代综合交通运输体系“到 2025 年，综合交通运输基本实现一体化融合发展，智能化、绿色化取得实质性突破，综合能力、服务品质、运行效率和整体效益显著提升，交通运输发展向世界一流水平迈进”以及“到 2035 年，便捷顺畅、经济高效、安全可靠、绿色集约、智能先进的现代化高质量国家综合立体交通网基本建成，‘全国 123 出行交通圈’和‘全球 123 快货物流圈’基本形成，基本建成交通强国”的发展目标。

《“十四五”现代综合交通运输体系发展规划》对我国现代综合交通运输体系未来规划目标主要有以下几点：

设施网络更加完善。国家综合立体交通网主骨架能力利用率显著提高。

以“八纵八横”高速铁路主通道为主骨架，以高速铁路区域连接线衔接，以部分兼顾干线功能的城际铁路为补充，主要采用250公里及以上时速标准的高速铁路网对50万人口以上城市覆盖率达到95%以上，普速铁路瓶颈路段基本消除。7条首都放射线、11条北南纵线、18条东西横线，以及地区环线、并行线、联络线等组成的国家高速公路网的主线基本贯通，普通公路质量进一步提高。布局完善、功能完备的现代化机场体系基本形成。港口码头专业化、现代化水平显著提升，内河高等级航道网络建设取得重要进展。综合交通枢纽换乘换装效率进一步提高。重点城市群一体化交通网络、都市圈1小时通勤网加快形成，沿边国道基本贯通。

运输服务更加高效。运输服务质量稳步提升，客运“一站式”、货运“一单制”服务更加普及，定制化、个性化、专业化运输服务产品更加丰富，城市交通拥堵和“停车难”问题持续缓解，农村和边境地区运输服务更有保障，具备条件的建制村实现快递服务全覆盖。面向全球的国际运输服务网络更加完善，中欧班列发展质量稳步提高。

安全保障更加可靠。交通设施耐久可靠、运行安全可控、防范措施到位，安全设施完好率持续提高。跨部门、跨领域的安全风险防控体系和应急救援体系进一步健全，重特大事故发生率进一步降低。主要通道运输安全和粮食、能源、矿石等物资运输安全更有保障，国际物流供应链安全保障能力持续提升。

发展模式更可持续。交通运输领域绿色生产生活方式逐步形成，铁路、水运承担大宗货物和中长距离货物运输比例稳步上升，绿色出行比例明显提高，清洁低碳运输工具广泛应用，单位周转量能源消耗明显降低，交通基础设施绿色化建设比例显著提升，资源要素利用效率持续提高，碳排放强度稳步下降。

治理能力更加完备。各种运输方式一体融合发展、交通基础设施投融资和管理运营养护等领域法律法规和标准规范更加完善，综合交通运输一体化融合发展程度不断提高，市场化改革持续深化，多元化投融资体制更加健全，以信用为基础的新型监管机制加快形成。

虽然《“十四五”现代综合交通运输体系发展规划》中没有明确与元宇宙技术结合的具体方式，但是从发展目标中可以看出元宇宙力量是我国“十四五”期间构建现代综合交通运输体系的重要力量。

其中，“交通技术设施网络”的完善性需要云计算、大数据、AI 等多种元宇宙技术融合，“高效运输服务”需要物联网、AI、VR 等技术辅助，“交通安全保障”系统需要运用到数字孪生等数字技术。由此可见，我国“十四五”现代综合交通运输体系发展需要元宇宙技术提升发展速度与发展成果。

总体而言，元宇宙时代到来后，我国交通运输规划出现的最大转变是从扩大建设规模、建设成果转向提高使用效果及交通作用。在元宇宙能量加持下，近年来我国交通发展已经突破多重堵点，对交通新基建、交通运营智慧性转变产生了革新效果。相信未来发展中，我国交通运输整体规划将加大智慧性布局，从提升交通建设成果逐渐转向深度挖掘我国综合立体交通网络更大价值，这是科技融合发展的成果，也是元宇宙时代的交通运输特性。

## 三 元宇宙交通下的交通治理

近年来，在元宇宙技术赋能与多项政策指引下，我国交通发展已经进入高速、高质量阶段，尤其元宇宙为交通运输行业带来的创新，让我国交通发展突破诸多限制，发展成果极其显著。例如，数字孪生基础为我国港口创新无人运行模式，在提高港口吞吐量的同时，提升港口运行效率，我国海运发展逐渐迈向世界前列。

交通运输行业高速发展不仅需要交通新基建、交通运输运营系统、区域交通架构及综合立体交通网络全面升级，还需要同步解决交通治理问题，提升交通管理效果。

从我国交通运输与元宇宙融合发展的趋势与现状中可以看到，在元宇宙技术加持下，针对我国区域交通资源受限、城市交通矛盾堵点频发等问题，交通治理体系与具体方法从“人工治理”转向“无人治理”与“智能治理”，这也是我国元宇宙交通发展的一大成果。

近年来，南京市经济发展效果显著，全市汽车保有量不断上涨，这一趋势导致南京市建邺区公共停车系统运营效率不足、公共停车位资源使用效果不合理等情况凸显。南京市政府为解决建邺区公共停车系统运行不畅问题，特对建邺区道路停车泊位进行智能化改造，提升公共停车效率同时解决人工收缴费出错率较高等问题。

本次南京市对建邺区公共停车位改造的重点是，通过高位视频技术结合实现停车智能化、无人化运营管理。技术改造完成以后，南京市建邺区公共停车位可以具备高位自动抓拍、停车订单自动生成功能，车辆驶入、驶离公共停车位全部信息可以清楚采集，结合南京市交通管理部门推出的“宁停车”微信公众号及 App，用户能够轻松完成停车缴费，如图 7－1 所示。

图 7－1 “宁停车”App 使用界面

另外，南京市建邺区城管局副局长李伟表示，传统公共停车位管理问题存在诸多不足，尤其人工收费管理过程中，管理不及时导致车主停车难、交通拥堵、违法违规占道情况时有发生。传统公共停车管理主要依靠人工管理，日常巡查需要派遣大量人力，执法过程中违法信息无法与交通部门及时共享，导致违法行为取证难、执法难。且人工收费存在较高出错率，车主经常对此进行投诉。

建邺区智慧停车管理系统搭建完成后，除有效提升交通运行效率、提升收费效果之外，这一系统还具备违停执法、反向诱导等功能。一旦车辆出现违停状况，高位摄像头立即自动抓拍、自动取证，并将违法信息上传到南京市交管平台。南京市交管平台能够及时开具罚单，下达障碍清理工作，对违停车辆进行及时处理。

南京市建邺区智慧停车管理系统还能够对公共车位数据表进行实时分析，

对车位使用状态、使用频率全方位掌握，这些数据便于南京市交通管理部门对公共停车系统进行合理规划，有助于南京市交通运行系统良好发展。

自南京市建邺区公共停车位升级改造完成后，建邺区交通运行效率显著提升，建邺区交通管理部门计划扩大公共停车位改造规模，于2023年之前分三批对建邺区所有道路停车位进行智能改造，以此提升建邺区交通运行、交通治理智能水平。

2020年，广西南宁市交警支队为提高城市交通治危、治堵、治乱效果，结合5G技术、AI技术加强智慧交警项目建设，在南宁园博园区域进行试点部署，以此推动城市道路交通运营及治理效果。

在南宁市交警支队智慧交警建设项目中，交警支队充分应用5G、AI、大数据等技术优势，强化交通执法向智能化、数字化方向升级，获得两项突出升级成果。

首先，在这次升级过程中南宁市交警支队将传统有线视频传输系统改造为5G无线传输系统，不仅降低日常运营成本，使用效果更加突出，南宁市交警支队可实现道路高效监控，并按需进行灵活、快速交通治理部署。

其次，本次智慧交警项目升级完成后，南宁市交警支队具备了5G道路视频智能分析能力。交通监管设备利用5G技术将交通运行视频高速上传到南宁市交警支队云端视频管理平台，之后利用AI技术对各类视频信息进行分析管理，最终生成交通执法依据，以此提升南宁市交通违法行为响应速度，减少违法逃逸情况发生，真正实现从源头减低事故风险，减少交通拥堵，挖掘交通运输资源最大价值。

智能化发展已经是我国交通运输行业各层面、各领域发展方向，尤其与元宇宙技术结合后，我国交通建设、发展、运营、治理等效果显著提升。事实上，我国交通运输管理部门早已发现元宇宙技术与交通运输行业结合的显著效果，所以在元宇宙概念兴起初期，就先后出台多项政策明确交通运输行业智慧性发展任务及目标。

例如，2019年4月，中共中央、国务院印发的《国家综合立体交通网规划纲要》明确提出“加快提升交通运输科技创新能力，推进交通基础设施数字化、网联化，2035年交通基础设施数字化率达到90%”。

2019 年 7 月，交通运输部发布的《数字交通发展规划纲要》中指出“到 2035 年，我国交通基础设施完成全要素、全周期数字化，天地一体的交通控制网基本形成，按需获取的即时出行服务广泛应用”。

2019 年 9 月，中共中央、国务院发布的《交通强国建设纲要》中明确提出“大力发展智慧交通，推动交通发展由依靠传统要素驱动向更加注重创新驱动转变”。

在践行中共中央、国务院及我国交通运输部提出的发展策略过程中，我国交通运输部门充分结合物联网、AI、数字孪生、VR 等元宇宙核心技术，采用以下几种方式推动交通运输行业高质量发展，同步改善、优化新时代交通治理效果。

#### 1. 增强交通基础设施智能化水平

目前，我国各地交通运输管理部门对现有交通基础设施已展开各种智能升级活动，主要包括：结合 AI 技术提升交通检测设施检测效果与数据采集能力；丰富交通基础设施功能，以此满足现代复杂环境下交通运行系统健康运行要求；结合元计算、大数据等技术增强交通数据采集设施数据传输能力，利用 AI、VR、交互、数字孪生等技术构建城市交通智慧大脑。各类交通设施智慧化升级完成后，交通运输管理部门还将各类设施进行联动运营管理，以此增强交通运输系统智能性，同时为智慧交通治理系统搭建基础框架。

#### 2. 增强交通管理设施智能化水平，强化交通治理效果

近年来，我国交通运输管理部门不断推动各类交通管理设施数字化、智能化升级，结合元宇宙技术强化交通治理效果。例如，城市交通管理部门通过信号灯、道路感知设备升级增强交通运行管理效果，同时提高交通违法情况抓拍、跟踪、响应、处理能力，为交通运输行业可持续健康发展保驾护航。

#### 3. 增强综合交通智慧化协同服务

虽然元宇宙技术促使我国交通运输网络快速发展，但各种交通运输模式之间依然存在信息交互滞后、协同服务不足情况。为确保综合交通运输网络治理效果，及满足综合交通网络发展需求，通过提升交通运输模式间信息化共享、智慧化服务水平，对综合交通网络进行一体化治理，实现综合交通运

输网络整体协调发展。

### 4. 增强交通运输安全保障系统智慧化水平

交通运输安全保障系统是我国交通健康发展、良性发展的主要保障，这一系统决定着我国交通运输行业运营与治理水平。利用科技力量进行交通安全保障体系、架构完善，提升系统智能决策水平，能够有效强化交通运输行业发展效果。

这主要体现为充分利用元宇宙技术，对交通事故成因、演化规律、管理策略进行升级，从“人、车、路、环境”协同管理角度实现交通运输安全管理。

例如，对某事故频繁路段进行虚拟空间数字建模，结合交通感知设备采集道路流量数据进行各时段、各状态模拟，从中分析交通事故发生的主要原因，进而对道路设计进行优化改造，杜绝交通事故频发。

在科技飞速前进的时代背景及多项政策指引扶持下，我国智慧交通运输体系建设、发展持续高速增长。大数据、AI、5G、云计算等技术在交通运输领域深度沉淀应用，我国交通运输行业发展成果显著增强。确保这一良好发展势态需要我国交通运输管理部门具备良好治理能力，同时借助元宇宙力量进行交通治理智慧化转型升级，这是我国交通运输行业可持续健康发展的保障，也是元宇宙时代交通进步的正确策略。

## 四 元宇宙交通下的安全权益维护

随着元宇宙与大众生活结合，人类体验元宇宙交通的时长、频率将大幅增长。因为元宇宙交通为人类提供更便捷的出行方式，提升交通运输安全，所以元宇宙交通逐渐成为人类出行主要选择。

不过任何一种新型事物都带有两面性，当交通出行进入元宇宙时代后，我们也要面对全新安全问题。比如互联网时代到来时，个人隐私网络泄密、个人财产被网络盗刷甚至遭受网暴等，都是时代革新带来的安全权益问题。

元宇宙交通到来后新型安全隐患随之到来，例如，自动驾驶汽车已结合人脸识别设备，同时人脸识别功能也连接网络支付，或许有一天我们在刷脸乘坐无人公交的过程中，个人的人脸信息被盗取，进而影响我们的网络资产安全。这种情况真实存在，也是现代网络犯罪分子的盗窃方式。

2020 年 9 月，珠海市犯罪嫌疑人杨某通过网络交易平台向林某购买刘某人脸照片信息和网购平台账号信息，之后利用制图软件将刘某人脸照片制作成视频动图。动图制作成功后杨某用刘某账号登录网购平台，通过人脸识别功能开通该账号信用支付权限，修改账号支付密码、收货地址等。完成上述一系列操作后，杨某使用刘某账号以信用支付方式购买大量产品再倒卖牟利，案发时杨某已经造成该网购平台损失 12 万元。2020 年 11 月杨某被公安机关抓捕归案，于 2021 年 3 月被判处有期徒刑 3 年，并偿还该网购平台所有损失。

元宇宙时代到来后，传统网络犯罪将以另外一种方式出现在元宇宙当中，如何在虚拟空间或元宇宙带来的交通新模式中保护自身安全权益，是所有人值得思考的问题。

从个人安全角度出发，安全权益问题可以分为人身安全、财产安全和权益安全，在元宇宙交通发展过程中这三类安全问题都会受到影响。因为元宇宙是现实世界的平行空间，现实世界的一切可以复刻到元宇宙当中，且真实度极其突出，虚拟空间的安全权益问题也会影响到现实世界。

随着元宇宙技术发展，交通运输也会进入虚拟世界，在开放的虚拟交通环境中我们会受到他人影响，甚至发生争吵，虽然不会对身体带来直接伤害，却会影响心情与思想，当我们回到现实世界后，愤怒、沮丧、难过的情绪会持续很长一段时间。

遇到这类问题时，我们应该如何维护安全权益？是惩罚现实世界伤害我们的人，还是惩罚元宇宙当中的数字人？这是元宇宙交通发展过程中交通运输管理部门及司法部门需要思考的重点。

回归到现实世界当中，元宇宙对现实交通发展带来极大改变，这种改变也会对大众安全权益带来直接影响。截至 2022 年，元宇宙对大众安全权益产生的影响主要体现在自动驾驶领域当中。

2021 年，在日本东京奥运村发生了一起自动驾驶车辆与行人相撞的交通事故。一位患有视网膜色素病变的日本残奥运动员在通过人行横道时与无人驾驶汽车“e-Palett”发生相撞，他在这次事故中受伤。这是近年来无人驾驶车辆发生交通事故中比较严重的一次事故，如图7-2所示。

图7-2　无人驾驶汽车“e-Palett”与日本残奥运动员发生交通事故的现场

当时，无人驾驶汽车“e-Palett”处于右转状态，从技术层面分析“e-Palett”应该主动避让穿越人行横道的行人，但不知是因为技术原因还是“e-Palett”设备故障原因，最终导致本次交通事故发生。

据东京奥组委官方宣称，这位运动员由于伤势问题需要两周时间治疗恢复，加上心理状态受到一定影响，他最终选择退出本届残奥会。截至2022年4月，东京奥组委并没有给出交通事故的明确原因，只对外公布“e-Palett”在交通事故发生之前运行状态良好，还因为检测到路边警卫人员而主动停车避让。这次事故发生后，东京奥运村全面停止了“e-Palett”运营。

这次无人驾驶车辆交通事故引发了业内激烈讨论，很多专业人士认为无人驾驶技术还不成熟，相关法律规范还不健全，大众出行安全权益无法在无人驾驶环境中得到充分保障。

针对这次事故，我国交通运输管理部门也进行了深度思考，为确保大众安全权益，部分地方政府针对无人驾驶汽车相关的管理条例进行了细化规范。例如，深圳市在发布的《深圳经济特区智能网联汽车管理条例》中明确提出“有驾驶人的智能网联汽车发生交通事故造成损害，属于该智能网联汽车一方责任的，由驾驶人承担赔偿责任。完全自动驾驶的智能网联汽车在无驾驶人期间发生交通事故造成损害，属于该智能网联汽车一方责任的，由车辆所有人、管理人承担赔偿责任”。这项政策明确了无人驾驶车辆发生交通事故时责任判定标准，明确了大众权益因无人驾驶车辆受到损害时如何获取赔偿。

深圳市发布的这部管理条例值得我国其他地方交通管理部门学习，因为这一政策充分考虑到元宇宙交通发展环境下大众安全权益保障措施，并结合元宇宙交通发展趋势进行了细化责任合理划分。

未来元宇宙交通发展必然开创更多交通出行模式，自动驾驶、无人驾驶不过是元宇宙交通发展起点。如何确保元宇宙交通充分保障大众安全权益，不仅是交通运输管理部门思考的问题，也是元宇宙交通科技行业关注的重点。

谷歌公司是全球无人驾驶领域研发经验最丰富的企业，截至 2022 年谷歌公司已经开展无人驾驶项目 7 年时间。前谷歌无人驾驶项目首席技术官克里斯·厄姆森曾对外公布过这样一组数据：谷歌公司无人驾驶项目先后投入 20 多辆产品进行道路测试，累计行驶距离超 273 万公里；测试过程中，谷歌公司所有自动驾驶车辆一共发生过 11 次小型交通事故，但事故责任均不在自动驾驶车辆。

这 11 次小型交通事故只为谷歌公司自动驾驶车辆带来轻度擦伤，没有出现任何人员受伤。11 次交通事故中有 7 次追尾事故，被追尾车辆均是谷歌公司自动驾驶车辆。发生追尾事故的主要原因是谷歌公司自动驾驶车辆在右转时为避免与直行车辆发生碰撞，提前设定了片刻启动延迟，后续车辆因注意力不集中未能及时制动导致发生追尾。

克里斯·厄姆森明确表示，谷歌无人驾驶汽车每一次发生交通事故后，公司都会进行事故分析，从中吸取经验，再进行自动驾驶车辆改进升级。目前，谷歌自动驾驶车辆已经具备 360 度视角监测能力，及远距离运动物体感知能力，其具备比人类驾驶人更快速、更准确的反应能力。克里斯·厄姆森坚信无人驾驶技术未来一定会超越人工驾驶。

截至 2022 年，相信大多数人对元宇宙交通安全性依然保持怀疑态度，毕竟我们与这一新兴交通模式交际不多，个人安全权益能够获得的保障无法预测。但从元宇宙交通发展现状中可以看出，无人驾驶技术发展始终以大众安全为基本前提，为保障大众安全权益，我国无人驾驶研发生产行业及交通运输管理部门进行了多种创新升级。

例如，2021 年 12 月，第 23 届国际高交会在深圳国际会展中心顺利举办，会上展示了多款无人驾驶汽车。媒体对无人驾驶技术发展及安全问题进行了详细采访。采访过程中，中国联通 5G 创新项目工作人员对一款无人驾驶车辆进行了功能描述，据称该车已经能够应用到复杂交通环境当中，其不仅可以准确识别交通信号灯，还能够精准感知其他交通参与者状态，根据其他交通参与者状态及交通设施进行自动变道、躲避临时路障等决策。目前，该无人驾驶汽车已经在深圳福田区亮相试运营，总运营路段为 200 公里。

从联通工作人员的介绍中可以看出，当代元宇宙交通发展中大众安全权益是技术研发重点，元宇宙交通秉持着“以人为本”的基本理念。

元宇宙发展使我国交通不断向数字化、智能化转变，甚至带动社会进行数字化运行，这种状态下大众安全权益迎来全新挑战。正如 360 集团创始人周鸿祎在接受媒体采访时所说：“2022 年，我有两个判断。一是数字化将加速升级传统产业，政府和企业将成为主角。随着‘十四五’规划的全面推进，工业互联网、智能网联车、智慧城市、智慧医疗等都将高速发展。二是网络安全将升级为数字化安全，安全将成为‘新基建’的基建，成为各行业数字化的刚需。”

元宇宙背景下，交通安全已经不是人身安全、财产安全的保护问题，而是涉及技术安全、数据安全、人工智能安全的多重安全理念。元宇宙交通必须全面、深度思考保护大众安全权益的有效措施，才能够与大众生活有效结合，才能够顺利融入现代社会。否则，元宇宙交通无法被全人类认可，人类的怀疑与担忧情绪也无法消除。

## 五 元宇宙交通中的政策法规风险

2022 年全国两会召开后，会上提出的经济、教育、商业发展等各种话题引发社会各界深度讨论，元宇宙作为 2021 年最热的科技概念自然包含其中。在元宇宙兴起的两年时间内，这一技术概念与社会产生深度融合，改变诸多传统行业发展模式，甚至在全球掀起一阵科技浪潮。

我国发展向来注重科技力量，元宇宙动态自然是我国关注重点。2022 年两会期间，多位人大代表、政协委员就元宇宙发展提出了相关议案提案，建议我国紧抓元宇宙时代机遇，促进社会发展进步。

例如，全国政协委员、中国工程院院士、湖南工商大学党委书记陈晓红提交了一份题为《加快元宇宙市场稳健发展，做强做优做大我国数字经济》的提案。该提案对元宇宙市场概念统一、基础研究支撑、市场发展秩序及投资情况、应用场景协同、合计技术突破等问题提出了明确发展建议。

民盟中央也起草了一份《关于“元宇宙”技术发展的提案》，建议在科普层面加速元宇宙相关知识传播，在法律层面加快相关立法。

从两会中提出的相关议案、提案中可以看出，元宇宙价值已经被我国充分认可，但为确保元宇宙对我国各项发展持续正向赋能，元宇宙相关的各项政策法规需要尽快健全完善，以确保元宇宙在我国市场的良性发展。

事实上，自 2021 年元宇宙便与我国市场各领域开始高速融合，尤其交通运输行业发展，从新基建、交通运输网络底层架构到交通运行系统、交通智慧大脑，再到各种交通载具、设备都与元宇宙产生融合，可以说交通运输行业核心要素、系统运营、使用场景都存在元宇宙身影。

目前值得我们警惕的是，我们已看到元宇宙交通表现出的发展优势，却没有重视元宇宙交通存在的隐患，一旦这种新型交通发展方式缺乏合理规范与束缚，其可能导致交通运输行业进入无序发展状态。

为此，我国交通运输部门、公共安全执法部门等开始重视元宇宙交通立法，并尝试出台各种试运行政策法规。例如，2021 年 8 月，交通运输部、工业和信息化部、公安部联合发布《智能网联汽车道路测试与示范应用管理规范（试行）》，各地方政府也基于自动驾驶技术尝试进行道路交通法规的修订，这些举措正是元宇宙交通的立法尝试。

结合元宇宙交通发展特点及相关立法实践效果，可以总结得出完善元宇宙交通政策法规需要从以下几方面进行深度思考，在规避各种风险前提下，规范元宇宙交通发展。

#### 1. 保障交通虚拟资产产权

元宇宙可以将现实世界交通事物复刻到虚拟空间，各种虚拟交通资产随之诞生。由于元宇宙具有开放共享特性，这些虚拟资产产权在没有相关法律保护的前提下可能存在诸多隐患。例如，某企业研发先进桥梁制作技术，并在元宇宙当中成功搭建数字模型，如果这一数字模型遗失则会导致技术泄露，在现实世界可以通过申请专利对技术权益进行保护，但元宇宙空间相关法律法规还未完善。

截至2022年，我国现行涉及虚拟资产保护的相关法律政策并不多。其中《中华人民共和国民法典》明确规定“法律对数据、网络虚拟财产的保护有规定的，依照其规定”，2020年《民事案件案由规定》修改后增加了“网络侵害虚拟财产纠纷”，但明确到元宇宙资产的相关法律还不健全。

《最高人民法院、国家发展和改革委员会关于为新时代加快完善社会主义市场经济体制提供司法服务和保障的意见》中明确指出“加强对数字货币、网络虚拟财产、数据等新型权益的保护，充分发挥司法裁判对产权保护的价值引领作用”。

这些政策法规有利于提升虚拟资产在元宇宙的保护水平，可以强化交通虚拟资产保护规制，但就交通虚拟资产法律属性、交通机制、确权机制等方面还没有出台细致规则。元宇宙发展又会促使交通运输行业出现新业态、新趋势，如何在虚拟空间保护交通资产的确权与利用，有待交通管理部门与相关法律部门深度思考，这是我国元宇宙交通政策法规需要关注的重点。

### 2. 规范元宇宙平台运营

随着元宇宙技术与交通运输行业融合，元宇宙交通平台建设更加丰富。从平台搭建初衷出发，元宇宙交通平台是增强我国交通运输网络智慧性的主要工具，对带动交通运输网络运营及经济发展有显著作用，但元宇宙交通平台主体资格及运营机制没有相关法律明确规范，这导致各大元宇宙交通平台运营隐患颇多，甚至危及大众公共安全。例如，我国城市元宇宙交通平台如果遭到黑客攻击，城市交通运营信息便可能泄露，犯罪分子便可以根据交通运营情况制订犯罪计划，情况严重时黑客还能够控制交通信号灯，这种情况不仅影响城市交通正常运行，更会严重威胁大众出行安全。

针对这种情况，我国政府部门需要出台各项政策，用于强化交通元宇宙平台合规治理，如要求元宇宙平台搭建、运营前必须取得相关资质，在政府技术部门、电信部门监督下进行合法运营；或者出台明确平台安全责任相关政策，要求元宇宙交通平台对运营形式、应用领域、平台服务器地址等信息进行备案，确保平台信息受国家保护。

另外，交通运输管理部门需要跟进国家规范元宇宙平台建设、运营的相关法律法规草案，根据实际运营效果及发展需要，及时向立法机关提出建议，以此确保元宇宙相关立法符合发展实际。

### 3. 确保元宇宙数据安全

自互联网时代到来后，网络数据便成为各行业保护重点，早在2015年我国便将“数据安全可控”纳入《中华人民共和国国家安全法》当中。元宇宙时代到来后，现实世界事物皆可数据化，海量数据涌入虚拟空间，数据安全再次成为时代趋势下的安全问题。

例如，我国桥梁技术一直处于全球领先位置，元宇宙时代到来后我国交通运输部门通过数字孪生技术，在虚拟空间搭建数字模型，有效提升了桥梁建设效果。一旦这些数据流失，我国桥梁技术领先地位也将受到影响，所以加强元宇宙数据保护，及时出台相关法律法规是相关立法部门当前重要工作。

2021年9月，我国正式施行《中华人民共和国数据安全法》，这项法律确立了数据管理、数据安全审查、数据安全风险评估等基本制度，有效加强了我国数据安全保护工作。该法律对元宇宙数据同样起到有效保护作用。例如《中华人民共和国数据安全法》第四章中明确提到，数据处理者须遵循“数据安全保护义务”，这代表元宇宙数据信息处理过程中，必须按照《中华人民共和国数据安全法》规定，建立数据安全管理制度，制定数据安全保障措施，并加强风险监测、风险防范，避免数据流失情况发生。另外，根据《中华人民共和国数据安全法》规定，元宇宙数据处理者、元宇宙数字平台搭建者必须获得相关行业服务资质，取得相关部门行政许可，这也提升了元宇宙数据安全保护程度。

2021年12月，工业和信息化部发布《工业和信息化部办公厅关于组织开展工业领域数据安全管理试点工作的通知》，其中也明确提出在元宇宙技术探索过程中必须有效保障数据安全体系，以此推动数字经济高质量发展。

从我国政府发布的各项政策中可以看出，元宇宙数据安全是各行业发展重点，我国各相关部门正在全面跟进元宇宙数据安全相关立法，为搭建安全合规的元宇宙数据平台而努力。

### 4. 保护元宇宙个人信息安全

元宇宙能够带来沉浸式交互体验，这一特点正吸引更多人积极入驻元宇宙带来的虚拟世界。大众进入元宇宙的主要方式是实名认证获取数字人身份，这一过程中个人信息将被导入各大元宇宙平台，如何有效保护个人信息随之成为我国元宇宙行业相关立法的主要问题。

自互联网时代开始，个人信息便是我国法律重点保护对象。《中华人民共和国民法典》《中华人民共和国网络安全法》《中华人民共和国电子商务法》等法律法规中都对个人信息保护做出明确规定。

2021 年 11 月，我国正式实施《中华人民共和国个人信息保护法》，这项法律在元宇宙时代成为个人信息保护体制的基本立法。《中华人民共和国个人信息保护法》规定“各网络平台在用户个人信息储存、使用、传输、公开、删除等过程中，均须严格履行个人信息保护义务。违反本法规定处理个人信息，或者处理个人信息未履行本法规定的个人信息保护义务的，将依法承担责令改正、警告、没收违法所得、责令暂停或者终止提供服务、罚款、责令暂停相关业务或者停业整顿、通报有关主管部门吊销相关业务许可或者吊销营业执照等法律责任”。

目前，《中华人民共和国个人信息保护法》是在元宇宙时代保护大众个人信息权益的主要法律。在元宇宙与交通运输融合过程中，该法律也可以充分体现法律效力，保护个人信息不因元宇宙交通发展泄露，保障元宇宙交通用户个人信息安全。

就目前我国元宇宙交通相关法律法规制定现状而言，相关立法部门已经结合元宇宙技术发展趋势、市场发展需求制定出法律基础及相应治理模式，并通过现有交通政策法规完善修订的方式确保元宇宙交通规范发展，确保交通运输领域元宇宙技术开发应用具备“技术向善”属性。

归根结底，元宇宙对交通运输而言并非单纯技术能量，而是涉及技术、伦理、未来规划、经济发展等多维度的时代趋势。随着元宇宙与交通深度结合，未来交通发展还将呈现更多新业态与新问题，在这股热潮之下希望交通运输管理部门及其他相关部门冷静思考，站在客观、公正的法律视角描绘元宇宙交通发展蓝图，在机遇与风险面前，保障交通安全发展。

## 第八章

# 高维度强融合，元宇宙交通的未来发展

随着元宇宙时代演进，元宇宙技术与交通运输将进入高维度强融合阶段。元宇宙交通将逐渐模糊虚实边界，颠覆传统运营规则，改变人类交通认知方式，通过强大的技术赋能引领我国交通进入重要转折节点。

## 一 元宇宙交通中虚拟与现实的边界模糊化

从交通发展历程出发，我国交通每一次升级迭代都是科技赋能的结果。比如互联网时代开创了网络交通，极大提升了交通发展速度与运行效率。元宇宙时代到来后，我国交通自然会诞生新发展形态，交通运输行业逐渐走向现实世界与虚拟世界共生共创的理想未来。元宇宙交通展现的主要特点不是交通智能水平大幅提升，而是虚实边界不断模糊，这正在颠覆传统交通运输概念，刷新人类交通运输认知。

2022 年 2 月，上海市城市运行管理中心举办“鹰翔·上海孪生城市数字治理”发布会，上海市交通部门在会上展示了“元宇宙”与城市基础建设结合应用的一项创新产品——云路中心“元宇宙”。这一技术创新平台是上海市道路运输事业发展中心与上海城建数字产业集团联合开发的数字孪生平台，这一元宇宙产品彻底打破杨浦大桥交通管理虚实界限，在数字世界 1:1 还原杨浦大桥，并对大桥进行全方位综合立体交通管理，如图 8 – 1 所示。

图8-1 云路中心“元宇宙”数字孪生平台复刻的数字杨浦大桥

杨浦大桥是上海交通部门重点开发的元宇宙交通示范项目，项目开发主要目的是通过数字孪生技术赋能交通智慧监管，全面提升上海交通运输治理水平。

在“鹰翔·上海孪生城市数字治理”发布会上，上海城建数字产业集团对云路中心“元宇宙”平台进行全面展示，并带领记者到杨浦大桥现场感受智慧交通升级效果。

先后安装了200套交通感知设备的杨浦大桥在记者车辆刚刚进入监测路段时，便将记者车辆在虚拟空间生成数字模型，并以动画形式展现记者车辆的每一个行驶动作，车辆产生的所有交通信息在云路中心“元宇宙”平台同步实时展示，信息采集完整度十分突出。

杨浦大桥能够具备如此强大的感知能力是因为它在交通升级改造中安装了多套基于识别功能的边缘计算设备，所有车辆经过监测路段其各种信息可以被全面采集，包括车型、车牌号码、车速、车身颜色等，不仅信息采集记录清楚，同时能够在云路中心“元宇宙”平台直观、清楚展现。另外，杨浦大桥龙门架还装有一套动态计重设备，车辆超重时在云路中心“元宇宙”平台能够自动感知，并对违法车辆违法行为进行记录，同时发出警报，将车辆信息、行驶信息、采集证据实时推送交警大队和交通委执法总队，以供交通管理人员对违法车辆进行管理处罚。

杨浦大桥是上海市交通主干道的关键枢纽，作为1993年正式通车的黄浦江跨江大桥，为上海市的民生活动与经济发展贡献着重要力量。近 30 年的运营使用过程中，杨浦大桥一直是交通运输管理部门监管的重点路段和设施。元宇宙时代到来后，上海市交通管理部门决定对交通运输体系进行智能化升级，杨浦大桥率先被选作智能改造试点。

随着元宇宙技术与杨浦大桥深度融合，上海市道路运输事业发展中心与上海城建数字产业集团搭建了云路中心“元宇宙”平台，保障桥梁安全运行的同时打破交通管理虚实界限，从以下几方面实现交通立体融合管控。

首先，在数字孪生等元宇宙技术赋能下，杨浦大桥实现虚实世界交通运维管理直观呈现。通过结合物联网、大数据、云计算等技术，上海市道路运输事业发展中心与上海城建数字产业集团为杨浦大桥构建神经元感知体系，在虚拟空间搭建全景、实时、高精度大桥数字模型，实现大桥结构设备静态感知。

为确保杨浦大桥数字模型精确度，上海市道路运输事业发展中心与上海城建数字产业集团对大桥 5 万多个静态设施进行全方位数据采集，其中包括 2000 多根主塔预应力束、200 多条斜拉索、200 多根钢横梁，以及海量桥梁附属设备。之后对桥梁静态设施空间管理单元进行数据分析，基于大桥全生命周期属性、动态信息变化等情况，将大桥基础静态设施数据在虚拟空间进行数字模型呈现。

完成大桥静态数据信息采集后，上海市道路运输事业发展中心与上海城建数字产业集团依托大桥升级改造时增加的神经元感知体系，开始对大桥动态信息进行采集分析。在杨浦大桥智能化改造过程中，两部门在杨浦大桥各关键安全数据感知点先后布设 1000 多个感知设备，用于全面采集桥梁动态数据及外部环境数据，其中包括风速、温度、地面振动情况等，以及大桥在各种外部环境自身应力变化、结构温度、振动幅度、框架变形等数据。动态数据采集完成后，两部门运用元宇宙运算技术，基于大桥 120 多项结果安全指标要求，将大桥动态情况在虚拟空间进行孪生变化，之后生成杨浦大桥数字动态模型。

以上两种数字模型构建完成后，上海市道路运输事业发展中心与上海城建数字产业集团依托杨浦大桥铺设的交通感知设备进行交通运行信息实时采集，并进行虚拟空间交通运行数字孪生。

据两部门介绍，杨浦大桥智能升级改造阶段共布设200套交通感知设备，交通运行信息与状态可以清楚采集、监测，其中包括车流量、车辆载重情况、交通气象环境等。在完成数据采集后，通过边缘计算分析设备全面掌握杨浦大桥交通运行实况，并识别交通异常情况，对异常车辆、异常事故进行孪生仿真、全程跟踪，为交通运输管理提供直观、实时数据支撑。

其次，在多项元宇宙技术赋能下杨浦大桥实现交通运维管理智能化、高效化转变。杨浦大桥完成智能改造及云路中心“元宇宙”平台搭建后，形成交通运营信息主动感知、实时推送、协同管理的闭环系统，将传统交通人力管理转变为交通人机管理，将交通情况判断由经验判定升级为数据判定，将交通异常情况被动处理升级为交通异常情况主动发展。这些交通管理效果升级，全部基于虚拟空间实现，可以说杨浦大桥云路中心“元宇宙”平台真正实现了虚拟空间管理现实运营。

杨浦大桥云路中心“元宇宙”平台搭建的数字孪生模型能够提升在以下几方面杨浦大桥交通管理效果。

一是提升杨浦大桥交通设施养护监管效果。由于云路中心“元宇宙”平台能够全天24小时实时自动监管杨浦大桥交通设施，所以交通运输管理部门对杨浦大桥交通设施使用情况、运行情况了解更加到位，配合定期养护巡查，杨浦大桥交通设施出现各种问题可以得到第一时间解决。例如2022年1月，杨浦大桥主桥下游车道发现一条长2.8米、宽0.2厘米的纵向裂缝，云路中心平台自动进行维护派单，维修人员第一时间抵达问题路段，对路面问题进行及时修复。

二是增强危化品车辆管理效果。由于云路中心“元宇宙”平台能够实时感知车辆行驶具体信息，所以在危化品车辆驶入监管路段时云路中心“元宇宙”平台可以将车辆具体数据第一时间推送给交通管理部门。交通管理部门根据车辆备案情况、实际运行情况及状态进行同步管理，如需要现场执法，交通管理部门可以第一时间指派管理人员前往现场。

三是增强交通违法情况联动执法效果。当车辆在监测路段出现违法状况时，云路中心“元宇宙”平台会自动发出报警信号，并对违法车辆进行标准及全程跟踪，并将违法信息发送给交通大队和交通执法部门。交通大队和交通执法部门可以根据违法车辆实时信息及时安排进行拦截、处罚部署，各部门执法联动效果显著提升。

四是在多项元宇宙技术赋能下杨浦大桥实现全生命周期交通运行高效能治理。杨浦大桥云路中心“元宇宙”平台具有交通运行状态实时感知能力，同时能够对交通运行信息进行安全评估。当杨浦大桥交通运行处于不健康状态时，平台能够自动预警，进行快速智能响应，情况严重时平台还会自动启动应急响应措施。例如，当杨浦大桥监测路段出现恶劣天气时，云路中心“元宇宙”平台会根据交通运行情况、环境温度、气象情况进行分析决策，并根据数据分析结果发出安全提示，在交通情况恶化之前提前采取措施。

总体而言，杨浦大桥云路中心“元宇宙”平台自研发上线运行以来，为上海市元宇宙交通发展树立了良好标杆，探索出交通运行管理数字化转型、智能化升级有效路径。未来发展中，杨浦大桥云路中心“元宇宙”平台作用还将持续放大、倍增，为上海市交通开启元宇宙运行模式提供强劲动力。

从上海市杨浦大桥元宇宙数字平台搭建中可以看出，元宇宙与交通运输行业融合不仅是元宇宙技术应用，还是虚实空间联通、虚实空间互动。庞大的杨浦大桥交通枢纽在虚拟空间轻松完成交通运营细致化管理，这正是元宇宙交通打破虚实边界带来的发展效果。

截至 2022 年，我国各地交通运输部门都在对元宇宙进行超前布局，随着 AI、VR、MR、数字孪生等元宇宙核心技术的推进，元宇宙交通产品在各个交通运输场景加速落地，这不仅催生交通数字经济发展，更推进交通产业向虚拟化转型升级。

在元宇宙模糊现实世界与虚拟世界边界过程中，交通虚实交互、交通智慧发展特性被大幅增强，交通运输行业在虚拟空间呈现出现实世界难以想象的发展速度。未来发展中，虚拟空间还将出现新型交通出行模式，服务现实世界交通高效、高质发展，这是交通运输行业发展的趋势，也是交通与元宇宙多维度强融合的必然结果。

## 二 元宇宙交通深刻改变交通运作与规则

2021 年 9 月，由北京市人民政府、工业和信息化部、公安部、交通运输部、中国科学技术协会共同主办的“2021 世界智能网联汽车大会”圆满落幕，会上各类创新型智能汽车纷纷亮相展示。这些创新产品的顶层设计与落地策略体现了我国交通发展水平。

新事物的诞生出现影响着世界运行规则，交通新产品的研发自然也改变交通运作规则。当智能化、网联化新能源汽车席卷汽车行业时，交通发展随之出现转折，这是元宇宙交通带来的结果，也是我国交通与时俱进的必然。

随着社会科技化发展，城市人口、汽车保有量激增，我国交通发展逐渐呈现立体化特点，地上交通与地下交通、空中交通同步建设，但这依然无法彻底解决交通拥堵。这并不代表我国交通运输行业发展方向存在问题，而是我们已经进入单纯依靠交通基础建设无法解决交通现有问题的转折时期。元宇宙时代到来后，AI、物联网、大数据开始与交通运输行业深度融合，交通运行规则出现转变，这为解决我国交通先行运行问题带来新转机，这也表明元宇宙时代我国交通运作与交通规则需要随之做出转变。

截至2022年，我国先后已有500多座城市展开智慧交通示范性建设发展，这些城市试图通过交通智能化升级解决现代城市通病，全面打造符合现代社会特色的智慧城市。

以江苏省为例，2022年3月江苏省政府确定了四项智慧交通发展策略。

一是加强交通运输与通信运营商合作，加速5G技术在交通运输领域全面落地应用。

二是出台《智能交通建设实施方案》，明确规划智能交通建设任务，并监督有序落实。具体任务主要包括对现有交通设施进行数字化升级、为智慧交通体系构建智慧基础框架、加强5G及区块链等技术应用、开发车路协同自动驾驶技术、增强大数据应用、为大众提供智能便捷的出行体现、增强智慧物流建设等。

三是政府出台《江苏省交通运输大数据发展三年行动计划》，明确提出鼓励交通大数据技术创新应用。在交通运输领域夯实大数据技术发展基础，推进大数据共享开放进程，并从推进政府信息系统整合、推动政务大数据共享开放，以及促进交通新产业、新模式、新业态发展等方面保障大数据技术深入融合。

四是驾驶交通基础设施智能化升级，率先开展国家交通控制网试点工程。在S342无锡段、G524常熟段、沪宁高速公路、五峰山过江通道等路段开展智慧公路建设，在京杭运河、南京港、太仓港等水路路段布局智慧交通基础设施，增强水路交通智慧性。

从江苏省智慧交通发展策略中可以看出，我国智慧交通发展已经进入因地制宜、细化发展的成熟阶段。尤其2022年全国各地智慧交通建设措施，为我国交通整体发展建设塑造良好开局，为元宇宙技术促进智慧交通发展打下坚实基础。

除硬件建设、软件升级之外，我国各地智慧交通建设还从交通运作方式及交通规则层面同步调整完善，以确保元宇宙技术充分发挥作用，智慧交通整体发展效果。

同样以江苏省智慧交通发展为例。在大数据、云计算、物联网等元宇宙技术加持下，江苏省交通服务凸显实时性、高效性、广泛性特点。例如，江苏省打造的数字高速公路可以实现交通信息智能监测、交通运行可视化管控，城际、省际高速路网、收费站、关键枢纽可通过交通智慧平台24小时实时管理。这主要依靠电子眼、动态感知设备、智能信号灯设备合理铺设，以此达到对高速车辆有效引导、敏锐监控、识别、跟踪的目的。高速车辆驾驶人还可以通过手机端交通App实时了解自身路线情况、违章情况，并进行在线处理。

江苏省数字高速智慧升级后，高速交通运作模式出现巨大转变。传统人力监管转变为数字监管，监管效果更准确，处理速度更及时。高速路网框架得到优化，减少中间不必要人力干预环节，通过智能系统管理实现高速路网全方位管控，高速路网运作效率显著提升。

在智慧港航交通改造升级后，江苏省交通管理部门能够利用北斗卫星技术、GPS导航技术建立水路交通监控系统，保障空中航道、水路运行安全，有效调整航空、船舶出行节奏，在危险情况出现时提前感知、实时报警，交通运输部门可以协调各单位及时消除安全隐患及危险因素。这让江苏省航空、水路交通运行更为安全、高效、通畅。另外，结合大数据技术之后，航空、港航服务更加协调，航空交通、水路交通、陆路交通彼此衔接更紧密、更高效，大众出行模式呈现立体化、高效化特点，这也是元宇宙技术深度应用的结果。

交通规则方面，江苏省基于交通安全保障需求进行全面完善。在江苏省进入元宇宙交通发展模式后，交通运输管理部门结合科技手段努力提升智慧交通安全保障。首先，江苏省交通管理部门利用现代科技分析交通事故成因、事故发生规律及交通安全管控策略，之后从多维度强化交通运输网络框架，出台多项交通安全管理政策。尤其针对元宇宙带来的新型交通技术、交通运行方式，江苏省交通管理部门对其展开细化管理。例如，针对自动驾驶技术在江苏省展开的交通试点运行，交通管理部门对自动驾驶可以预想到的意外情况进行全面保护，出台相关政策规范试点运行，以此确保交通运输体系智慧化发展的同时具备突出安全属性。

交通智慧性发展是解决我国现有交通问题的有效方式，也是我国建设新型智慧城市的有效策略。从江苏省智慧交通发展模式中可以看出，元宇宙交通从交通发展模式、交通运作模式及交通规则等多方面产生深度影响，顺应这一趋势良性发展，交通、城市、社会建设水平显著提升。

2020 年，海外市场研究公司 Persistence 发布了一项智慧城市发展调查报告，通过多项数据统计计算，预测“未来 10 年，全球性的城镇化将推动智慧城市市场增长近 19%。全球智慧城市市场将由当前的 6220 亿美元，到 2026 年进一步增长至 3.48 万亿美元”。

2021 年，全球知名战略管理咨询公司罗兰贝格咨询公司发布了一项《智慧城市智能战略》报告，据其统计数据显示“智慧城市解决方案市场日渐繁荣，预计未来十年的全球市场容量年增长率为 13%。其中，亚太地区市场的发展增速高于欧洲与美洲地区，预计将从最高每年 16% 提高至 2023 年的约 32%”。

另外，这两项报告中都明确提出，未来智慧城市建设先锋将是智慧交通，智慧交通将改变传统运作模式，深度影响城市发展节奏，智慧交通对其他行业产生的发展增速不容小觑。

事实上，我们已经可以清楚感知元宇宙时代交通智慧化发展对交通运作、交通规则带来的改变，不过这些改变目前不过是时代更迭的起点，未来发展中元宇宙交通还将在以下几个方面改变交通运作与规则。

#### 1. 创新数字化交规

传统交通规则主要目的是维护交通秩序、保障交通安全。但元宇宙时代来临后，交通运作模式发生多种变化，交通环境呈现数字化特点，这时交通规则制定的目的开始升级为在保护交通安全的基础上，提升交通运作效率，促进交通智能化发展水平。

例如，据北京市交通运输部门统计数据显示，2021 年北京市自动驾驶试运营过程中，自动驾驶车辆出现交通违法情况的主要原因在于无法有效协调人为因素带来的交通干扰。解决这一问题的主要方法是完善自动驾驶交通规则，双向要求自动驾驶车辆与人工驾驶规范，只有完善、出台这类交规，自动驾驶技术才能顺利落地。

针对这一情况，公安部调研中心负责人曾这样描述："根据法律法规，通过指标值构建数字化交通规则。搭建仿真测试平台，首先把预测系统、场景接到法规平台，在仿真平台交互，产生各类自车或者他车的轨迹信息，以及车辆的操控信息，然后用现有数字化交规对轨迹信息进行评判。"这是确保我国自动驾驶交通健康发展的有效途径。

目前，我国交通运输管理部门十分重视元宇宙交通发展，联合相关各部门针对元宇宙交通的顶层设计、政策规范、技术应用等层面开展了一系列研究工作。我国数字化交规正在逐步出台、完善，元宇宙交通正在凸显自身优势，进入规范化、标准化、协同化发展新局面。

### 2. 应对交通运作新挑战

元宇宙技术让我国交通运输行业从现实世界走入开放的虚拟世界，虚拟世界对我国现代交通运作模式提出诸多新挑战。这主要表现为虚拟世界创造的数字交通运作模式颠覆传统交通运作认知，影响现实世界交通运作架构。

例如，城市交通智慧平台搭建之后，传统交通监管、维护能够简化诸多环节，交通运输管理部门可以大幅缩减工作人员，这使我国交通运输管理部门面对较大挑战，人员安排、体系重构等问题需要及时解决，交通运作效果还不能因此受影响。

这种交通运作模式的转变是时代发展趋势，无可避免。顺应时代发展过程中，我国交通运输管理部门需要努力提升自身技术水平，将传统交通运输管理人才升级为数字交通技术人才，利用技术方法提升交通运输管理效果，确保交通运输管理系统紧随时代发展脚步。

### 3. 推进自动驾驶技术加速落地

自动驾驶技术是元宇宙交通的主要产物，也是汽车行业发展转型的主要方向。未来交通运作、交通规则都将以自动驾驶车辆为主体，这一技术将对全球交通变革产生深刻影响。

目前，我国多地已经开展自动驾驶技术试运营项目，自动驾驶技术正在逐步落地。针对这种趋势，国务院相关部委、地方政府纷纷出台自动驾驶相关政策，如2021年，公安部启动《道路交通安全法》修订，工业和信息化部、交通运输部也围绕自动驾驶准入、应用试点出台了多项相关政策。

未来发展中，自动驾驶技术将全面改观交通运作模式，催生诸多交通法规，这一技术是元宇宙影响交通运作与交通规则的最大表现。

元宇宙交通带来的深远影响不仅改变交通运输行业方方面面，更改变交通运作模式乃至城市、社会运行状态，整体而言元宇宙交通带来的改变十分友好，这为我国交通、经济高质量发展注入全新活力。及时认知、顺应元宇宙交通改变，我国交通发展、社会进步可以再次提速，元宇宙自然能够为世界导入更美好的未来。

## 三 元宇宙交通催生新的交通关系

元宇宙交通是运用新一代信息技术和交互技术、感知技术、云计算技术对交通关键数据信息进行整合分析，提升交通运行结果的交通运输模式。虽然其赋能主体是交通运输行业，但对民生、环保、公共安全、城市发展、经济发展都有良好带动效果。从这一点出发，元宇宙交通能够促进社会和谐、可持续成长，主要方式为以全新交通关系对社会各领域进行间接赋能。

我们从元宇宙交通本质特点出发，元宇宙交通具有三大特点：一是以数据采集、分析、处理、利用为逻辑，为交通提供多样性服务；二是充分发挥元宇宙技术价值，对交通运输、大众出行提供技术支撑；三是有效扩大交通运输覆盖范围和交通运输感知、控制能力，在保障大众出行安全前提下，提高交通效率与管理水平。而交通服务、交通智能发展与交通效率提升催生出诸多交通关系，助力现代社会突破发展瓶颈。

### 1. 元宇宙交通与智慧城市的新关系

城市发展与交通运输有着紧密关系，智慧城市发展离不开智慧交通支持。自我国确定智慧城市发展战略后，科技力量成为交通发展助力，元宇宙技术深度应用有效提升智慧城市发展成果。

首先，交通是城市生产活动保持正常的先决条件，城市体系、城市产业框架全部由交通连接。元宇宙交通为城市智慧发展带来的改善有利于提高城市运行效率，促进产业与地域融合，加速城市经济活动运转，并完善城市功能、优化城市环境，解决城市发展各类堵点。

其次，元宇宙交通结合当代前沿科技，对城市运行基本框架进行全方位改善，以元宇宙交通为基础，现代城市可以搭建起范围大、元素多，并且城市各单元连接实时、准确、高效的智慧运营系统。这使得交通、城市、大众和谐统一，协同发展效应更为突出，城市安全保障更全面，自然智慧建设效果更喜人。

### 2. 元宇宙交通与智慧医疗的新关系

据《中国新型智慧城市白皮书》统计数据显示，交通与医疗是我国智慧城市建设中提升效果最显著的两大行业，这是因为两者皆是关乎民生的核心行业，且两者关系十分紧密。

随着元宇宙交通高速发展，智慧医疗作为大众安全服务保障行业率先获益。元宇宙交通提升大众出行效率与城市运作效率，医疗行业产业链得以大幅优化，各种时间、空间限制的医疗难题迎刃而解。例如患者需要长距离转院救治时，元宇宙交通不仅能提升交通效率，还能够实现运输车辆实时互联，医疗系统之间能够实时根据患者状态进行提前部署，确保患者救治效率与效果。

另外，元宇宙交通还可以扩大城市智慧医疗覆盖范围与连接效果。例如新冠肺炎疫情防控期间，多座城市通过元宇宙交通设备进行新冠肺炎防治宣传，确保医疗防护信息全面覆盖城市各个角落，以此提升疫情防控效果。

现代智慧医疗同样运用大量元宇宙技术，这代表元宇宙交通与智慧医疗能够巧妙融合。未来发展中，元宇宙交通也将具备一定医疗能力，在出现交通事故时通过智能设备给予受伤人员一定医疗支持。自动驾驶车辆目前已经能够监测驾驶人生命体征，在驾驶人生命体征出现危急情况时，自动驾驶车辆可以根据实际情况提示紧急救护策略，以此保障驾驶人安全。

总体而言，元宇宙交通与智慧医疗的关系随时代发展更加紧密，两者相互促进、协同发展特性越发凸显。

### 3. 元宇宙交通与智慧生活的新关系

元宇宙交通是引领智慧生活发展的重要风向标。近年来，元宇宙交通高效发展为大众带来更安全、便捷、轻松高效的生活享受。

首先，元宇宙交通有效提升交通感知能力，能够实时了解城市交通运行状态，提前感知交通危险隐患并进行排除。在大众出现交通事故时，交通运输管理部门能够及时抵达现场解决处理，这极大提升大众出行安全。

其次，元宇宙交通提升城市运行效率，为大众提供更便捷、更贴心的出行选择。例如，2020 年天津市对交通运行系统进行智能化升级改造，改造完成后天津市平均车速提升 12%，拥堵时长减少 13%，大众出行便捷性更为突出。

最后，元宇宙交通能够为大众提供更贴心的出行方案，通过各种交通出行软件，大众可以获取多种出行方式选择。例如，2021 年湖南省常德市全面完成公交系统智能改造，通过大数据、云计算、AI、车联网等技术的应用，实现公交运输系统智能化调度，各公交模式无缝衔接，公交信息实时多渠道推送。该智能公交系统全面满足了常德人民日常出行需求，大众出行便捷度显著提升。

元宇宙交通是现代大众智慧生活的重要基础，元宇宙交通带来的智慧、便捷、高效发展效果可以顺利延伸到生活领域，大众生活品质因此获得提升。

### 4. 元宇宙交通与新能源的新关系

借助云计算、大数据、物联网等元宇宙核心技术，我国交通运输行业已经进行多轮变革，元宇宙交通重塑大众出行生态，在智慧交通各个层面释放巨大潜力。其中，新能源有效开发强化了我国社会绿色可持续发展效果。

近年来，新能源技术开发应用是我国各领域发展重点，我国政府相继出台多项扶持补贴各产业新能源转型政策。例如，2020 年 11 月工业和信息化部发布《新能源汽车产业发展规划（2021—2035）》，明确提出“到 2025 年，我国新能源汽车市场竞争力明显增强，动力电池、驱动电机、车用操作系统等关键技术取得重大突破，安全水平全面提升。纯电动乘用车新车平均电耗降至12.0千瓦时/百公里，新能源汽车新车销售量达到汽车新车销售总量的20%左右，高度自动驾驶汽车实现限定区域和特定场景商业化应用，充换电服务便利性显著提高”等发展目标。

近年来，元宇宙交通与新能源技术开发利用关系更为紧密，尤其智能汽车行业已经贯穿新能源产业上下游，在电池、电机、电控等关键技术领域取得重大突破。截至2021年，我国新能源汽车发展已经实现三项突破。一是技术突破，其中动力电池技术已经达到全球领先水平，电池单体能量密度相较2012年提高2.2倍，制造成本下降85%；二是产品突破，我国新能源汽车续航能力大幅提升，单次续航500公里以上的新能源汽车已十分常见；三是市场突破，截至2021年8月，我国新能源汽车销售量已经超过700万辆，我国新能源汽车销量连续六年位居全球第一位。

元宇宙交通是目前新能源应用最深的产品领域，元宇宙交通发展有效带动新能源行业进步。未来，元宇宙与新能源关系将更加紧密，并带动新能源技术不断拓展应用范围，增强我国可持续发展成果。

交通发展是社会发展根基，元宇宙交通发展催生的交通关系多角度影响着我国社会进步。相信未来发展中，元宇宙交通应用还将在更多领域深化结合，不断充实元宇宙内涵，展现科技手段，扩大影响效果，对我国交通运行、城市发展、产业进步、强国进程做出更多突出贡献。

## 四 元宇宙创造新的交通维度

自我国发布“十四五”发展规划以来，交通行业深入推动供给侧结构性改革，借助科技力量转入高质量发展阶段。在基础建设方面，截至2021年年底，全国铁路营业里程突破15万公里，其中高铁超过4万公里。全国公路通车总里程达519.81万公里，其中高速公路通车里程16.10万公里，稳居世界第一。高速公路对20万以上人口城市覆盖率超过98%。

2021年，全国港口完成集装箱吞吐量2.8亿标准箱（TEU），同比增长7%；完成货物吞吐量155.5亿吨，同比增长6.8%，其中外贸货物吞吐量

47.0 亿吨，同比增长 4.5%。

种种数据表明，我国交通运输水平正在高速提升，高品质交通运输建设硕果累累，新业态、新模式不断涌现，我国交通运输行业发展已经进入成熟阶段，正向更高维度迈进。

事实上，自元宇宙与我国交通运输行业融合发展以来，我国交通运输行业便将发展目标定位到更高维度。这一交通发展转变可以从我国交通运输部门制定的发展目标升级中明确感知。

例如，2020 年 12 月国务院新闻办就《中国交通的可持续发展白皮书》有关情况举行发布会，会上交通运输部副部长刘小明在解释“中国从交通大国迈向交通强国”的标准时，对交通运输发展的三个维度进行详细阐述。

中国交通从根本上改变了基础薄弱、整体落后的面貌，为经济社会发展提供了有力保障，走出了一条中国特色可持续交通发展之路。交通进入了高质量发展的新时代。为什么能称为“交通大国”，可以再从基础设施、运输服务、交通科技三个维度作说明。

一是交通基础设施从“连线成片”到“基本成网”。整体看，我国综合交通网络规模和质量实现跃升，覆盖广度和通达深度不断提升。具体看，最突出的表现就是综合交通基础设施基本实现网络化。刚才已经通过一组数据和三个“世界第一”来说明。此外，我国综合运输大通道基本贯通，进一步打通了国家运输大动脉。与此同时，综合交通枢纽建设步伐加快，城市交通基础设施体系化建设稳步推进，截至 2019 年年底，全国城市道路总长度达到 45.9 万公里。我们可以自豪地说，交通、物流、信息与经济社会深度融合，为优化国家经济空间布局和构建现代化经济体系提供了有力支撑。

二是运输服务从“走得了”到“走得好”。中国是世界上运输最繁忙的国家之一。面对日益增长的运输需求，我们全面提升交通运输服务质量，持续优化运输结构，不断提高综合运输效率，有效降低物流成本，出行服务体系日益完善。2019 年，全社会完成客运量 176 亿人次，完成货运量 462 亿吨，平均每天有 4822 万人次和 1.27 亿吨货物处于交通运输中。网约车覆盖全国 400 多个城市，平台日均使用量超过 2000 万人次。共享单车日均使用量大约是 4500 万人次。快递业务量完成 635 亿件，近 10 年年均增长 39.1%，业务量跃居世界第一，相当于每天有约 1.74 亿件快递。我国运输服务的通达性和保障性正在显著增强，为经济社会发展和人民群众生产生活注入了强大动能。

三是交通科技从“跟跑”到“跟跑并跑领跑”并行。中国交通超级工程举世瞩目，装备技术取得重大突破。在今天的中国，高速铁路、高寒铁路、高原铁路、重载铁路技术已经达到了世界领先水平，特殊地质公路建设技术攻克世界级难题，超大型桥隧技术、港口航道技术以及大型机场工程建设技术领先全球。节能与新能源汽车产业与国际先进水平基本保持同步，交通运输基础设施和装备领域智能化不断取得突破。特别是党的十八大以来，港珠澳大桥、北京大兴机场等一批超级工程震撼世界，“复兴号”动车组、C919大型客机、振华港机等一批国产交通装备标注了“中国制造”的新高度，洋山港集装箱和自动化码头引领全球，互联网物流蓬勃发展，刷脸进站、“无纸化”登机、无人机投递、无接触配送等新技术的应用，为广大群众生产生活提供了巨大便利。如今的中国已经成为名副其实的“交通大国”。展望未来，我们将继续努力，构筑新型交通生态系统，凝心聚力加快建设交通强国。

从刘小明的讲话中可以看出，截至2020年我国交通发展维度主要体现在综合交通立体网络建设当中。其主要方式有三点：一是通过加强交通基础设施网络规模和质量建设满足我国经济空间布局和现代化经济体系发展所需；二是提升运输服务质量，提高综合运输效率，降低物流成本，完善交通运输服务体系，以此为经济发展与大众生活注入强大动能；三是加强交通科技融合，增强交通科技水平，以此构筑新型交通生态，加快交通强国建设。

这三个维度的交通建设是我国智慧交通发展的重要基础，正是因为这个交通维度建设成果显著，我国交通才能顺利进入到数字时代及元宇宙时代。

2021年12月，交通运输部发布了《数字交通“十四五”发展规划》，这项规划中，我国交通建设维度明确向数字化、智能化升级。规划中明确提出“到2025年，交通设施数字感知，信息网络广泛覆盖，运输服务便捷智能，行业治理在线协同，技术应用创新活跃，网络安全保障有力的数字交通体系深入推进。‘一脑、五网、两体系’的发展格局基本建成，交通新基建取得重要进展，行业数字化、网络化、智能化水平显著提升，有力支撑交通运输行业高质量发展和交通强国建设”。

2021年是我国元宇宙发展元年，也是元宇宙与交通融合初级阶段。这一阶段我国交通充分感受到元宇宙科技带来的发展效果，进而将建设目标提升到智慧大脑、交通信息网络、数字交通体系层面。这三个维度建设能够确保我国交通保持高质量发展状态，交通发展水平始终对标世界前沿，交通强国战略目标能够快速、稳步实现。

2022 年 1 月，国务院印发了《“十四五”现代综合交通运输体系发展规划》，规划中明确了四项发展原则：

服务大局，当好先锋。坚持人民交通为人民，充分发挥交通作为中国现代化开路先锋的作用，不断增强对经济社会发展全局和国家重大战略的保障能力，有效支撑引领区域协调发展、乡村振兴和新型城镇化，提供能够更好满足人民群众需要的交通运输服务。

系统推进，衔接融合。坚持系统观念，合理确定交通运输基础设施网络规模、技术标准、建设时序，补齐西部地区路网空白，优化网络结构功能，科学合理挖掘既有设施潜力，精准补齐联通衔接短板，提升运输资源配置效率，促进跨领域、跨区域、跨行业协调融合发展。

创新驱动，深化改革。注重新科技深度赋能应用，提升交通运输数字化智能化发展水平，破除制约交通运输高质量发展的体制机制障碍，推动交通运输市场统一开放、有序竞争，促进交通运输提效能、扩功能、增动能。

绿色转型，安全发展。落实碳达峰、碳中和目标要求，贯彻总体国家安全观，强化资源要素节约集约利用，推动交通运输绿色低碳转型，加强运行安全和应急处置能力建设，提升国际互联互通和运输保障水平，保障产业链供应链安全。

从我国综合交通体系“十四五”发展规划中可以看出，我国交通发展已经从基础设施建设维度全面升级到交通运输作用与效果创新维度。这也是元宇宙为我国交通发展开创的全新维度。

首先，在元宇宙赋能下我国交通发展开始注重服务性与经济带动性，这一发展维度对我国社会全局发展、大众生活体验产生深远影响，交通与其他领域融合深度发展逐渐成为重点。

其次，我国交通增强协同发展力度，将元宇宙交通视作多行业、多领域融合发展的关键连接力量，充分发挥元宇宙交通智慧性、高效特性，将元宇宙交通转化为其他行业发展能量。

再次，我国交通强调科技维度创新，充分结合、利用元宇宙技术破除现代交通高质量发展机制障碍。从技术维度分析，元宇宙能量还未在我国交通运输领域充分释放，且随着元宇宙技术发展我国交通科技创新成果将更加显著，这代表元宇宙交通拥有巨大发展潜力与广阔发展空间。

最后，我国交通发展将转向绿色可持续发展层面，结合科技创新强化绿色交通发展成果。目前，元宇宙交通在这一维度发展成果十分显著，智能汽车技术与新能源开发应用技术结合较为深入，这一交通运输模式很有可能取代传统交通运输模式。

未来发展中，元宇宙交通还将创造更多交通维度，如用虚拟交通取代现实交通。这些高维度交通发展并非幻想，正如 Meta 公司创造的虚拟办公软件，便可以在虚拟空间打破距离、国界限制，实现人类以数字人的方式超远距离面对面实时互动。这种元宇宙科技产品将减少大量商业交通出行，人类在数字空间完成定点传送，在更高维度享受出行体验，这是元宇宙发展方向，也是人类科技进步成果。

## 五 元宇宙交通改变人类的认知模式

交通，本是人类出行、货物运输等移动传递方式的统称。从大众认知层面出发，交通主要分为出行与运输两种类型，虽然可以细化为铁路、公路、水路、航空、物流等多种模式，但具体认知标准、交通概念能够得到统一。

元宇宙交通时代到来后，交通定义开始发生转变。交通不再是简单的人类出行、货物运输，还可以体现为虚拟空间体验、智慧服务配套。这是因为元宇宙将现实交通复刻到虚拟空间，交通定义被数字化、虚拟化阐释，交通自然会衍生新概念、新模式。

例如，2022 年 4 月 Meta 公司 CEO 扎克伯格披露了公司研发的高端头显产品 Project Cambria，从公布的视频中可以看到这款 VR 头显设备不同于 Meta 公司前期研发的 Quest 2，它将图片内的灰色场景实现了色彩复原，从而让体验者获得更真实的视觉体验，如图 8 - 2 所示。

图8-2 Project Cambria复原的虚拟场景

从元宇宙技术层面分析，现代元宇宙VR设备主要通过光学透视技术将现实场景复刻到虚实空间当中，但由于光学透视的光路设计复杂，显示画面视角很容易受限，而且光学零部件成本造价较高，所以现代大多数VR设备厂商生产的产品主要搭载RGB摄像头，并采用传统的视频透视方案，而这些设备多数只能支持黑白透视，即用户佩戴这种设备能够将现实场景复刻到虚拟世界当中，但以黑白色彩呈现。而Project Cambria则可以在虚拟世界全面还原现实世界的各种事物，并真实展现各种色彩，让虚实融合更加深入，逐渐模糊虚实界限。

试想，当Project Cambria技术成熟并全面普及后，人类可以真正打破空间与时间限制，我们可以瞬时宴请远在千里之外的朋友来家参观，一起进行下棋、观影等各种娱乐活动，或者坐在家中陪伴朋友观赏世界各地的怡人景色。这种状态下，传统交通定义与出行模式将被颠覆，各种交通新概念、新模式随之诞生。

以往，人类对交通发展认知主要体现为交通运输网络延伸、交通基础设施建造，或者新型交通建筑、交通工具研发成功。元宇宙交通时代到来后，交通发展维度从现实世界建设层面升级到交通运输作用及价值层面，这代表我们必须完善自己的交通认知，才能够认清元宇宙交通的发展方式、方向及重点。

时代进步，人类认知一定发生转变。正如互联网时代来临之前人类对虚拟世界认知只局限在幻想层面，而互联网带来的网络世界让大众认定现实世界之外还存在平行时空。这种认知改变有效促进了人类对网络世界的探索。

元宇宙时代来临之后，交通运输发生巨大改变，人类交通认知自然出现新观点与新思考，正是这种思想转变强化了人类对元宇宙交通的深度探索，引领我们主动追寻更美好的未来生活。

2021 年，百度创始人李彦宏在其所著《智能交通：影响人类未来 10—40 年的重大变革》一书中提出这样一个观点："智能交通在 5 年之内可使中国一线城市将不再需要限购和限行，10 年之内基本解决拥堵问题。"这一观点不是李彦宏的猜测，而是他根据智能交通发展现状做出的分析总结。

元宇宙交通作为智能交通高阶版本，未来将产生更大作用，其不仅解决现代城市交通限行、限购和拥堵问题，还将提升大众交通出行体验。

在元宇宙技术加持下，交通智慧大脑将全面提升交通运行效率，人类出行排队、候车、交通中转时间大幅缩减。届时，人类可以轻松抵达每一个目的地，交通出行更加自主，且出行时间、空间更加可控。

另外，元宇宙技术大幅减少大众交通出行需求。因为元宇宙开创的虚拟世界已经联通现实世界办公、娱乐、社交等各个领域，商业洽谈、朋友畅聊都可以在虚拟空间完成，人类出行频率大幅降低。甚至元宇宙构建的数字模型可以实现足不出户全球旅游，大众无须长途跋涉，同样可以真切观赏世界各地风景。这使大众交通工具使用频率得以降低。

这种生活状态下，休闲娱乐成为交通运输主要属性，城市不再有高压通勤，出行将变为大众生活的娱乐选择。

元宇宙作为新时代科技产物正释放着巨大能量，交通正是元宇宙与人类生活融合的最佳入口。元宇宙交通到来后，未来世界人机共生、城市智慧发展、社会高速进步、生活全面改观的科幻图景被清楚展现。一幅幅表达梦想的画面正描绘出人类的美好未来，元宇宙交通自然成了人类进入新时代的大门。

# 参考文献


[1] 赵国栋，易欢欢，徐远重. 元宇宙 [M]. 北京：中译出版社，2021.

[2] 于佳宁，何超. 元宇宙：开启未来世界的六大趋势 [M]. 北京：中信出版社，2021.

[3] 崔亨旭. 元宇宙指南：虚拟世界新机遇 [M]. 长沙：湖南文艺出版社，2022.

[4] 金相允. 元宇宙时代 [M]. 北京：中信出版社，2021.

[5] 熊焰，王彬，邢杰. 元宇宙与碳中和 [M]. 北京：中译出版社，2022.

[6] 丰波. 基于西门子 PLC1200 交通灯系统设计 [J]. 信息系统工程，2019 (12)：89 - 90.

[7] 王强. 数字孪生技术模拟出城市交通最优解 [J]. 汽车零部件，2020 (2)：36.

[8] 中国通信工业协会物联网应用分会. 物联网 + BIM：构建数字孪生的未来 [M]. 北京：电子工业出版社，2021.

[9] 方志刚. 复杂装备系统数字孪生：赋能基于模型的正向研发和协同创新 [M]. 北京：机械工业出版社，2020.

[10] 朱国振. 德国英国交通管理工作考察与经验借鉴 [J]. 道路交通管理，2019 (9)：121 - 128.

[11] 朱熙. 数字孪生技术在城市轨道交通线网指挥中心应用浅析 [J]. 幸福生活指南，2018 (36)：1.

[12] 伍朝辉，刘振正，石可，等. 交通场景数字孪生构建与虚实融合应用研究 [J]. 系统仿真学报，2021，33 (2)：295 - 305.

[13] 刘庆荣，杨翰文，郭群. 数字孪生技术在高速公路隧道安全预警中的应用 [J]. 中国交通信息化，2021 (8)：133 - 135.

[14] 安筱鹏. 数字基建：通向数字孪生世界的迁徙之路 [M]. 北京：电子工业出版社，2021.

[15] 曼蔡，施劳宜普纳，海因策. 全球背景下的工业 4.0 [M]. 李庆党，张鑫，译. 长沙：湖南科学技术出版社，2021.

[16] 杜明芳，邢春晓. 数字孪生城市：新基建时代城市智慧治理研究 [M]. 北京：中国建筑工业出版社，2021.

[17] 李哲. 道路交通信息化管理思路 [J]. 现代交通技术研究，2019 (2)：31 - 33.

[18] 肖静华，谢康，迟嘉昱. 智能制造、数字孪生与战略场景建模 [J]. 北京交通大学学报，2019 (2)：69 - 77.

[19] 吴付标. "数字孪生" 中国 "新基建" 不可放手的机遇 [J]. 中国勘察设计，2020 (12)：82 - 84.

[20] 吴付标. 数字孪生赋能新基建 [J]. 中国建设信息化, 2019 (6): 44-47.
[21] 吴柯维. 基于视频智能分析技术的交通数字孪生应用 [C] //第十五届中国智能交通年会科技论文集. 北京: 电子工业出版社, 2020.
[22] 张龙. 从智能制造发展看数字孪生 [J]. 软件和集成电路, 2018 (9): 59-62.
[23] 张艳丽, 袁磊, 王以宁, 等. 数字孪生与全息技术融合下的未来学习: 新内涵, 新图景与新场域 [J]. 远程教育杂志, 2020 (5): 36-44.
[24] 张竞涛. 数字孪生技术在智慧交通应用中的态势与建议 [J]. 信息通信技术与政策, 2020, 309 (3): 27-31.
[25] 陈根. 数字孪生: 5G时代的重要应用场景未来实体产业的基石 [M]. 北京: 电子工业出版社, 2020.
[26] 肖静华, 谢康, 迟嘉昱. 智能制造、数字孪生与战略场景建模 [J]. 北京交通大学学报(社会科学版), 2019, 18 (2): 69-77.
[27] 苗田, 张旭, 熊辉, 等. 数字孪生技术在产品生命周期中的应用与展望 [J]. 计算机集成制造系统, 2019, 25 (6): 1546-1558.
[28] 罗钰. 交通运输管理信息化建设的思考 [J]. 中国中小企业, 2019 (11): 89-90.
[29] 季玮, 赵志峰, 谢天, 等. 数字孪生智慧交通系统的技术内涵与应用展望 [C] // 第十五届中国智能交通年会科技论文集. 北京: 电子工业出版社, 2020.
[30] 周祖德, 娄平, 萧筝. 数字孪生与智能制造 [M]. 武汉: 武汉理工大学出版社, 2020.
[31] 郑伟皓, 周星宇, 吴虹坪, 等. 基于三维GIS技术的公路交通数字孪生系统 [J]. 计算机集成制造系统, 2020, 26 (1): 28-39.
[32] 郑国荣, 刘小明, 沈晖, 等. 数字孪生驱动的城市综合交通枢纽多运输方式调度协同优化框架研究 [J]. 自动化博览, 2020 (12): 30-35.
[33] 赵任远. 数字孪生技术推动机场向智能建造和新基建创新转型 [J]. 中国工程咨询, 2021 (3): 5.
[34] 胡权. 数字孪生体: 第四次工业革命的通用目的技术 [M]. 北京: 人民邮电出版社, 2021.
[35] 胡晓丽. 信息化建设与交通运输管理的思考 [J]. 科学与财富, 2020 (1): 246.
[36] 耿彦斌, 孙鹏, 唐鹏程, 等. 长江三角洲地区交通运输现代化发展国际对标研究 [J]. 综合运输, 2019 (2): 10-15.
[37] 高艳丽, 陈才. 数字孪生城市: 虚实融合开启智慧之门 [M]. 北京: 人民邮电出版社, 2019.
[38] 郭沙, 赵勇, 谷瑞翔, 等. 数字孪生: 数字经济的基础支撑 [M]. 北京: 中国财富出版社, 2021.
[39] 陶飞, 刘蔚然, 刘检华. 数字孪生及其应用探索 [J]. 计算机集成制造系统, 2018, 24 (1): 4-21.
[40] 黄永军, 王闰成, 马枫. "云上港航" 数字孪生系统助航解决方案 [J]. 信息技术与信息化, 2018 (12): 67-70.

[41] 黄海松，陈启鹏，李宜汀，等. 数字孪生技术在智能制造中的发展与应用研究综述 [J]. 贵州大学学报（自然科学版），2020（5）：1-8.

[42] 曹晶磊，张波. 数字孪生未来可期 [J]. 中国公路，2020（1）：71-73.

[43] 梁乃明，方志刚，李荣跃，等. 数字孪生实战：基于模型的数字化企业 [M]. 北京：机械工业出版社，2019.

[44] 彭俊松. 工业4.0驱动下的制造业数字化转型 [M]. 北京：机械工业出版社，2016.

[45] 董华，狄小峰. 大数据时代背景下交通信息化建设路径思考 [J]. 建筑·建材·装饰，2019（5）：139.

[46] 曾岳，朱良才. 工业4.0下大规模机器人调度系统研究与产业化 [J]. 中国科技成果，2020（18）：4-7.